KB179913

식량위기 대한민국

식량위기 대한민국

유엔 기후변화 전문가가 들려주는 기후파국의 서막

남재작 지음

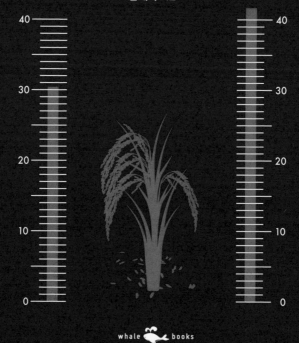

whale 🐋 books

기후 위기는 유한한 지구에서 무한한 물적 성장을 하려고 할 때 일어난다. 우리가 지금처럼 살아간다면 그리 머지않은 미래에 한계에 부딪치게 된다. 이번 세기 중반이 되면 전 세계 인구가 20억 명이 늘어 100억 명 가까이 되고 경제 성장으로 먹는 욕망이 극대화된 세상을 마주하리라 예상된다. 그런데 기후 위기로 식량 공급이 수요를 따라가지 못하면서 파국적 상황이 일어날 것이다. 한편, 농업은 온실가스 배출과 생태계 파괴로 기후 위기의 주요 원인이기도 하다. 이러한 곤경은 우리 스스로 자초했으므로 불가항력적 미래가 아니라 선택할 수 있는 미래이다. 남재작 박사는 우리나라가 직면할 식량 위기에 대해 구체적이면서도 명확하게 알려줄 뿐만 아니라 해법을 통찰력 있게 제시한다.

_조천호, 국립기상과학원 전 원장, 《파란하늘 빨간지구》 저자

불과 1만 2천 년 전에 농사를 시작한 종에게 '80억 인구'는 대단한 성취라고 할 만하다. 하지만 식량 분배의 문제로 세상의 절반은 여전히 굶고 있다. 설상가상으로 이제 분배만 걱정할 때가 아니다. 기후 위기는 이미 식량 부족의 주요 원인이다. 기후변화로 인한 식량난, 그로 인한 전쟁은 우리 미래에 닥칠 최악의 시나리오이다. 해법은 없을까? 저자만큼 기후 위기와 식량 문제의 연결 고리를 명료하게 진단하고 해법을 이야기할 사람은 전 세계적으로도 드물다. 이 책은 식량 주권과 식량 안보를 걱정해야 하는 MZ세대에게도 필독서가 되어야 한다.

_장대익, 서울대학교 자유전공학부 교수, 《다윈의 식탁》 저자

기후 위기의 과학적 사실, 인간이 대응해 온 과정과 모순, 우리 앞에 놓인 탄소중립의 목표 등 기후 위기의 역사와 맥락을 알고 싶은 이들에게 책을 딱 한 권만 추천한다면, 이 책을 추천하겠다. 기후변화에 대한 딱딱하고 어려운 내용을 마치 소가 되새김질하듯이 꼭꼭 씹어 소화한 데이터를 바탕으로 현재를 파악할 수 있도록 도와준다. 지금껏 지구 평균기온 1.5도와 2도 상승의 차이를 이보다 쉽게 설명한 책을 본 적이 없다.

30년이 넘도록 현장을 다니면서 농촌의 사람, 공간, 농업의 변화를 기록하고 연구해 온 남재작 박사가 기후 위기 시대의 식량문제를 본격적으로 풀어냈다. 섣불리 비관과 희망을 이야기하지 않는다. 특히 우리나라의 식량자급률이 현재 구조에서 높아지기 어렵다는 이야기, 그리고 우리의 식량 안보를 위해서라도 개발도상국에 대한 기술 지원과 투자, 인적 교류를 늘려가야 한다는 제안도 주목해야 한다. 두 발을 땅에 딛고, 현재 상태에 대한 냉정한 진단을 바탕으로 대안을 만들어야 할 시점이다. 책을 덮고 나면, "기후변화는 사람은 차별하지 않지만 가난은 구별한다"라는 문장이 오래도록 기억에 남는다.

_이유진, 녹색전환연구소 부소장, 《태양과 바람을 경작하다》 저자

: 뜨거운 지구, 배고픈 식탁

"기후는 변했다."

대부분의 사람이 이 명제에 동의할 것이다. 그렇다면 지금 막 20대가 된 청년들은 기후가 변했다는 사실은 어떻게 받아들일까? 변화란 과거에 익숙했던 환경이 바뀌는 것을 의미한다. 그들은 이미 변화된 기후 속에 살아왔다. 그들에게 기후변화는 그저 그런 일상이지 않을까? 그럼 기후가 변화하는 과정을 20대 때부터 경험한 50대에게 기후변화는 어떤 의미일까? 대부분의 기성세대 역시 이 변화를 이해할 수 없다.

IPCC는 산업화 시대 이전 대비 지구 평균기온이 1.1도가 올랐다고 말한다. 그렇지만 이것이 얼마나 심각한 일인지, 아니면 아직은 걱정하지 않아도 되는 일인지 사람들은 잘 모른다. 영국 〈가디언〉지에서는 지난 150년 동안 매초 히로시마 원자폭탄 1.5개가 터진 것과 같은 에너지가 지구에 축적되었다고 계산했다. 지금은 매초 3~6개가 터지는 것과 맞먹는 에너지가 지구에 쌓인다.

2021년 8월 9일 IPCC의 제6차 기후변화 평가보고서가 발표되었을 때 BBC의 헤드라인은 "인류에게 적색 경보 발령"이었다. 물론 사람들은 월요일 출근길을 재촉하는 것으로 반응을 대신했다. 수억 명이 가뭄과 물 부족, 식량 위기에 직면할 수 있는 위기가 눈앞에 다가왔다는 경고에도 무심하다. 먼 훗날 역사가들은 이 시대를 무엇이라 평가할까? 인류 문명의 생사를 가를 대사건을 앞에 두고 침착했다고 쓸까? 안타깝게도 우리는 위기의 실체를 알 수 없다. 수많은 징후에도 불구하고 대다수 사건을 어느 날 갑자기 닥친 것처럼 느낀다.

전 세계는 코로나19로 촉발된 위기를 힘겹게 지나고 있다. 경기 침체를 벗어나기 위해 과다하게 발행한 화폐는 석유 가격 인상을 촉발했고, 이는 물가 인상과 함께 식량 위기를 초래했다. 여기에 우크라이나-러시아 전쟁은 가난한 아프리카와 중동 국가의 식량 위기를 증폭시켰다. 전 세계는 2010년 12월에 시작된 '아랍의 봄'이 다시 재현되는 것은 아닌지 벌써 긴장하고 있다.

우리나라 역시 식량 위기로부터 안전한가라는 질문이 곳곳에서 제기된다. 그렇지만 지금 이 위기의 배후에 기후변화가 있다는 것은 알지 못한다. 세계 최대 곡물 수출국 중 하나인 미국에서는 지난해부터 유례없는 가뭄으로 곡물 생산이 최대 40퍼센트까지 줄었다. 브라질 남부에서도 극심한 가뭄으로 콩 생산량이 크게 감소했다. 이 영향으로 이미 2021년부터 곡물 가격이 오르기 시작했고 우크라이나-러시아 전쟁으로 수급 불안까지 더해지면서 밀 가격은 전년 대비 2배까지 올랐다. 이 위기는 전쟁뿐만 아니라 미국 중서부에 몰아닥친 극심한 가뭄이 끝이 나야 비로소 해소될 것이다.

기후 파국을 막기 위해서는 온실가스를 줄여야 한다. 줄이는 정도가 아니라 아예 하나도 배출하지 말아야 한다. 이것이 탄소 중립이 의미하는 바이다. 모든 휘발유와 경유 차량이 전기차로 바뀌고, 난방부터 취사에 이르기까지 우리가 쓰는 모든 에너지 목록에서 화석연료는 사라진다. 심지어 제철소의 용광로에서도 석탄이 없어진다. 대신에 풍력과 태양광 등 재생에너지가 중심에 자리 잡게 된다. 에너지가 바뀐다는 것은 일상의 모든 부분이 달라진다는 것을 의미한다. 많은 일자리가 사라지고, 익숙한 주변 풍경 역시 바뀐다. 과거에 대한 집착은 미래에 닥쳐올 위험에 대한 장애일 뿐이다. 그럼에도 인간의 삶은 지속될 것이다. 그것이 가능하려면 사라지는 것의 자리를 메울 새로운 무엇이 필요하다. 녹색 에너지, 녹색 기술, 그리고 녹색 일자리라고 불리는 대체품이다. 우리는 이 모든 것을 통칭해서 녹색 전환이라고 부른다.

전환의 시대는 기존의 질서가 붕괴되는 것을 의미한다. 세계는 이미 그 길에 들어섰다. 우리는 녹색 기술이 아름답고 지속 가능한 미래를 만들 것이라고 상상했지만, 20세기 산업 시대를 호령하던 구체제는 녹색 전환에 순순히 자리를 내줄 생각은 없는 듯하다.

우리가 또 하나 착각하는 것은 에너지 전환이 성공적으로 끝이 나면 세계가 이전의 모습으로 다시 돌아갈 것이라는 인식이다. 물론 그런 일은 일어나지 않는다. 산업혁명으로 이전 중세시대와 완전히 결별했듯이 녹색 전환 역시 새로운 세계 질서를 만들리라는 것은 분명하다. 그 세계는 어떤 모습일지 아직은 상상하기는 어렵다. 그렇지만 충분히 예상할 수 있는 미래는 존재한다. 기후변화의 시대가 지난 후 생물 다양성의 시대에 접어들 것이다. 생물 다양성 시대에는 인구 100억 명이 먹고살 식량을 어떻게 공급할지를 두고 다투게 될 것이다. 변덕스러운 기후, 비옥함을 잃어버린 토양, 병해충의 극성 속에서 식량 증산을 위해 고군분투할 것이다.

나라마다 서로 다른 문제에 직면하게 된다. 자국의 식량 공급 잠재량을 초과한 인구를 가진 개발도상국에서는 주기적으로 찾아오는 식량 위기에 노출될 것이다. 특히 열대와 아열대, 그리고 건조 지대에 있는 대부분 국가가 여기에 해당한다. 유럽은 생물 다양성의 시대에서도 유리한 자연조건의 혜택을 누리겠지만 아프리카의 난민 유입이라는 난제에 직면할 것이다. 그럼 우리나라는 어떨까? 기후변화의 시대를 무사히 지나고 생물 다양성의 시대에도 지속 가능한 사회를 만들어갈 수 있을까? 나는 그 답을 찾고 싶었다.

내가 살아온 시대에서 '미래'는 과거보다 더 나은 세상을 의미했다. 그러니 어려움이 닥쳐도 시간이 우리를 구해줄 것이라는 믿음이 존재했다. 우리 자식들 세대 역시 같은 '미래'를 가질 수 있을까? 일본은 이미 부모 세대보다 더 가난한 자식의 시대가 시작되었다. 우리 역시 크게 다르지 않은 길을 갈지도 모른다. 그래도 다음 세대를 위한 '밥그릇'은 최소한 준비를 해야 한다. 그래야 기후 위기를 지나 식량 위기라는 혼돈의 시대를 헤쳐나갈 수 있다.

기후변화의 파괴력은 식량 위기에서 비로소 실감하게 된다. 인구 증가와 식량 부족을 해결하기 위해 더 많은 숲을 농경지로 만들수록 오히려 생물 다양성의 붕괴는 빨라진다. 갈택이어竭澤而漁의 고사처럼 우리가 하는 노력이라는 것이 연못의 물을 퍼내 물고기를 잡고 산에 불을 질러 산짐승을 사냥하는 것은 아닐까? 결국 미래의 지속 가능성은 기후변화 시대에도 충분한 식량을 생산하느냐에 달려 있다. 그럼에도 우리나라 사람들은 식량은 그저 주어지는 것으로 쉽게 생각한다. 식량 대부분을 해외에 의존하는 우리나라에서는 외국의 농업에 대한 관심을 찾아보기는 어렵다. 이러한 상황에서 과연 오늘보다 더 나은 미래를 꿈꿀 수 있을까? 우리의 식탁은 결코 안전하지 않다.

나는 이 책에서 기후변화가 초래할 위험과 함께 우리 삶에 미치는 영향을 찾고자 했다. 앞으로 숨 가쁘게 전개될 탄소중립의 여정에서 우리 사회가 만들어가야 할 것이 태양광발전소만은 아님을 말하고 싶었다. 기후변화 시대에 더욱 중요해진 우리나라 식량 시스템의 한계와 도전 과제를 살펴보고 우리의 식탁이 의존하고 있는 세계 식량 공급망에 대한 새로운 접근 방법을 논의하고 싶었다. 나 역시 인식의 한계에서 자유롭지 못할 뿐만 아니라 여기서 제시한 대안 역시 충분하지 못하다는 아쉬움을 느낀다. 그렇지만 이 책이 기후변화라는 역경을 헤쳐나가는 데 가장 기본이 되는 식량 문제에 관심을 가지는 계기가 될 수는 있지 않을까 기대한다. 다음 세대를 위한 식탁을 어떻게 준비하는 것이 좋을까라는 논의가 시작되기를 바란다.

차례

1장 식량난 임박, 지구에 도대체 무슨 일이?

2장 우리가 만들어온 기후 위기의 발자취

3장 한국은 탄소중립 약속을 지킬 수 있을까?

1장

식량난 임박,
지구에 도대체
무슨 일이?

40

30

20

10

0

우리가 살아가는 행성이 변해가는 걸
우리는 보고, 듣고, 측정했다.
이제 응답할 때이다.

알리사 싱어 Alisa Singer

하늘을 쳐다보지 마

2021년 말 넷플릭스에서 코미디 영화 〈돈 룩 업〉이 개봉되었다. 미국 변방의 대학교 천문학과 대학원생과 교수가 지구를 멸망시킬 만큼 큰 혜성을 발견하면서 벌어지는 해프닝을 다룬다. 육 개월 후에 지구를 멸망시킬 혜성이 다가오고 있지만 정치가는 표를 얻기 위한 소재로 위기를 이용하고, 기업가는 새로운 사업 기회를 만들기 위해 지구를 구할 마지막 기회를 무위로 돌린다. 주인공 랜들 민디 박사는 "제발 과학자들 말 좀 들어라"라고 방송에서 소리치지만 오히려 이상한 사람 취급을 받는다. 과학자의 외침은 SNS에서 밈Meme으로 희화화되고, 과학적 사실은 정치적 논쟁거리로 전락한다. 그리고 사람들은 "하늘을 쳐다보지 마Don't look up"라고 외치며 시시각각 다가오는 혜성의 존재를 외면한다.

많은 사람이 이 영화를 보고 우리가 현재 기후변화를 바라보는 상황과 비슷하다고 말한다. 과학자들은 "제발 우리 이야기 좀 들어라"라고 외치지만 그 외침은 사회를 갈라치기하는 논쟁의 재료로 소비될 뿐이다.

2021년 11월 영국 글래스고에서 열린 제26차 유엔기후변화협약 당사국총회COP26는 많은 기후변화 활동가의 기대를 부풀게 만들었다. 미국에서 바이든 정부가 출범하면서 좌초 위기에 처한 탄소중립을 되살려 냈기 때문이다. 트럼프 시대에 지지부진하던 2050년 탄소중립 선언에 대부분의 선진국이 참여했다. 중국마저도 국제사회 요구보다 10년 더 늦은 2060년까지 탄소중립을 달성하겠다고 약속했다. 특히 이번 유엔 당사국총회는 2015년 파리기후변화협약(파리협약)에 규정한 온실가스 감축 계획을 국가별로 제출하고 처음 열리는 회의였던 만큼 의미 있는 결론을 도출할 것으로 기대를 모았다. 그렇지만 기대는 허무하게 무너졌다. 서로 다투다 아무런 의미 있는 결과를 도출하지 못한 채 끝이 났고 그 이전의 유엔 당사국총회가 그랬듯이 내년을 기약해야만 했다.

영화 〈돈 룩 업〉에서는 '행성 킬러'라 부르는 혜성을 맨눈으로 보게 되자 사람들은 "하늘을 쳐다보지 마"라는 메시지가 거짓이라는 것을 깨닫는다. 그리고 "하늘 좀 쳐다봐"라고 외치지만, 이미 늦어버렸다.

기후 과학자와 활동가들은 우리 지구가 위험에 처했다고 소리친다. 전 국립기상과학원장 조천호 박사는 "산업화된 나라에서 만약 기후 위기가 일어난다면 대한민국이 첫 번째일 것이다"라고 경고한다. 그렇지만 우리 사회는 여전히 "돈 룩 업"을 외치는 듯하다.

우리는 언제쯤 하늘을 쳐다보게 될까?

이미 변해버린 것에 언제 변할지를 묻다

아마도 많은 사람이 〈돈 룩 업〉을 보면서 씁쓸함을 느꼈을지도 모르겠지만 대부분이 영화처럼 다가오는 위험을 인지하지 못할 가능성이 높다. 1988년 기후변화에 관한 정부간 협의체 IPCC가 출범하고 2년 후에 1차 기후변화 평가보고서AR1를 발표하며 지구가 더워지고 있다고 경고했다. 1992년에는 브라질 리우에서 유엔기후변화협약UNFCCC이 출범했다. 기후변화를 인류가 함께 대처해야 할 재난 상황으로 받아들인 것이다. 그럼에도 불구하고 1990년대에 가장 흔했던 농담 중 하나는 "점점 더워진다는데, 왜 이렇게 추워"였다. 티브이에서는 짧은 간빙기가 지나고 다시 빙하시대가 올지도 모른다는 다큐멘터리가 방영되곤 했다.

2000년쯤 한 정부 부처에서 기후변화에 대한 강의를 한 적이 있다. 기후변화에 대한 과학적 연구 결과를 소개하고 우리나라도 기후변화 대응이 필요하다는 것이 주제였다. 한 시간의 강의를 마친 후 질문을 하나 받았다.

기후변화는 지구의 세차운동 때문에 발생하는 것으로 알려져 있고, 선진국이 개도국의 경제발전을 막기 위한 사다리 걷어차기라는 시각도 있는데 어떻게 생각하세요?

그 당시 기후변화 강의를 가면 많이 받던 질문이었다. 그렇지만 이 질문을 농업 분야 기후변화를 담당하는 부서에서 받을 것이라고는 예상하지 못했다. 그때 과학적 사실을 전하더라도 사람에 따라 전혀 다르게 이해한다는 것을 깨달았다. 또 이런 현상은 지식의 많고 적음이나 사회적 지위의 높고 낮음과 크게 상관없이 인간이 상황을 인식하는 방법 중 하나라는 것도 알게 되었다.

1914년 8월 2일 독일이 러시아에 전쟁을 선포한 바로 다음 날, 프란츠 카프카는 체코 프라하에서 일기장에 다음과 같이 적었다.

독일이 러시아에 전쟁을 선포했다. 오후 수영 강습소.

후세의 역사가들이 역사적인 사건으로 평가하는 일도 동시대 최고의 지성인에게는 그저 그런 일상으로 인식된다. 수백만 명이 죽게 될 전쟁과 오후의 수영 강습은 같은 비중으로 취급된다.

역사가 일어나는 순간에도 인간은 현재를 체험한다. 그 당시의 사람들도 역사적 사건을 중대하게 인식했을 것이라는 우리의 생각과는 달리 시대의 비극조차 사후에나 이해된다.[1]

슈퍼 엘니뇨의 해였던 2015년은 '여름 같은 봄'과 '11월의 비'로 기억되었다. 봄은 짧았고 여름은 일찍부터 찾아왔다. 가을이 왔지만 비는 멈추지 않았다. 늦장마로 곶감에는 곰팡이가 피었고 사과는 수확 시기를 놓쳤다. 추운 겨울을 예상하며 큰 마음을 먹고 산 패딩은 다음 해 초 시베리아에서나 경험할 수 있는 기록적인 한파가 몰아닥쳤을 때 겨우 꺼내 입었다. 하지만 그해 인도와 파키스탄에서는 폭염이 찾아와 수백 명이 죽었다.

2016년 5월 초 봄은 이미 사라지고 기온은 30도에 육박했다. 그 당시 5월의 30도는 낯설었다. 아직 건조한 공기 덕에 한여름의 무더위처럼 후덥지근하지 않은 것이 그나마 다행처럼 느껴졌다. 아파트 담장에는 장미가 예쁘게 피었지만 봄을 느낄 수는 없었다. 엘니뇨의 끝자락에서 맞닥뜨린 이른 더위는 이제 더 이상 '5월의 여름'이라고 호들갑 떨 일이 아니라는 것을 의미하지만, 언론은 습관적으로 기후가 변했다는 멘트를 잊지 않았다.

2020년은 54일간의 장마로 찾아왔다. 기상 관측 이래 최장 기간 장마였다. 여름 두 달 동안 거의 하루도 빼지 않고 우리나라 어디에서나 비가 내렸다. 그해 벼 수확량은 10퍼센트 감소했고, 여름 배추는 밭에서 물러져 값이 폭등했다. 그해 겨울은 북극의 냉기를 막아주던 제트기류가 남쪽으로 밀리면서 이전에 겪어보지 못한 혹독한 겨울을 경험했다.

2020년 겨울이 사라진 해가 지나고 2021년은 10월의 여름을 경험했다. 경상권인 창원은 31.1도, 울산은 30.5도, 밀양은 30.4도, 상주는 29.1도까지 올랐다. 전라권인 광양은 30.3도, 보성은 29.6도, 진도는 28.8도까지 올랐다. 기상 관측 이래 10월 기온으로 최고를 기록했다. 일본 동쪽 해상에 위치한 고기압의 가장자리에서 따뜻한 남서풍이 유입된 것이 영향을 미쳤다.

아직도 기후가 변했느냐고 묻는 사람들이 가끔 있다. 물론 그렇게 용기 있는 사람이 많지는 않다는 데 그나마 위안을 느낀다. 그리고 기후가 정말 변할 것인지를 묻는다. 하지만 논점이 틀렸다. 지금의 기후는 30년 전 부모들이 젊었던 시절의 기후와는 전혀 다르다. 앞으로 30년은 지금까지 인류가 살아보지 못한 전혀 다른 지구를 경험할 것이다. 우리의 문제는 그 변화를 언제 깨달을 것인가이다. 이미 강원도 철원에서 사과가 재배되고 제주도의 한라봉은 남해안까지 올라왔다. 많은 사람이 공감하겠지만 요즈음 봄옷에 돈 쓰기가 꺼려진다. 다시 겨울이 와도 히말라야에라도 오를 것 같은 기세의 두꺼운 패딩은 점점 더 낯설어질 것이다.

이미 변해버린 것을 부여잡고 변화가 언제 올지를 묻는 사람에게 변했다는 것을 이해시키기는 쉽지 않다.《기후전쟁》의 저자 하랄트 벨처는 이를 '지시 프레임reference frame'의 관점에서 설명한다.

미디어나 주변을 통해 더 자주 특정 정보를 접하게 되면 사람들은 비정상적인 상황을 정상적인 것처럼 여기게 되는 '바탕 교체baseline shift' 현상을 겪게 된다. '바탕 교체'는 나란히 달리는 기차를 바라보면서 마치 정지해 있다고 느끼는 것처럼, 무엇이 옳고 그른지 방향을 안내하는 '지시 프레임'을 변화시킨다.

1997년 IMF가 올 때까지 우리나라 경제가 얼마나 심각한지 몰랐던 것처럼 우리는 변화를 잘 인식하지 못한다. 여기에 덧붙여 사회 이슈는 손쉽게 논쟁으로 발전하는데, 담배 회사들이 담배가 유해하다는 주장을 '물타기' 할 때 쓰던 기법이다. 우리가 언론에서 매일같이 보는 논쟁도 결국 담배 회사들의 성공적인 방법을 따라 하는 것에 지나지 않는다. 과학적 증거를 들이밀면 일단은 부인한다. 그리고 그 반대되는 사실을 과학적 증거로 제시한다. 눈앞에서 벌어지는 사실을 논쟁으로 만들면, 사실에 대한 기억 대신 논란에 대한 이미지만 남는다. 하늘 위에 명확히 떠 있는 달을 가리켜도 사람들의 인식에는 손가락만 남는다. 기후변화에 대한 선전포고가 있은 지 오래지만, 오후에 있을 수영 강습을 더 신경 쓰는 것이 우리이다.

기후변화만 그런 것도 아니다. 가습기 살균제에서도 똑같은 일이 있었다. 가습기 살균제가 위해하다는 정부 발표는 몇몇 학자들의 불완전한 연구 결과로 희석되었다. 언론은 기계적 중립을 지킨다. 사실과 거짓 앞에서 진실의 편에 서기보다는 기계적 중립을 선택한다. 논란은 커져가고 결국 지루한 법적 공방을 거쳐 사실이 인정될 때까지 피해는 확산된다. 미국의 담배 소송에서 벌어졌던 일이고, 우리나라의 가습기 살균제 사건에서 벌어졌던 일이다. 가장 흔하게는 정치적인 공방에서 '달의 손가락화'를 보게 된다. 우리 기억 속에 무엇이 자리 잡고 있던 사실은 변하지 않는다. 기후는 이미 변했다. 얼마나 더 변할까? 그것은 우리의 선택에 달려 있다.

IPCC 제6차 보고서의 의미

2021년 8월 9일 사람들은 IPCC 제6차 보고서가 발표되기를 기다렸다. 이미 대략적인 내용은 알고 있었지만, 어느 정도까지 합의가 이뤄졌는지가 관심이었다. 아마도 많은 사람이 과학자들의 연구 결과가 외교관들의 협상에 의해 결정된다는 것에 의아해할지도 모르겠다. 사실 IPCC의 '정책 결정자를 위한 요약본 SPM'은 각 국가를 대표하는 협상가에 의해 결정된다. 본 보고서는 세계 각국의 저명한 과학자들이 참여해 집필하지만 실제 대중이 접하는 내용은 20여 쪽의 요약본이다. 그런데 이 요약본은 세계 각 나라에서 온 과학자 또는 외교관들이 모여서 한 문장 한 문장을 결정한다.

나는 IPCC 제4차 보고서AR4를 채택하는 회의에 참석한 적이 있다. 처음에는 과학적인 결과를 놓고 치열하게 토론하는 장면을 상상했다. 그런데 실제 회의장 분위기는 예상과는 너무 달랐다. 회의에서는 과학자들이 제출한 요약 보고서를 회의장 앞 스크린에 띄우고 단어 하나, 문장 하나하나를 분해하면서 과학적인 증거가 있는지를 따져 물었다. 어떤 날은 조동사 하나를 선택하는 데 하루를 보내기도 했다. 예를 들면, 과학자들이 쓴 "기후변화가 영향을 미쳤다"라는 표현은 협상가들의 지루한 다툼을 거치면서 "기후변화가 영향을 미쳤을 가능성이 약간 있다"라는 정도로 완화되었다. "화석연료가 원인이다"라는 문장은 "온실가스 증가가 영향을 미쳤을 수 있다"라는 정도로 바뀌었다. 가능하면 화석연료가 직접적으로 언급되는 것을 필사적으로 막았다. 주로 러시아, 중국 그리고 미국의 대표들이 기후변화가 영향은 있지만 아직은 불확실하다는 입장을 고수했다. 유럽 대표단은 과학자들의 표현을 그대로 남기기 위해 노력했지만 성공적이지는 못했다. 이런 논쟁이 일주일 내내 아침부터 새벽까지 이어졌다. 그렇기에 IPCC는 과학자의 모임이지만 정부 간 협의체로 불리고, 요약본 한 문장 한 문장은 국가간 협약만큼의 힘을 갖는다.

IPCC의 보고서는 세 개의 워킹그룹WG으로 구성되어 있다. 기후변화 과학, 감축, 적응이다. 그중 워킹그룹 1의 '기후변화 과학'

보고서가 가장 먼저 발표되고, 나머지 두 개의 워킹그룹 보고서는 육 개월 정도의 시차를 두고 발표된다. 그리고 이것들을 묶어 종합 보고서를 발표하면서 대장정을 마무리한다. 대체로 5~6년마다 발행되는 IPCC 평가보고서만큼 세계인의 주목을 받는 이벤트도 흔하지 않다. 이런 긴장감이 협상장 안에서 부족한 합의나마 하게 하는 원동력이기도 하다.

수많은 과학자와 시민운동가는 이 보고서가 발표될 때마다 회의장 밖에서 숨죽이며 기다린다. 그 사이 지구 기후는 또 얼마나 변했을까? 마치 시험 결과 발표를 기다리는 수험생처럼 긴장한다. 나 역시 마찬가지였다. 2021년 8월 9일, 드디어 BBC 뉴스의 헤드라인이 올라왔다. "인류에게 적색 경보 발령". 기후 위기의 심각성이 전해지는 듯했다. 지구 평균기온은 산업화 이전 대비 1.09도 더 높아졌고, 지난 5년은 기록상 가장 더웠고, 해수면의 상승 속도는 거의 3배나 빨라졌다. 폭염과 고온은 더 심각해졌고 한랭 현상은 완화되었다. 북극의 얼음이 2050년까지 모조리 녹는 모습을 한 번은 볼 것이다. 이 모든 상황이 인간 활동에 의한 것이라고 각국의 협상가들이 결론을 내렸다.[2]

IPCC는 우리가 어떤 노력을 하고 어떤 탄소중립 시나리오를 적용하더라도, 늦어도 2040년에는 1.5도까지 올라갈 것이라고 결론을 내렸다. 이는 3년 전의 'IPCC 특별보고서'에 비해 그 시기가 10년 앞당겨졌다. 어쩌면 2030년에 FIFA 월드컵이 개최되기 전에 이미 1.5도의 미래를 맞이할 수도 있다. 그리고 전 인류가 열심히 노력하면 2100년 정도에는 다시 사람이 살 만한 지구가 될 수 있다는 평가 결과를 제시했다.

이 뉴스를 훑어보면서 어쩌면 올해가 내가 살아갈 시간 중 가장 시원한 해였을 수도 있겠구나 하는 생각이 스쳐 지나갔다. 이 보고서가 제26차 유엔 당사국총회에서의 2050년 탄소중립을 달성하기 위해 필요한 강력한 합의안을 이끌어내는 데 어떤 역할을 할 수 있기를 바랐다. 한편으로는 이런 생각도 들었다. 그럼 우리는 무엇을 포기할 수 있을까?

며칠 후 요약본의 원문을 구해 읽었다. 첫 느낌은 "봐, 우리 과학자들이 하는 말이 맞지!"라고 말하는 듯했다. 제6차 보고서에서는 이전 보고서의 기후 모델에서 예측한 그대로 지구 평균기온이 올라갔다는 것을 여러 번 강조했다. 그리고 이전 보고서에서 했던 것처럼 다시 한번 경고했다.

"인간의 영향이 대기, 바다, 육지를 온난화시켰다는 것은 명백하다. 대기, 해양, 빙권 그리고 생물권에 광범위하고 급격한 변화가 생겼다. 기후 시스템의 여러 측면을 고려하더라도 최근에 벌어진 기후 시스템 전반에서 일어난 변화의 규모는 수 세기에서 수천 년에 걸쳐 전례가 없는 수준이다."

기후 과학자들은 기후변화는 명백하게 인간에 의한 영향으로 2050년까지 탄소중립을 달성하지 못하면 기후는 파국으로 치달을 수 있다고 경고한다. 그렇지만 때로는 과학자의 언어는 모호하게 느껴지기도 한다. 기후변화로 인한 파국이 언제 일어난다는 단정보다는 언제쯤 일어날 가능성이 있다는 확률로 표현되기 때문이다. 그리고 특정 수치가 아니라 신뢰구간이라는 범위로 주어진다.

앞에서 설명했듯이 IPCC의 요약본이 어떤 과정을 거쳐 결정되는지 알게 된다면 지금 우리가 보는 문장들이 얼마나 심각한 미래를 그리고 있는지 이해할지도 모르겠다. 기후변화에 대한 영향 평가는 기상관측 데이터를 기반으로 모델을 만들고 다시 관측 데이터를 대입해 증명하는 과정을 거친다. 그런데 지구는 너무 넓고 변방의 측정망은 충분하지 않다. 선진국의 데이터는 넘쳐나지만 지구의 대부분을 차지하는 개발도상국의 측정망은 제한적이다. 그리고 지표면의 70퍼센트를 구성하는 바다의 영향에 대한 이해는 여전히 불충분하다. 이러한 이유로 모든 데이터는 기후 위기를 향해 치닫고 있다는 것을 나타내지만 이것을 추정하는 데이터는 빈 부분이 많아 충분히 반영되지 못했을 수 있다. 우리는 신뢰구간이 포함하는 가장 희망적인 숫자가 현실화되길 바라지만, 현실은 가장 나쁜 숫자일 가능성이 더 높다.

세계가 기후변화를 인정해 온 과정

앞으로의 기후변화 대응이 어떠할지를 이해하기 위해서는 IPCC 보고서가 어떻게 발전되어 왔는지를 살펴봐야 한다. IPCC가 출범했을 당시인 1990년대만 해도 지구가 더워지는 게 관찰되기는 했지만 일시적인 현상인지 아닌지조차 불분명했다. 기후변화에 대한 과학적 증거가 축적되면서 지구온난화라는 경향 자체는 인정되었지만, 이것이 인간 활동에 의한 영향인지에 대한 논쟁은 계속되었다. 제4차 보고서에 이르러서야 비로소 인간 활동이 기후에 영향을 미쳤다는 것에 대체적인 합의가 이뤄졌다. 그리고 제5차 보고서에 이르러 기후변화는 논쟁의 여지 없이 인간 활동에 의해 발생했다고 결론을 내렸다. 이때 이후 지구온난화를 부정하는 사람을 찾기는 어려워졌다. 그럼에도 불구하고 의미 있는 조치는 파리협약의 타결 정도에 불과했다. 그러는 사이 지구의 온실가스 농도는 계속 높아졌다.

이렇듯 기후변화에 대한 인류의 이해는 과학적 사실을 정치적 협상을 통해 승인하는 지난한 과정을 통해 느리게 확장되었다. 이렇게 복잡한 합의 과정은 사람들에게 기후변화를 논쟁적인 사안으로 인식되게 했다. 그 때문인지 IPCC 제6차 보고서를 쓴 과학자들은 지금까지 기후변화를 예측하는 데 사용했던 기후 모델이 1.1도의 상승을 정확하게 예측했으니, 이제 더 이상 인간의 영

IPCC의 보고서 발표 연도와 의미

년도	IPCC 보고서	합의된 의미
1990	제1차 보고서AR1	지구가 더워지는 기후변화 현상이 관찰되지만 인간의 영향인지 확신할 수 없다.
1995	제2차 보고서AR2	기후변화는 인간의 영향이 원인 중 하나일 수 있다.
2001	제3차 보고서AR3	기후변화는 인간의 영향이 66퍼센트 이상이다.
2007	제4차 보고서AR4	기후변화는 인간의 영향이 90퍼센트 이상이다.
2013	제5차 보고서AR5	기후변화는 인간의 영향이 95퍼센트 이상이다.
2021	제6차 보고서AR6	기후변화는 전적으로 인간 활동에 의해 초래되었다.

향인지 아닌지 다투지 말고 행동할 때라고 항변한다.

그렇지만 삼 개월 후 제26차 유엔 당사국총회에서의 합의는 다소 실망스러웠다. 최대의 쟁점 중 하나였던 석탄발전소의 '단계적 폐지'는 '단계적 감축' 정도에 머물렀다. 석탄발전소는 전체 온실가스 배출량의 40퍼센트를 차지하기에 기후 활동가들의 최우선 목표가 '폐지'였지만, 인도를 중심으로 한 반대파의 강경한 입장을 넘어서지는 못했다. 선진국들의 탄소중립 선언이 이어지면서 어느 때보다 기대감이 높았던 터라 기후 활동가들의 실망감 역시 컸다. 석탄 시대가 종말을 향해 가고 있다는 확실한 신호를 보냈다는 것에 만족해야 했다.

우리는 기후변화에 대응하는 단결된 인류의 노력을 볼 수 있을까? 전 인류가 함께 "하늘을 쳐다봐"를 외치는 날이 올까? 기후 위기는 먼 미래에 닥쳐올 내일의 위협이 아니라 오늘 실재하는 위협이다. 〈돈 룩 업〉의 혜성처럼 하루하루 지구를 향해 달려오고 있다. 고개를 들어 하늘을 보면 이미 선명하게 우리 눈에 보이는 수준까지 다가왔다. 과학자들의 언어와 IPCC 보고서가 발표되는 과정을 이해한다면 다른 가능성이 거의 없다는 것은 명확하다.

1.1도의 지구에서 바라본 미래의 지구 평균기온

2021년 IPCC 제6차 보고서는 1750년 이후 대기 중에 축적된 모든 온실가스는 인간에 의해 발생했다는 것을 다시 한번 강조했다. 제5차 보고서의 최종 측정 연도인 2011년 이후 대기 중 온실가스 농도는 계속 증가했다. 2019년 대기 중 이산화탄소 평균 농도는 410피피엠ppm, 메탄은 1866피피비ppb, 아산화질소는 332피피비에 이르렀다(ppm은 100만 분의 1을 나타내는 단위이고, ppb는 10억 분의 1을 나타내는 단위이다). 육지와 해양은 인간이 배출한 온실가스의 56퍼센트만 흡수했고, 이 비율은 거의 변하지 않았다. 인간은 자연이 흡수할 수 있는 이산화탄소의 거의 2배를 배출하고 있다.

이렇게 배출된 온실가스는 지구의 평균기온을 1.4도까지 올렸다. 그렇지만 화석연료의 연소 중에 배출된 미세먼지와 매연 등 에어로졸이 햇볕을 차단해 0.3도만큼 지구의 온도를 떨어뜨려 결과적으로 1.1도만큼 상승했다. 이 영향으로 1990년 이후 북

1장 식량난 임박, 지구에 도대체 무슨 일이?

극해 해빙은 계속 줄어들어 1979~1988년 대비 2010~2019년 9월의 경우 40퍼센트가 감소했고, 3월은 10퍼센트가 줄어들었다. 여름철에 빙하가 녹는 면적이 더 넓어진 것이다. 해양 상층수의 온도는 상승했고 해수의 산성화는 심화되고 산소 농도는 줄어들었다. 최근 해수면의 높이는 매년 3.7밀리미터씩 높아졌는데 이는 1971년 이전 대비 3배 이상 빠른 속도이다. 카테고리 3~5 규모의 열대성 사이클론 발생은 지난 40년 동안 계속 증가했고, 모든 대륙에서 더 강력한 폭염과 홍수를 경험했다. 지구가 흡수한 여분의 열을 대부분 축적해 온 바다에서 큰 변화가 있었고, 육지도 그 영향권에 빨려 들어가고 있다.

그러면 금세기 말에는 어떻게 될까? 기후 과학자들은 가장 이상적으로 온실가스를 줄이는 경우부터 재생에너지 중심으로 에너지를 바꾸고 친환경적인 경제 발전 경로를 택하는 경우 등 여러 가지 기후변화 대응 노력을 가정해 미래 기후를 예측한다. 우리는 이것을 '기후변화 시나리오'라고 부른다. 기후변화 시나리오는 이상적인 경로부터 현재처럼 화석연료를 사용하는 경로까지 다섯 개의 시나리오로 미래를 예측한다. 그중 현실적으로 달성하기 불가능한 가장 이상적인 경제 발전 경로(SSP1-1.9)를 전 세계가 택한 경우에도 100년 전(1850~1900년)과 비교해 100년 후(2081~2100년)에는 1~1.8도(최적 추정 1.4도)가 증가할 것으로 추정했다. 다섯 개 시나리오 중 가장 현실적인 목표로 생각되는 중간 경로(SSP2-4.5)를 택했을 때, 2.1~3.5도(최적 추정 2.7도)가 상승한다. 이미 1.5도의 목표를 넘어설 뿐만 아니라 파리협약에서 합의한 파국을 막기 위한 2도도 가뿐히 넘는다. 가장 높은 시나리오 SSP5-8.5의 경우에는 3.3~5.7도(최적 추정 4.4도)까지 높아질 것으로 예상된다. 지구에서 있었던 다섯 차례의 대멸종이 일어났던 수준이다.

그럼 현재로서는 가장 가능성이 높은 시나리오인 2.5도 상승은 무엇을 의미할까? 이렇게 설명하면 느낌이 바로 올지도 모르겠다. 최근 300만 년의 지구 역사 중 가장 높은 평균 기온을 금세기 말에 경험하는 것이다. 그러면 우리가 원하는 1.5도의 상승에서 멈추려면 어떤 경로를 따라야 할까? 안타깝게도 가장 이상적이라고 평가했던 SSP1-1.9의 경로이다.

1.1도가 상승한 세계는 폭염과 집중호우, 가뭄과 산불의 증가, 열대성 저기압의 강도와 빈도의 증가, 북극의 해빙, 빙하와 영구동토층의 감소를 나타내며 인간 사회의 가장 취약한 곳부터 무너뜨리고 있다. 1.5도의 세상은 우리가 결코 견딜 만하다고 느끼기는 어렵지만 그래도 우리가 택할 수 있는 이상적인 미래이다.

기후변화 시나리오별 지구 평균기온 추정값

시나리오	단기 2021~2040		중기 2041~2060		장기 2081~2100	
	최적 추정(°C)	가능 범위(°C)	최적 추정(°C)	가능 범위(°C)	최적 추정(°C)	가능 범위(°C)
SSP1-1.9	1.5	1.2~1.7	1.6	1.2~2.0	1.4	1~1.8
SSP1-2.6	1.5	1.2~1.8	1.7	1.2~2.2	1.8	1.3~2.4
SSP2-4.5	1.5	1.2~1.8	2	1.2~2.5	2.7	2.1~3.5
SSP3-7.0	1.5	1.2~1.8	2.1	1.2~2.6	3.6	2.8~4.6
SSP5-8.5	1.6	1.3~1.9	2.4	1.3~3.0	4.4	3.3~5.7

* 1850~1900년의 지구 평균기온 대비 미래 특정 시기의 평균기온 추정치를 나타낸다. 각 시나리오는 전 세계 재생에너지 채택과 친환경적인 발전 노력의 정도를 다섯 단계로 나눠 온실가스 배출량을 추정하고 그에 따른 지구복사에너지 증가를 계산해 지구 평균기온에 반영했다(IPCC 제6차 보고서).

기후변화 시나리오의 이해

우리가 기후변화에 관련한 뉴스와 문서를 볼 때마다 혼란스러움을 느끼는 이유는 미래를 예측하는 가정이 다양하다는 것도 한몫한다. 그냥 한 가지만 제시해 주면 좋을 것을 여러 조건을 붙여 이럴 수도 있고 저럴 수도 있다고 제시한다. 신문 기사도 제목만 보고 문자보다 비디오가 더 익숙한 세대에 이런 접근 방법은 오해를 불러일으키기 십상이다. 왜 이럴 수밖에 없는지, 기후 모델이 진짜 보여주는 미래는 무엇인지 한번 알아보자. 그전에 기후변화 시나리오에 대한 이해가 필요하다.

2021년 여름에 발표된 IPCC 제6차 보고서에는 공통 사회경제
경로SSP로 불리는 기후변화 시나리오를 사용했다. 시나리오란
미래를 추정할 때 주로 사용하는 방법론 중 하나로 우리가 현재
취하는 행동에 따라 달라지는 미래를 예측하는 데 유용하다. 지
금 우리가 취할 수 있는 행동을 독립변수(x)로 놓고 이에 따른 결
과를 종속변수(y)로 둔다. 여기서는 지구 평균기온이 결과값인
종속변수가 된다.

일차함수 y=ax+b를 생각하면 이해가 쉬울지도 모르겠다. 우
리가 하는 행동(x)에 따라 미래의 지구 평균기온(y)이 결정되는
구조이다. 독립변수(x)에는 기후변화 완화와 적응을 위한 사회
경제적 노력이 들어간다. 여기에는 인구, 경제, 토지이용(산림, 농
지, 초지, 습지, 주거지, 그 밖의 범주)과 에너지 사용 등이 주요 인자로
반영된다. 즉, 우리가 온실가스를 줄이기 위해 선택한 노력의 정
도를 여러 단계로 나누고, 이를 기후변화 시나리오로 만들어 번
호를 붙인 것이다. 이것이 기후변화 시나리오의 첫 번째 숫자(1,
2, 3, 5)가 의미하는 바이다.

두 번째 숫자는 2100년의 복사강제력W/m²을 나타낸다. 복사강
제력은 대기 중 이산화탄소 농도와 비례한다. 쉽게 생각해서 전 인
류가 최선을 다해 기후 위기에 대응하는 시나리오가 SSP1-2.6, 지
금처럼 별다른 노력을 하지 않는 것이 SSP5-8.5인 셈이다. 그리
고 극단적인 두 경로 사이에 현실적으로 우리가 맞이할 미래는

SSP2-4.5 경로로 볼 수 있다. 물론 지금의 추세로 볼 때는 SSP3-7.0이 더 현실적이지만 너무 비관적이어서 적당히 타협한 것이 SSP2-4.5 경로로 생각되기도 한다. 여기에 더해서 1.5도를 유지하기 위해 SSP1-1.9라는 시나리오를 추가했다. IPCC의 과학자와 경제학자들이 처음에는 제외했을 만큼 비현실적인 안이었다.

이렇듯 시나리오를 이용한 접근 방법은 우리가 어떤 노력을 해야 원하는 미래에 도달하는지를 예측하는 데 유용한 도구가 된다. 그렇지만 아직 오지 않은 미래와 눈앞에 닥친 현재 사이에서 갈등해야 하는 현실까지 바꾸지는 못한다. 소설가 히가시노 게이고는《천공의 벌》에서 "자신이 서 있는 땅이 무슨 색인지에 따라 그 인간의 색도 결정된다"라고 이야기한다. 기후변화 시나

SSP의 대표적인 기후변화 시나리오의 종류

종류	의미
SSP1-1.9	2100년까지 1.5도를 유지하기 위해 온실가스 감축을 아주 잘한 경우를 가정
SSP1-2.6	재생에너지 기술 발달로 화석연료의 사용이 최소화되고 친환경적으로 지속 가능한 경제성장을 이루는 경우를 가정
SSP2-4.5	기후변화 완화와 사회경제 발전 정도가 중간 단계를 가정
SSP3-7.0	기후변화 완화 정책에 소극적이며 기술 개발이 늦어 기후변화에 취약한 사회구조를 가정
SSP5-8.5	산업 기술의 빠른 발전에 중점을 두어 화석연료의 사용이 높고 도시 위주의 무분별한 개발이 확대될 것을 가정

리오를 바라보는 관점 역시 자신이 서 있는 위치에 따라 입장이 달라진다. 정책 결정자는 현재 돈이 많이 들어갈 정책을 실행할 의지도 없으면서 SSP1-2.6 경로를 가정해 이야기하는 경향이 있고, 연구비가 필요한 과학자와 시민의 관심을 유도하고 싶은 기후 활동가는 SSP5-8.5 경로의 시나리오를 강조하고 싶어 할 것이다. 그러면 시민들은 어떻게 반응해야 할까? 중간 정도의 경로를 받아들일까? 대체로 기후변화를 어렵고 논쟁적인 문제로 인식하면서 외면하는 것이 지금까지의 흐름이었다.

IPCC 제6차 보고서는 우리가 어떤 시나리오를 채택하더라도 2040년까지는 1.5도가 상승할 것이라고 예상한다. 중간 정도의 노력이 필요한 SSP2-4.5 시나리오에서도 2050년 전후로 2도를 넘어설 것이라고 경고한다. 그러니 다른 가능성은 모두 버리고 SSP1-2.6 시나리오를 실현하기 위해 우리가 어떻게 해야 할지를 결정하라고 소리치는 것이다. "화석연료를 최소화하고 재생에너지로 전환하고, 친환경적인 경제 발전 경로를 채택"하는 것만이 파국을 막을 수 있다고 경고한다. 그럼 2도가 올라가면 무슨 일이 일어날까?

여기서 주목해야 할 것은 어떤 기후변화 시나리오를 적용하더라도 2040년까지 모든 기후 모델에서 1.5도를 초과한다는 사실이다. 탄소를 아주 잘 줄이면(SSP1-1.19) 2080년 이후에 평균 기온은 감소하면서 다시 살 만한 지구로 되돌아갈 수 있다는 희

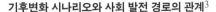

기후변화 시나리오와 사회 발전 경로의 관계[3]

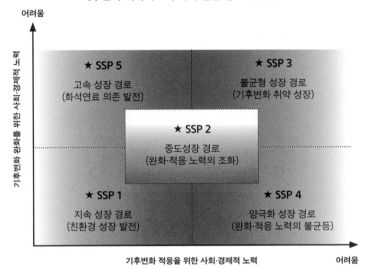

망을 주기도 한다. 그렇지만 현재의 기후변화에 대한 인식을 고려하면 평균기온을 2도 이하로나마 막는 것이 최선으로 보인다 (SSP1-2.6). 물론 대부분의 정책 결정자들은 이 시나리오마저 비현실적인 도전으로 받아들인다.

결국 최악의 시나리오에 맞닥뜨리지 않으려면 인간이 배출하는 온실가스를 줄여야 한다. 줄이는 것을 넘어서 넷 제로net zero, 즉 탄소중립에 도달해야 한다. 이것도 급격하게 말이다. 독일과 일부 유럽 국가가 왜 2045년 탄소중립을 주장하는지에 대한 과학적인 배경이다. 그럼에도 불구하고 이미 배출된 이산화탄소는

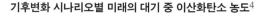

기후변화 시나리오별 미래의 대기 중 이산화탄소 농도[4]

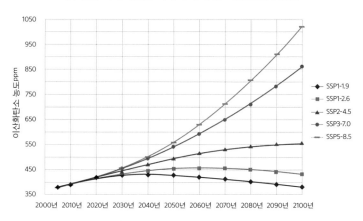

금방 줄어들지 않는다. 그러니 지금 당장 탄소중립에 도달하더라도 기후변화로 인한 피해를 막을 수는 없다. 2050년 탄소중립에 도달한다면 파국은 피할 수 있다는 데 위안을 삼을 수준이다.

작은 차이, 큰 영향 1.5도 vs 2도

2018년 10월 1일부터 6일까지 인천 송도에서 제48차 IPCC 총회가 개최되었다. 이 회의에서는 '지구온난화 1.5도 특별보고서'의 정책 결정자를 위한 요약본이 회원국들의 합의로 승인되었다. 이 특별보고서에서는 지금까지 지구온난화 추세를 돌아보고 지금과 같은 추세가 계속된다면 2030~2052년 사이에 산업화 이전(1850~1900년) 대비 1.5도 이상 상승할 것이라고 추정했다. 이 보고서가 가지는 특별한 의미는 지구 평균기온 증가를 1.5도 이내로 묶자는 합의를 이루었다는 것에 있다. 2015년의 파리협약에서는 "지구 평균온도 상승 폭을 산업화 이전 대비 2도 이하로 유지하고, 더 나아가 온도 상승 폭을 1.5도 이하로 제한하기 위해 함께 노력하기로 한다"라는 다소 불완전한 합의에 머물렀다. 그런데 인천에서 과학자들이 1.5도로 목표를 수정해 버린 것이다.

그러면 파리협약에서 목표한 2도를 불과 3년 후에 1.5도로 낮추어야만 했던 이유는 무엇일까? 어쩌면 여기에 우리가 꼭 알아야 할 기후변화의 위험이 숨어 있을지도 모른다. 자세히 한번 살펴보자.

우리가 오해하는 것 중 하나가 평균기온이 1.5도가 오르면 우리나라도 1.5도 정도 기온이 오를 것으로 착각하는 것이다. 하지만 현실은 그렇지 않다. IPCC 제6차 보고서에서 지구 평균기온이 1.1도 상승했다고 하지만 우리나라의 평균기온은 이미 1.8도가 올랐다. 지구의 많은 지역 역시 1.5도 이상 상승했다. 그리고 지구가 더워지면 지표면의 대부분을 차지하는 바다는 천천히 온도가 올라가는 반면에 육지는 빠르게 올라간다. 그러니 실제로 사람들이 사는 육지의 평균기온은 IPCC가 예상한 지구 평균기온보다 높은 것이 당연하다. 바다는 육지보다 열을 함유하는 능력인 비열도 크고 면적도 넓을 뿐만 아니라 물의 양도 엄청나게 많아서 수온이 올라가는 속도는 느리기 때문이다. 또 하나의 특징은 극지방의 경우 가장 더운 날의 기온이 상승하는 정도보다 가장 추운 날 기온이 상승하는 폭이 더 크다. 이런 이유로 평균기온 상승에서 예상하는 것보다 북극의 빙하는 더 빠르게 줄어들게 된다.[5]

폭염

그럼 2도가 올라가면 뭐가 달라질까? 불과 0.5도의 차이이지만 실제는 더 큰 차이를 만들어낸다. 해양의 온도가 크게 상승하면서 육지의 평균기온이 더 크게 오를 뿐만 아니라 극지방의 온도 상승도 더 커진다. 1.5도가 상승할 때 폭염에 노출되는 사람의 비중은 14퍼센트인 반면, 2도가 상승하면 37퍼센트까지 늘어난다. 단지 1.5도에 비해 0.5도가 더 올라갈 뿐이지만 폭염 피해에 노출되는 사람의 수는 2.6배 더 늘어난다. 2015년 4~6월에 걸쳐 북인도 전역에서 최고 48도까지 기온이 올라갔고 이로 인해 2500명 이상이 사망했다. 2015년 6월부터 파키스탄에서도 폭염이 시작되었는데, 일부 도시에서는 49도까지 올라갔다. 이로 인해 2000명 이상이 사망했다. 만약 2도가 올라가면 1.5도에 비해 폭염 피해를 겪을 대도시는 2배 이상 늘어난다. 2015년 인도와 파키스탄에 있었던 것과 같은 살인적인 폭염을 매년 겪어야 하는 것이다.

고위도 지방의 날씨도 크게 변한다. 1.5도가 올라갈 경우 고위도 지방의 밤 최저기온은 4.5도가 올라가지만, 2도가 오를 경우 6도까지 상승한다. 북극지방의 경우 최저 기온이 1.5도의 경우 5.5도 상승하지만, 2도의 경우 8도까지 올라간다. 이렇게 최저기온이 올라가면서 빙하 역시 빠르게 녹아내린다.

가뭄에 대한 피해 역시 1.5도와 2도 사이에는 큰 차이가 있다. 1.5도 정도에서 지구온난화를 안정화할 수 있으면 지중해 지역에서 가뭄에 의한 피해를 크게 낮출 수 있다. 그렇지만 2도에서는 도시에 거주하는 6100만 명이 추가적으로 심각한 가뭄 피해를 입을 것으로 추정되었다. 특히 중동과 근동 지역의 강 유역에 사는 주민들이 취약해진다. 또한 1.5도에서는 물 부족으로 피해를 받는 사람의 비중을 2도 대비 50퍼센트 이하로 낮출 수 있다. 극심한 물 부족에 고통받는 사람의 수 역시 2도 대비 1.5도의 경우 최대 2억 7000만 명 이상 줄일 수 있다. 홍수에 의한 피해 역시 2도에서 더 두드러지고, 사이클론에 의한 폭우와 범람 면적 역시 증가한다.

생물의 멸종

IPCC 특별보고서에서는 10만 5000종의 곤충, 식물 그리고 척추동물에 대한 연구 결과를 다루었는데, 1.5도가 상승하면 곤충 6퍼센트, 식물 8퍼센트, 척추동물 4퍼센트의 서식 범위가 절반 이상 줄어든다. 만약 2도가 올라가면 그 수치는 각각 18퍼센트, 16퍼센트 그리고 8퍼센트로 높아진다. 인간에게는 영향이 없다고 생각할지도 모르지만 농작물의 수분에 중요한 역할을 하는 꿀벌, 꽃등에, 파리와 같은 수분 곤충도 지리적 생존 범위가 줄어든다. 이 외에도 극한 기상, 외래종의 침입, 산불 등도 2도가 되면 발생 빈도와 강도가 더 높아진다.

생태계의 변화도 더 커진다. 1.5도에서는 육지의 13퍼센트 정도에서 생물군의 이동이 일어나지만 2도가 되면 육지의 20퍼센트에서 생물군의 전이가 발생한다. 지구의 고위도에 있는 툰드라와 아한대 삼림은 황폐화의 위험에 처하게 된다. 특히 북극과 고산 지역의 생물군에 영향이 크게 나타난다. 2도에서는 150만~250만 제곱킬로미터의 영구 동토층이 더 녹아 지층에 묻힌 유기물이 소실된다.

해수면 상승은 또 다른 위험 요소이다. 2도에 비해 1.5도의 경우 해수면 상승이 10센티미터 더 낮을 것으로 예상된다. 1.5도의 경우 해수면은 0.26~0.77미터 상승하지만 2도의 경우 0.30~0.93미터로 해수면 상승 폭이 커진다. 이로 인해 해안 범람의 증가, 해변 침식, 염수화 그리고 인간 생활과 자연 생태계에 광범위한 영향을 미칠 것이다. 해수면 상승으로 인한 피해는 남아시아와 동남아시아에 가장 클 것으로 예상되고, 2100년까지 해수면 상승으로 인한 위험에 1000만 명 이상이 노출된다. 해수면의 상승 속도를 늦출 수 있다면 생태계와 작은 섬, 저지대 해안 지역, 삼각주에서 살아가는 사람이 기후변화에 적응하는 데 도움이 될 것이다.

지구온난화 1.5도와 2도 주요 영향 비교

구분	1.5도	2도	비고
고유 생태계 및 인간계	높은 위험	매우 높은 위험	
중위도 폭염일 온도	3도 상승	4도 상승	
고위도 극한일 온도	4.5도 상승	6도 상승	
산호 소멸	70~90%	99% 이상	
기후 영향·빈곤 취약 인구	2도 온난화에서 2050년까지 최대 수억 명 증가		
물 부족 인구	2도에서 최대 50% 증가		
그 외	평균온도 상승(대부분의 지역), 극한 고온(거주 지역 대부분), 호우 및 가뭄 증가(일부 지역)		
육상 생태계	중간 위험	높은 위험	
서식지 절반 이상이 감소될 비율	곤충 6%, 식물 8%, 척추동물 4%	곤충18%, 식물16%, 척추동물 8%	2도에서 2배
다른 유형의 생태계로 전환되는 면적	6.5%	13%	2도에서 2배
육상 생태계	중간 위험	높은 위험	
해수면 상승	0.26-0.77미터	0.30-0.93미터	약 10센티미터 차이. 인구 1000만 명이 해수면 상승 위험에서 벗어남
북극 해빙 완전 소멸 빈도	100년에 한 번 (복원 가능)	10년에 한 번 (복원 어려움)	1.5도 초과 시 남극 해빙 및 그린란드 빙상 손실

* 이 외 극한 기상, 해양 산성화, 생물 다양성, 보건, 곡물 수확량, 어획량, 경제성장 등에 관련된 위험 모두 1.5도보다 2도 온난화에서 높음(수치적으로는 제시되어 있지 않음).

출처: 기상청(2018), 지구 온난화 1.5도 특별보고서 요약본

이 외에도 IPCC 특별보고서는 남극과 북극의 빙하, 바닷물의 이산화탄소 농도와 산성도에 미치는 영향이 생태계가 감당하기 어려운 수준으로 나빠질 것을 우려했다. 이로 인해 수많은 해양 포유류와 어류의 서식 환경이 손상되면서 어업과 양식업의 생산성도 더 크게 떨어질 것으로 분석했다. 산호초의 경우 1.5도에서는 70~90퍼센트 감소하지만 2도에서는 거의 사라진다. 이렇게 산호와 바다 해초가 사라지면 생물 다양성이 급격하게 떨어지고, 산호 지대에 의존하고 살아가는 5억 명 사람들은 직접적인 영향을 받게 된다. 많은 해양과 연안 생태계 역시 2도가 상승하면 돌이킬 수 없는 위험에 노출된다. 1.5도가 넘어가면 자연 방파제인 맹그로브 나무의 소실도 임계치를 넘어서면서 폭풍과 해수면 상승을 방어하는 능력이 현저히 줄어든다.

인간에 미치는 영향

지구온난화를 1.5도 이내로 제한하면 2050년까지 기후로 인해 빈곤 위험에 처하는 사람의 수를 2도 대비 수억 명까지 줄일 수 있다. 폭염과 열사병에 의한 영향뿐만 아니라 말라리아와 뎅기열 같은 곤충 매개로 인한 사망자도 크게 줄일 수 있다. 세계의 식량 안보도 크게 영향을 받는다. 2도 이상 평균기온이 올라가면 아프리카 사헬 지역, 지중해, 중부 유럽, 남미 아마존, 서부와 남부 아프리카 등 이미 취약한 지역에서 식량 안보의 위험이 더 커진다. 전 세계 옥수수 수확량도 2도에서는 5퍼센트 더 줄어들 것으로 예상된다.

2022년 3월에 공개된 IPCC 제6차 평가보고서 워킹그룹 2의 보고서에서는 지구 평균기온이 1.5도 오르면 전 세계 도시 인구 3억 5000명이 물 부족에 시달릴 것으로 예상했다. 그런데 2도가 오르면 이 수치는 4억 1000명으로 늘어난다.

단순히 숫자만 비교하면 2도의 세상이 1.5도의 세상보다 조금 더 나빠진 수준으로 생각할 수 있다. 굳이 1.5도를 지키기 위해 현재의 비용과 고통을 감수할 필요가 있을까라고 무시할 수도 있다. 그런데 이렇게 생각하면 어떨까? 대부분의 사람이 1년에 한두 번 정도의 폭염은 견디지만, 세 번이 넘어가면 견디지 못하는 사람이 급격하게 늘어날 수 있다. 그리고 2도 상승 대비 0.5도 더 낮은 온도를 지키기 위해 들어가는 비용이 그로 인해 초래되는 피해보다 현저히 더 적다면 당연히 전자를 택하는 것이 옳다. 또한 아직도 우리가 알지 못하는 수많은 위험도 존재한다. 그 중 하나가 양성 되먹임positive feedback 작용이다. 이 부분은 뒤에서 다시 설명하겠다.

기후변화는 약한 고리부터 공격한다

기후변화는 모두에게 같은 영향으로 다가오지 않는다. 대개 가장 취약한 국가의 가장 가난한 사람부터 공격한다. 기후변화에 가장 먼저 영향을 받는 지역은 비가 제때 내리지 않는 건조 지대이다. 아프리카 사헬 지역과 몽골 등에서는 사막이 확장되고 있고 섬나라 마다가스카르도 최근 가뭄의 영향을 크게 받고 있다.

아프리카 남동부에 있는 마다가스카르는 하늘을 향해 우뚝 솟은 바오바브나무 외의 다른 이미지를 떠올리기 어려울 만큼 우리에게는 생소한 국가이다. 크기는 한반도의 2.6배로 세계에서 네 번째로 큰 섬이지만 인구는 2770만 명에 불과하다. 척박한 자연환경과 지리적으로 고립된 탓에 1인당 GDP는 500달러가 채 되지 않는 세계 최빈국 중 하나이다. 인구의 75퍼센트가 농업과 관계된 일을 하는 전형적인 농업 국가이다.

마다가스카르는 섬 중앙을 가로지르는 고산 지대를 중심으로 동쪽은 열대우림, 서쪽은 건조 지대로 구분된다. 이 섬의 남쪽 그랑 수드 지역은 마다가스카르에서도 가장 건조한 지역이다. 이 지역에서는 2019년부터 가뭄이 시작되어 언제 끝이 날지 알 수 없는 상황이다. 1981년 이후 가장 심각한 것으로 평가되는 기록적인 가뭄으로 식량 생산이 급감했는데, 여기에 메뚜기 떼까지 창궐하면서 심각한 기근이 발생했다. 유엔세계식량계획WFP에 따르면 그랑 수드 지역에 사는 130만 명 중 거의 절반이 곤충과 선인장잎을 먹으며 겨우 연명하는 등 심각한 수준의 식량 불안을 겪고 있다. 5세 이하 영유아 50만 명은 심각한 영양실조의 위험에 처해 있다고 평가한다.[6]

가뭄은 다양한 방면으로 영향을 미친다. 연간 강우량이 얼마인지도 중요하지만, 그것이 집중적으로 한 계절에만 내린다면 재앙으로 끝날 것이다. 문제는 주민들이 필요한 계절에 물을 얻을 수 있느냐이다. 환경 악화도 가뭄의 충격을 배가시켰다. 과도한 삼림 벌채는 모래 폭풍을 빈번하게 하여 경작지와 목초지를 황폐화하는 데 일조했고, 메뚜기의 출현은 그나마 남은 농작물에 피해를 입혔다. 그랑 수드 지역의 주민들은 조선시대의 보릿고개처럼 초근목피로 연명하고, 아이들은 식량을 구하기 위해 학교를 그만둬야 했다.

그랑 수드 지역의 사례는 기후 재난이 초래한 고통의 크기를 보여준다. 그리고 기후변화가 부적절한 환경 관리와 결합할 때 얼마나 더 치명적인지 잘 보여준다. 그렇지만 과학자들은 기후변화가 마다가스카르 가뭄의 원인이라고 단정하기는 어렵다고 말한다. 물론 언젠가는 기후변화 때문이라고 밝혀질 수도 있지만 지금은 직접적인 증거를 찾을 수 없다고 한다. 역시 과학자의 언어이다. 그렇지만 기후변화가 원인이라고 한들 무엇이 달라질 수 있을까. 살던 지역을 떠나는 것? 다른 지역도 겨우 먹고사는 최빈국에서 갈 곳이 있기나 한 것일까.

유엔세계식량계획은 가뭄을 대비한 재해보험 가입을 늘리고, 훼손된 숲을 다시 복원하고, 수자원을 확보할 인프라 투자를 늘릴 것을 제안한다. 그리고 지금의 변화된 기후환경에서 생존할 방법을 찾아가는 수밖에 없다. 물론 그러려면 농업 연구와 시설에 대한 투자가 필요하다. 문제는 오늘 한 끼의 밥도 겨우 구하는 가난한 농민들에게는 하나 마나 한 소리일 뿐이겠지만.

해수면 상승이 초래한 기후 난민

기후변화로 해수면이 상승하면서 남태평양의 섬나라들이 생존의 위협에 처했다는 것은 이미 익숙한 뉴스이다. 아홉 개의 산호섬으로 이뤄진 투발루는 국토의 상당 부분이 바닷물에 침수되었고, 몰디브 역시 해수면이 상승하면서 국토가 잠식될 위기에 처해 있다. 인도네시아 자카르타는 연간 1~15센티미터씩 지반이 내려앉으며 도시가 침강하고 있다. 이 때문에 인도네시아 정부는 수도를 동칼리만탄으로 이전하는 계획을 발표했다. 지하수의 과도한 개발과 무른 지반 등 여러 원인이 지목되었지만, 근본적으로는 기후변화로 인한 해수면 상승과 점점 더 강해지는 태풍과 홍수가 영향을 미쳤다는 분석이다.

다른 형태의 위험에 처한 방글라데시는 히말라야산맥으로부터 흘러온 강물이 뱅골만의 바닷물과 합쳐지면서 거대한 삼각주를 형성한 지역을 기반으로 한다. 예로부터 벼농사가 발달했고 인구밀도는 세계에서 가장 높은 나라에 속한다. 내가 이 나라에 대해 이해하는 것은 많지 않을뿐더러 대개 부정적이다. 세계에서 대기오염이 가장 심한 나라, 인구밀도가 매우 높은 나라, 찐쌀을 먹는 나라, 바닷가에는 맹그로브숲이 발달했다는 정도가 전부이다. 한때 라오스에서 같이 근무했던 코이카KOICA의 한 직원은 여러 개발도상국에서의 경험을 바탕으로 방글라데시를 가장 살기 힘든 나라로 꼽았다.

일반적으로 해안가 퇴적지로 이뤄진 삼각주는 인류 문명의 발상지로 알려져 있다. 큰 강 하류에는 강물에 실려온 모래와 점토가 퇴적되면서 거대한 평야가 만들어진다. 이 땅은 양분도 풍부해서 해마다 풍성한 수확을 농민들에게 안긴다. 이러한 이유로 삼각주 평야 지대는 고대부터 문명의 발상지였다. 그런데 이곳도 기후변화의 영향을 비켜가지는 못했다.

해수면이 상승하면서 바닷가 저지대에 위치한 삼각주 평야는 토양의 염분 농도가 높아졌다. 건기로 강물이 줄어들 때 만조가 되면 바닷물이 내륙 깊숙이 역류해 들어와 논을 망쳤다. 지하수에도 염분이 섞여 나오면서 식수를 구하기 어려운 곳도 늘어났다. 세계은행의 보고서는 2050년까지 토양 염분이 증가하면서 방글라데시의 쌀 생산량은 15.6퍼센트 감소할 것이라고 추정했다. 3000만 명이 거주하는 남부 해안 지대에서는 많은 농촌 주민이 고향을 떠나 수도 다카의 빈민으로 전락했다. 지금보다 해수면이 더 올라갈 1.5도의 시대에는 어떤 일들이 벌어질까?

베트남 수도 하노이를 거쳐 남중국해로 흐르는 홍강 삼각주도 30~40킬로미터 내륙까지 염분의 영향을 받을 것으로 예측했다. 건기가 되면 운하의 담수가 부족해져 바닷물이 더 내륙으로 이동한다. 이미 이 지역에서는 벼농사를 포기하고 염수에 강한 새우 양식으로 전환하는 농가도 늘고 있다.[7]

우리나라 서해안 간척지에서도 해수면이 상승하면서 해안 지대 지하수위가 높아지는 것이 관측된다. 이에 따라 간척지 토양의 소금 농도도 조금씩 높아지고 있다. 해수면이 지금보다 더 높게 올라간다면 많은 해안가 논에서 벼 재배가 어려울 수밖에 없다. 물론 농사뿐만 아니라 해안가에 위치한 도시 역시 위험에 처할 것이다. 파도가 방파제를 넘어 도시를 위협할 수 있기 때문이다.

《빌 게이츠, 기후재앙을 피하는 법》을 쓴 마이크로소프트 창업자 빌 게이츠는 개발도상국의 농업에도 많은 관심이 있다. 2021년 '빌앤멜린다 게이츠' 재단은 소농들이 기후 위기에 적응하도록 3억 1500만 달러를 지원하기로 약속했다. 이 자금은 국제벼연구소IRRI, 국제건조지역농업연구센터ICARDA 등 전 세계 18곳에 산재한 국제농업연구협의그룹CGIAR 산하에 있는 농업 연구소의 기후 위기 대응 연구 프로그램에 지원될 예정이다. 그런데 이미 빌 게이츠는 2015년부터 국제벼연구소에서 실시한 내염성 벼 품종 개발 연구비를 지원해 왔다. 삼각주 지대에서 발생하는 기후 난민을 줄이기 위해서는 높은 소금 농도에서도 자라는 벼가 필요하기 때문이다.

생활 속의 기후변화

토마토 유감

2020년 9월부터 연말까지 햄버거에서 토마토가 사라진 적이 있었다. 길었던 장마와 태풍이 문제였다. 그렇지만 대부분의 국민은 이 사실을 모르고 지났을 것이다. 나 역시 2021년 날씨가 너무 뜨거워 방울토마토가 제대로 달리지 않는다는 뉴스를 보다가 알게 된 사실이었다. 그런데 이것이 우리나라만의 문제는 아니었다. 인도와 동아프리카 지역에서 비슷한 문제가 발생했다.

2020년 2월 케냐의 주민들은 모두 토마토에 주목했다. 우리에게 토마토는 햄버거와 샐러드에 들어가는 정도의 농작물이지만 많은 나라에서는 우리의 배추처럼 주요 작물이다. 그런데 갑자기 5센트 하던 토마토 가격이 25~35센트까지 올랐다. 긴 장마와 폭우로 토마토가 밭에서 썩어버린 것이다. 케냐 전역에서 80퍼센트에 이르는 토마토 농가가 수확할 것이 없을 만큼 영향을 받왔다. 인근 우간다와 탄자니아에서도 비슷한 일이 벌어졌다.

기상학자들은 동아프리카와 호주 서부 사이에 위치한 인도양의 기후 패턴이 달라지면서 이런 현상이 일어났다고 분석했다. 이 두 지역은 인도양의 양 끝에 위치하는데, 우기와 건기에 따라 바닷물의 냉온이 교차한다. 이를 인도양 쌍극자Indian Ocean dipole라고 부른다. 아프리카 동부해안이 따뜻한 시기일 때 양의 인도양 쌍극자positive Indian Ocean dipole라고 하는데, 2019년 이 지역의 해양 표층수의 온도가 평년보다 크게 높아지면서 우기가 길어지고 강수량이 늘어나는 효과로 나타났다. 반대로 호주에서는 건조 기간이 길어지면서 거대한 산불이 발생했다. 2019년 9월 2일 호주 남동부 지방에 발생한 산불은 한반도 면적의 85퍼센트에 해당하는 지역을 태우고 2020년 2월 13일에야 진화되었다. 이때 발생한 연기는 뉴질랜드를 넘어 남아메리카 대륙에까지 다다랐고 태평양 쪽으로는 도쿄까지 퍼졌다.

그럼 이것은 기후변화의 영향일까? 주민들은 기후변화의 결과라고 주장하지만 과학자들은 아직 확신하지 못한다. 일시적 현상인지, 아니면 반복적인 기후가 될지 현재의 기후 모델로는 설명하지 못하는 것이다. 그리고 호주의 산불과 동아프리카 홍수의 연관성 역시 아직 인정되지 않고 있다.

요즈음은 햄버거를 먹을 때 토마토가 있는지 살펴본다. 점점 더 토마토가 없는 햄버거를 보는 일이 잦아질 것이다. 주의 깊게 살펴보면 우리 주변의 많은 작물이 변했다는 것을 발견할 수 있다.

사라진 과수원

지난해 경북 의성이 고향인 김현권 전 농특위(농어업농어촌특별위원회) 탄소중립위원장과 이야기를 나눌 기회가 있었다. 김현권 위원장은 자신의 고향 의성군 봉양면에서 한우를 키우는 농민이기도 하다. 서울에서 대학을 마치고 고향으로 돌아왔을 때는 주변이 모두 사과나무 과수원이었다고 한다. 그런데 더 이상 이 고향 마을에는 사과나무가 없다. 기온이 올라가고 햇볕이 너무 강해 사과에 일소 피해(강한 햇볕에 작물이 손상되는 현상)가 발생하면서 더 이상 사과를 재배하는 것이 힘들어졌기 때문이다. 그래서 어쩔 수 없이 한우를 선택했다.

2000년대만 해도 경북 북부 지역의 사과 주산단지에서 생산된 사과 속에는 당분의 밀도가 너무 높아 마치 꿀처럼 보이는 핵이 든 사과를 보는 것이 흔했다. 물론 지금은 그런 사과를 보기도 어렵고 맛도 예전만 못하다. 기후변화를 다룬 다큐와 이 영향을 평가한 보고서에서는 사과 재배 지역이 얼마나 북상하느냐가 하나의 지표로 제시된다. 김현권 위원장이 하는 이야기를 들으면서 "사과 재배 지역이 북상하고 있습니다"라는 문장의 의미가 와닿았다. 과수원 운영에서 가축 사육으로 바꾸는 것과 같은 변화가 우리 주변에서 일상으로 일어난다.

사과를 재배하는 농가들도 기후변화에 대응한다. 강한 햇볕을 차단하기 위해 나무 위에 커튼을 치거나, 물안개 분무 장치를 설치하는 과수원이 늘고 있다. 도시에도 햇볕이 너무 강해지자 신호 대기 건널목에 고정형 파라솔을 설치하는 지자체가 늘고 있는 것과 비슷하다. 이렇게 시설 투자를 늘리면 과일에 손상을 주는 피해는 줄지만 비용은 증가한다. 기상이 변하면서 높은 일교차가 빚어낸 맛있는 사과를 보기도 어려워졌다. 이렇게 되면 소비자의 선호도도 떨어지고 가격도 타 지역에 비해 약세를 면치 못한다. 결국 계속 사과를 재배하면 비용은 증가하고 소득은 떨어지면서 한계에 부딪힌다. 이때 늦봄의 서리나 여름과 가을의 태풍처럼 기상재해를 만나면 이마저도 어렵다는 것을 체감하게 된다. 사과나무를 뽑아낼 수밖에 없다. 이것은 사과뿐만 아니라 다른 작물에도 연쇄적으로 일어날 현상이다. 대구 사과는 청송 사과에 자리를 내주었고, 경북 사과는 충북을 지나 강원도의 휴전선까지 북상했다.

유리온실에서 딸기를 재배하는 농민들도 비슷한 고민을 하고 있다. 딸기는 서늘한 기후에서 잘 자라는 작물이다. 요즘은 여름철부터 딸기묘를 키운 후 9월에 재배용 온실에 옮겨 심는다. 그리고 11월부터 이듬해 4월까지 수확한다. 그런데 온실은 대개 난방 장치만 갖추고 있다. 추운 겨울을 나는 것이 문제였기 때문이다. 그런데 여름부터 딸기를 준비하면서 고온 피해가 심각하다.

그럼 하우스에도 냉방장치를 달아야 할까? 가축을 키우는 축사 역시 비슷한 고민에 빠져 있다. 여름철이 너무 더워지면서 가축의 성장 속도도 떨어지고 폐사율도 올라갔다. 그러다 보니 요즘은 축사에도 냉방 설비를 갖추는 곳이 늘어나고 있다.

남부 지방 인삼 재배 농가들이 무더위에 말라가는 인삼을 보호하기 위해 냉방장치를 설치했다는 소식도 들린다. 인삼밭에 냉방장치, 상상이 가는가? 과수원에 설치된 것과 같은 미세살수 장치말고도 지열과 지하수를 이용한 냉풍기도 설치한다. 이제는 냉방장치가 있어야 농사를 짓는 시대가 온 것일까?

그럼 북한은 사과를 재배할까? 기후가 달라졌으니 북한이 사과의 주산지로 새로 등극하는 것은 아닐까라는 궁금증이 생겼다. 사실 농업 분야에서 일하지만 북한의 농업에 대해서는 라오스의 농업보다 더 모른다. 급히 자료를 찾아보니 2013년 북한의 고산이라는 지역에 있는 사과 농장을 소개한 기사를 발견했다. 고산은 1947년 사과 재배를 처음 시작한 이후 2010년에는 2850헥타르까지 늘어났다. 과수원에는 우리나라 여느 과수원처럼 자동 관개 장치도 설치되었다고 한다. 2018년에는 이 지역에서 사과 6만 5800톤을 생산해서 2만 톤을 러시아, 중국과 몽골로 수출할 계획을 세우기도 했다. 생산성도 우리나라와 차이가 크지 않았다. 그럼 사과는 북쪽으로 어디까지 자랄 수 있을까? 최북단 과수원은 북위 60도에 위치한 노르웨이 하르당에르피오르 지역이다. 이렇게 계속 더워지다 보면 북유럽의 과수원에서 생산된 사과를 먹는 때가 올지도 모른다.

코로나19가 만든 풍경

2020년부터 본격적으로 시작된 코로나19는 전혀 다른 지구를 만들었다. 사람들의 이동이 멈추자 다른 세상이 나타났다. 자동차 소리가 잦아들자 새들의 울음소리가 들리기 시작했고, 대양에서 오가는 배들이 줄어들자 해양 동물의 번식이 더 활발해졌다. 그중 가장 놀라운 경험은 보지 못하던 세상이 보인 것이다.

애플 티브이에서 방영한 다큐멘터리 〈그해, 지구가 바뀌었다〉에서는 코로나19로 촉발된 록다운 기간 동안 자연 생태계가 어떻게 회복되었는지 보여주었다. 잘란다르는 인도 펀자브주에 있는 인구 100만 정도의 작은 도시이다. 이 도시에 사는, 다큐멘터리 출연자 안슐 초프라Anshul Chopra는 옥상에 올랐을 때 놀라운 광경을 본다. 멀리서 히말라야산맥이 보였기 때문이다. 200킬로미터 이상 떨어진 히말라야산맥이 사람들의 이동이 멈추자 거짓말처럼 나타났다. 30년 동안 같은 집에서 살았지만 보이지 않던 광경이었다.

"히말라야산맥은 그동안 계속 오염된 하늘 뒤에 숨어 있었어요"라는 청년의 말이 무척 생소하게 들렸다. 불과 록다운 12일만에 하늘을 뒤덮은 스모그가 사라지고 히말라야산맥의 하얀 능선이 보였다. 이 순간을 찍은 안슐의 사진은 트위터를 통해 퍼져나갔고, 다큐멘터리를 만들던 팀에게까지 닿았다. 첫 느낌은 "도대체 우리가 이 지구에 무슨 짓을 한 걸까?"였다.

2020~2021년은 우리나라에서도 전례 없이 맑은 하늘을 경험할 수 있었다. 그 이전까지 미세먼지를 해결하지 못하면 대권을 꿈도 꾸지 말라는 농담이 회자되었지만, 코로나 시기를 거치면서 미세먼지에 대한 걱정은 자취를 감추었다. 미세먼지를 위해 준비한 마스크는 코로나 시대를 유용하게 지나는 필수품이 되었다. 사진 여행을 자주 나가지는 못했지만 이 시기 동안 내가 찍은 풍경 사진은 그 어느 때보다 마음에 들었다. 파란 하늘이 선명하게 보이면서 원근감이 더 잘 드러났다.

우리가 사용한 화석연료는 지구온난화만 초래한 것이 아니었다. 미세먼지로 우리의 눈을 가렸고, 소음과 빛 공해로 수많은 야생동물의 삶을 망가뜨렸다. 사회적 거리 두기가 느슨해지면서 도시의 미세먼지 농도가 다시 높아지는 것이 느껴진다. 만약 2021년 우리 정부가 유엔에 약속한 탄소중립 계획이 충실히 수행된다면, 2030년에는 지금보다 온실가스 배출이 40퍼센트가 줄어든다. 인도 역시 석탄발전소를 줄여나갈 것이다. 그때가 되면 잘란다르 사람들은 히말라야산맥을 다시 볼 수 있지 않을까?

다음 여정을 위한 준비: 갈림길에 서서

호프 자런은 《나는 풍요로웠고, 지구는 달라졌다》에서 "우리는 어떻게 포기할 수 없는 것들을 포기하지 않으면서도 지구 환경의 지속성을 망치지 않을 수 있을까?"라는 질문을 던졌다. 20세기부터 시작된 산업혁명이 가져다준 풍요는 수억 년 동안 지구가 축적해 온 생물자원을 소비하면서 만들어졌다. 우리는 메가시티를 만들었고 기후변화를 초래했다. 1960년대부터 성장의 한계를 직시했지만 포기할 수 없는 것들을 포기할 수는 없었다. 그때부터 시작된 기후변화는 기후 위기를 거쳐 이제 기후 파국으로 치닫고 있다. 이르면 2030년 전, 아무리 늦어도 2040년 전에는 지구 평균기온이 1.5도 오를 것이라고 한다. 우리에게 어떤 선택지가 남아 있을까?

세계는 탄소중립을 외친다. 온실가스의 40퍼센트를 차지하는 석탄발전소는 퇴출의 길에 들어섰다. 원자력은 여전히 논란 중이고, 재생에너지는 세계 곳곳에서 주요 에너지원으로 자리를 잡아간다. 이렇게 하면 기후 위기가 해소될까? 그 길의 끝에는 무엇이 기다릴까? 지구에 좋은 일이, 유럽에 좋은 일이 우리나라에도 좋은 일일까? 아프리카와 아시아 등 이미 불리한 기후대에 있어서 상대적으로 소외되었던 지역은 어떻게 바뀌어갈까? 우리는 에너지 전환을 이야기하지만, 에너지만 바꾸면 자연 생태계는 다시 예전처럼 회복될까? 그럼 우리 농업은 어떻게 변할까? 답을 해야 할 수많은 질문이 탄소중립을 그저 순진하게 바라만 보기 어렵게 만들었다. 뭔가 좀 더 깊이 알아보고 싶었다.

우리 정부는 '2050 탄소중립'을 선언했다. 지구촌 일원으로 약속했으니 지켜야 하는 것은 당연한데, 그렇다고 아무 대책 없이 무작정 '앞으로만'을 외칠 수는 없다. 탄소중립에 이르는 여정도 수만 가지는 될 것이고, 무엇부터 해야 우리의 미래가 밝을지에 대한 전략적 판단도 필요하다. 그 차이는 모든 국민에게 영향을 미친다.

우크라이나-러시아 전쟁의 발발, 미국과 캐나다 중서부 지방의 기록적인 가뭄, 에너지 가격 상승, 그리고 코로나19로 인한 경제 위기 등 악재가 겹치면서 국제 식량 가격이 사상 최고가를 갱신하고 있다. 우리나라의 낮은 식량자급률은 국민에게 식량 위기에 대한 불안감을 불러일으켰다. 바둑판은 19x19개의 선이 교차되는 점으로 이뤄진다. 이세돌 9단이나 초급인 나나 그 교차점에 돌을 놓는 것은 다르지 않다. 단지 순서가 다를 뿐이다. 우리가 바둑돌을 놓을 수 있다고 프로 기사가 아니듯 우리가 무엇을 해야 할지 안다고 해서 세상에 직면한 문제를 해결할 수는 없다. 우리는 문제를 올곧게 바라볼 통찰력이 필요하다.

다음 장부터는 농학자가 바라본 기후변화를 다뤄나갈 것이다. 탄소중립의 여정에 들어서기 전에 무엇이 우리를 이 자리까지 오게 했는지 살펴보고 지금까지 논의되는 수많은 이야기 속에 숨기고 싶은 불편한 진실은 없는지 하나하나 들춰보고자 한다. 내가 농학자로 가져왔던 질문들, 10여 년 동안 기후변화의 현장을 다닌 경험을 반추하며 기후변화가 초래한 생물 다양성 붕괴와 식량 위기를 살펴보고 대안으로 제시된 경로를 알아볼 것이다. 그리고 독자들과 함께 기후변화를 이해하는 것을 넘어 지속 가능한 미래를 찾아가는 여정을 함께 해나갈 것이다.

2장

우리가 만들어온
기후 위기의 발자취

지구상의 모든 사람이 한꺼번에
완전히 동일한 위험에 노출되는 건
자주 있는 일이 아니다.

그레임 매카이 Graeme MacKay

인구수의 딜레마

1920년 세계 인구는 20억이 채 되지 않았지만 100년이 지난 지금은 4배 증가한 80억에 근접했다. 1960년 이후 세계 인구의 연평균 증가율은 1.6퍼센트인데, 지금과 같은 속도라면 30년 후인 2050년에는 97억 명에 이를 전망이다. 세계 인구가 이만큼 늘어날 수 있었던 것은 식량 공급이 가능했기 때문이다. 1960년 이후 곡물 생산성의 연평균 증가율은 1.94퍼센트로 인구 증가율보다 높았던 덕분에 인류는 유례없이 풍요로운 식단을 즐길 수 있었다. 자유무역이 확장되고 시민들도 다른 나라를 방문할 만큼 풍요로운 시대가 막을 열 때쯤 우려의 목소리가 들렸다. 그 목소리는 세계 25개국의 과학자, 경제학자, 교육자, 경영자들이 창립한 민간단체 로마클럽에서 시작되었다.

일반적으로 먹이 공급이 늘어나면 생물 개체수는 늘어나고 크기도 커진다. 이것을 마냥 좋다고 하기 어려운 것이 닫힌계 closed system는 자원이 고갈되고 폐기물이 축적되면서 성장의 한계에 부딪힐 운명이기 때문이다. 자연 생태계에서는 성장기를 지나 정체기에 접어든 생물종은 쇠퇴기를 거치면서 소멸 과정에 접어든다. 로마클럽에서는 《성장의 한계》라는 책을 통해 인구와 자원 소비, 환경오염이 기하급수적으로 증가한다면 어느 순간 지구는 더 이상 지구 생태계를 지탱할 수 없고, 경제 성장도 멈출 것이라고 예언했다. 이 책은 출간 당시부터 큰 화제를 불러일으켰음에도 냉전의 소용돌이를 뚫을 만큼 반향이 크지는 않았다.

인간은 다른 생물종과는 다르게 과학기술의 발전 덕분에 성장의 한계를 계속 연장했다. 호모 사피엔스 한 종이 무게 기준으로 육상 포유류의 3분의 1까지 늘어나는 기적을 만들었다. 지구가 탄생한 이래 인간은 지구 생태계의 최고 포식자가 되었다. 이 역시 반길 일만은 아닌 것이, 최고 포식자가 너무 강하다 보니 더불어 살아가는 생물들에게는 재앙이었기 때문이다. 과학자들은 이렇게 다른 생물들이 사라지는 현상을 "종 다양성이 상실되었다"라고 표현한다. '다양성 상실'은 '거의 다 죽었다'의 학술적 표현이다. 그래도 인간은 예외이지 않을까 하며 낭만적인 미래를 그리던 때도 있었다. 그런 낭만의 시대는 기후변화라는 복병을 만

나면서 흔들리기 시작했다.

기후변화는 '줄이든가 죽든가'라는 선택지만 있는 문제처럼 보인다. 인류는 과학기술이 그 한계를 극복해 주기를 기대하지만, 이 고비를 넘기면 또 어디서 문제가 터질지는 아직 알 수 없다. 과연 인간은 자연법칙으로부터 예외가 될 수 있을까?

1920년 한반도 거주 인구가 1700만 명 정도였을 때 서울의 인구는 24만이었다. 지난 100년 동안 한반도 인구가 4배 정도 증가할 때 서울 인구는 40배가 늘었다. 좋은 일자리와 안정적인 식량 공급이 가능했고, 또 배우자를 찾기도 유리해서였을 것이다. 수도권의 인구 집중이 개선되지 않으면 지방의 붕괴를 막을 길은 요원해 보인다. 그런데 어떻게 이것이 가능했을까? 인재가 필요한 기업은 수도권에 자리 잡을 수밖에 없고, 수도권에 일자리가 몰리니 지방의 인재들은 수도권으로 올 수밖에 없다. 이 두 주제는 서로 꼬리에 꼬리를 물고 회전하며 쫓아가는 형국이다. 달리는 말 앞에 놓인 당근처럼 달려도 달려도 먹을 수 없는 음식처럼 보인다. 물론 이 책의 주제가 국토의 균형 발전은 아니다. 다만 우리가 다루는 문제 역시 딜레마 상황이라는 것을 알아주었으면 해서이다.

변화를 논할 때 인구의 문제는 그냥 상수로 둔다. 사실 이 문제를 드러내는 순간 타노스의 해결책[1]이 등장할 개연성이 높기 때문이다. 그러니 이해 못할 바는 아니지만 지금의 기후 위기에 인구 증가가 가장 큰 역할을 한다는 것도 부정하기는 어렵다. 2050년대가 되면 100억까지 증가하는 인구는 지금 우리가 겪는 대부분 문제의 원인이자 결과이다. 식량 생산이 늘어나고 폐기물 처리 능력이 향상되면서 세계 인구도 빠르게 증가했다. 인구가 증가하자 더 많은 에너지가 필요했고, 식량을 생산할 더 많은 경작지가 필요했다. 따라서 온실가스 배출량은 늘어났고, 숲이 농경지로 바뀌면서 탄소 흡수 능력은 떨어졌다.

세계 인구가 적당한 수준에서 안정되지 않으면 탄소중립을 위한 노력이 효과를 발휘하기 어렵고, 수도권의 인구 집중이 개선되지 않으면 지방 붕괴를 막을 길은 요원하다. 인구 증가를 억제하기 위해 식량 공급을 줄일 수도 없고, 서울로 사람들이 모이는데 아파트를 안 지을 수도 없다. 어쨌든 아파트를 짓는 만큼 지방의 인구를 끌어들일 것이고, 식량이 늘어나는 만큼 인구도 늘어날 것이다. 빌 게이츠는 기후 난민과 개발도상국 빈민의 기아 문제 해결을 위해 농업 연구에 엄청난 연구비를 지원하지만, 이렇게 늘어난 식량은 다시 인구를 늘리는 작용을 하면서 효과는 곧 상쇄된다. 문제를 하나 해결하면 다른 문제를 더 악화시키는 상황이 끝없이 반복되는 딜레마 상황이다. 기후 위기에 대응하는 인류의 노력이 왜 번번이 좌절하는지 이해해야 의미 있는 대안을 찾을 수 있다. 우리가 다루는 사안이 생각보다 난이도가 훨씬 높다는 것을 이해해 주었으면 한다.

그러다 보니 저명한 기후 활동가들마저 지구적인 문제에 대해 개개인의 참여를 호소하는 것 외에 현실 세계에서 다른 무엇을 하기는 쉽지 않다. 과학기술로 성장의 한계를 극복할 것 같았지만 이제는 점점 더 힘에 부친다는 것을 느낀다. 기후는 변했고 우리 삶을 지탱해 주던 생물들이 사라지고 있다. 이런 현상을 어떻게 인식해야 할지 좀 더 깊이 들어가 보자.

지구 주인은 누구일까?

어떤 이들은 지구에 사람이 너무 많아 문제라고 지적한다. 누구는 가축이 너무 많아서 문제라고 한다. 반면에 누구는 "한 줌도 안 되는 인간이 기후를 바꾼다고?"라고 반문하기도 한다. 무엇이 맞을까?

생물을 무게로 비교하는 것이 어색하지만 무게는 곧 에너지 사용량과 비례하기 때문에 누가 생태계의 우점종인지를 판가름하는 공정한 척도라고 할 수 있다. 다행히 스미소니언 박물관에서 여기에 대해 확실한 관점을 제시했다. 유기체의 총량을 바이오매스biomass라고 부르는데 살아 있거나 죽은 생물을 일컫는 전문용어이다. 생태계의 우점종을 파악하고 싶을 때 바이오매스 총량을 비교하기도 한다. 번성하는 유기체는 더 많은 태양에너지를 흡수하거나 더 많은 에너지를 다른 생물로부터 빼앗아 생태계의 지배적 종으로 등극했을 것이기 때문이다. 아주 예전에는 공룡이 그랬고,

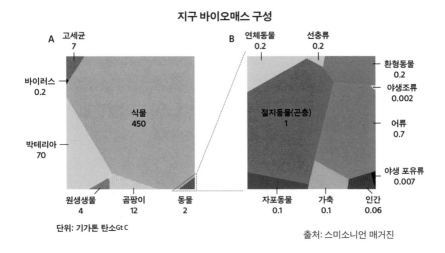

지구 바이오매스 구성

A
고세균 7
바이러스 0.2
식물 450
박테리아 70
원생생물 4
곰팡이 12
동물 2

단위: 기가톤 탄소Gt C

B
연체동물 0.2
선충류 0.2
환형동물 0.2
야생조류 0.002
절지동물(곤충) 1
어류 0.7
야생 포유류 0.007
자포동물 0.1
가축 0.1
인간 0.06

출처: 스미소니언 매거진

지금은 포유류, 그중에서도 호모사피엔스가 그 위치를 차지할 것으로 기대한다. 과연 그럴지 바이오매스를 비교해 보자.

지구 전체의 바이오매스는 탄소 무게로 대략 550기가톤Gt 정도 된다. 5500억 톤, 이것이 얼마나 무거운 무게인지는 전혀 짐작도 하기 어렵지만 상상보다 더 무겁다는 것은 분명하다. 다들 예상하겠지만 식물이 가장 많은 81퍼센트 정도를 차지한다. 세균과 곰팡이가 그 뒤를 이어 각각 13퍼센트, 2퍼센트를 차지했다. 즉 지구 바이오매스의 96퍼센트는 나무와 미생물로 구성되어 있다. 인간이 속한 동물군은 다해서 2기가톤, 0.36퍼센트에 불과하다. 이렇게 놓고 보면 매우 실망스럽다.

식물(81%) 〉〉〉 세균(13%) 〉〉 곰팡이(2%) 〉 동물(0.36%)

동물 중에서는 곤충이 절반을 차지하고, 나머지 대부분은 어류가 차지한다. 인간은 전체 바이오매스의 0.01퍼센트에 불과하다. 심지어 바이러스의 바이오매스도 인간에 비해 3배나 더 많다. 그렇지만 가축, 야생동물, 새 등 우리가 눈으로 볼 수 있는 육상동물 중에서 인간은 약 35퍼센트 정도를 차지한다. 육상 포유류의 한 종이 이 정도의 비율이라니 놀랍기는 하다. 이렇듯 우리가 바라보는 관점을 기준으로 세상을 보면 인간이 다수를 차지하는 듯 보이지만, 생태계 전체로 보면 미미한 수준에 불과하다. 1만 분의 1의 존재가 지구에 이만큼 영향을 주고 있으니 이를 어떻게 해석해야 할까?

그렇지만 이것은 분명해 보인다. 우리가 지구를 걱정하지만, 이는 주제넘은 것이고 오히려 우리 앞가림이나 잘하는 것이 맞지 않을까? 0.01퍼센트가 사라져도 지구가 아쉬워하리라고 생각하는 것은 과도한 자신감이다. 지금까지 지구에서는 다섯 번의 대멸종이 있었다. 거기에 하나를 더 보태더라도 지구의 바이오매스에 큰 변화가 있을 것 같지는 않다.

시그모이드 곡선

모든 생물은 환경이 허락하는 한 개체수를 무한정 늘려간다. 벗나무는 봄이 오면 꽃부터 피운다. 버찌가 익어 떨어지며 보행로를 검게 물들이더라도 다음해 벗나무의 꽃이 줄어들지 않는다. 송화 가루가 날리는 날이면 황사가 몰아치는 것처럼 산이 누렇게 물든다. 은행나무는 가을이면 도시에 바람직하지 않은 향기를 내뿜는 민원 대상으로 전락하지만 은행을 만드는 것을 게을리하는 법이 없다. 미생물 역시 다르지 않다. 자랄 환경 조건이 갖춰지면 증식부터 한다. 갑자기 낯선 환경에 도입된 외래종도 눈치를 보는 법이 없다. 베스는 토종 물고기를 닥치는 대로 잡아먹으며 개체수를 늘려간다. 외래종을 퇴치하기 위한 활동이 없는 것은 아니지만 베스의 수는 먹이가 되는 베이트 피시의 수가 조정할 수 있을 뿐이다. 이렇듯 생물종의 최우선 목적은 번식을 통한 종의 유지이다. 지금 우리가 바라보는 자연이 평화로워 보이는 것은 이런 생물들 간 먹이사슬이 균형을 이루는 동안만이다. 이를 평형 생태계라고 부른다.

배양기 안에서 미생물 한 종을 배양하면 생태계 먹이사슬이 작동하지 않으니 개체수가 무한으로 불어난다. 처음에는 천천히 개체수가 늘어나는 지연기를 지나 지수적 성장기에 접어들면 개체수가 급격하게 늘어난다. 그렇지만 먹이의 한계와 오염물질의 축적으로 인해 개체수의 증가 속도가 떨어지는 성숙기를 거쳐 정체기에 접어든다. 한동안 이 정체기에 머물다 소멸기로 접어드는 것이 닫힌계에서 일어나는 현상이다. 이를 S자 곡선 또는 시그모이드sigmoid 곡선으로 설명하기도 한다. 만약 그렇지 않았다면 지금의 조화로운 생태계가 존재하지도 않았을 것이고 세상에는 폭군만 넘쳐났을 것이다. 물론 생물공학자들은 이런 한계를 극복하기 위해 연속 공정이라는 방법을 개발했다.

일괄 공정이 배양기 안에 미생물의 먹이를 한 번에 넣어주는 닫힌계라면 연속 공정은 배양기에 먹이를 조금씩 계속 흘려주고 반응 산물을 파이프를 통해서 제거하는 열린계open system이다. 이

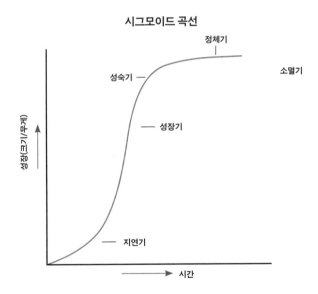

시그모이드 곡선

렇듯 연속 공정을 통해 성장의 한계를 회피할 수 있지만, 이것은 통제된 환경하에서나 가능하다. 닫힌계에서 성장의 한계를 극복하기 위해 투입 요소를 더 늘리는 것은 현명하지 못하다. S자 곡선은 누구도 생태계에서 독불장군이 될 수는 없다는 것을 상징적으로 보여준다.

인류도 자연 생태계의 평형을 크게 벗어나지는 않았다. 1만 년 전 빙하기가 끝나고 간빙기가 시작되었을 때 인류의 조상은 농경을 시작하면서 지구 생태계의 우점종으로 확실히 자리매김했다. 도구를 만들고 농경 기술이 발전하면서 개체수가 늘어나기는 했지만 수천 년 동안 인구 증가 속도는 생태계의 평형을 조금씩 이동시키는 정도에 불과했다. 산업혁명이라는 대사건이 일어나 생태계의 균형을 깨뜨리면서 모든 것이 변했다.

공기로 빵을 만들다

인류의 지식이 축적되고 도시가 발전했지만 17세기까지 지구의 인구는 5억 명 수준에 머물렀다. 신대륙에서 구아노와 칠레초석이 발견되면서 유럽으로 질소비료의 공급이 늘어나자 농작물 생산량이 증가했다. 19세기가 시작될 무렵 인구는 10억 명까지 늘어난다. 여기에는 삼포식농업과 윤작 등 농업기술의 발전과 감자와 옥수수처럼 새로운 작물의 도입이 중요한 역할을 했다.

1900년에 이르자 세계 인구는 16억 명에 육박하고 식량이 부족해지기 시작했다. 신대륙에서 공급되는 칠레초석이 작물의 생산량을 늘렸지만 값이 비싸고 공급도 충분하지 못했다. 여기서도 S자 곡선의 마법은 계속된다. 환경조건이 바뀌면, 즉 식량 공급이 늘어나면 개체수는 증가한다. 인류는 식량 부족에 시달리면서 다시 정체기를 맞는다. 역사에 가정은 없다지만 아마도 이 기술이 개발되지 않았다면 인류는 아직 30억~40억 명 수준에 머무르고, 우리가 오늘날 기후변화라는 단어를 듣지 못했을지도 모른다.

1909년 독일의 화학자 프리츠 하버는 공기 중의 질소를 고온고압으로 농축해 암모니아를 합성하는 방법을 개발했다. 독일 화학 회사 바스프BASF는 연구소의 공업화학자 카를 보슈에게 산업화 연구를 맡겼고, 1913년 9월 9일 최초의 암모니아 공장에서 매일 3~5톤의 암모니아를 생산하게 되었다. 석탄을 태워서 암모니아를 합성하는 화학 공장은 인류의 새로운 지평을 열었다. 이 공로로 하버 교수는 1918년 노벨 화학상을 수상했고 '공기로 빵을 만든 과학자'라는 영광을 얻었다. 그렇지만 독일이 1차 세계대전에 살포한 독가스를 개발하고 사용을 주도해 그의 이름은 빛을 바랬다.

이렇게 합성된 암모니아를 이산화탄소와 반응시키면 요소가 만들어진다. 2021년 요소수 파동을 일으켰던 그 요소이다. 매년 2억 톤 정도의 요소를 생산하기 위해 공기로부터 합성된 암모니아의 80퍼센트가 사용되고, 이렇게 합성된 요소의 90퍼센트 정도는 비료로 사용된다. 비료를 생산하는 데 전 세계 에너지의 1.2퍼센트가 사용되는데, 이 중 약 90퍼센트가 하버-보슈법이라 불리는 암모니아 합성 공정에 사용된다.[2]

고삐 풀린 인구와 농업의 발전

하버-보슈법으로 암모니아 합성이 가능하게 되자 지구의 질소 순환에 변화가 생겼다. 질소고정박테리아와 번개에 의해 연간 500만~1000만 톤 정도 만들어지던 암모니아는 하버-보슈법이 등장한 이후 자연적으로 공급되던 암모니아의 20배까지 추가 공급되었다. 2015년에는 1억 5400만 톤의 질소비료가 공급되었다.[3] 농산물 생산의 제한 인자로 작용했던 질소비료가 풍족하게 공급되자 전 세계 인구가 먹고도 남을 만큼의 농산물 생산이 가능해졌고, 늘어난 식량은 다시 인구 증가로 이어졌다. 20세기가 시작될 무렵 16억 명에 불과하던 인구는 불과 100년 만에 61억 명으로 늘어났고, 2020년에는 78억 명까지 증가했다. 그리고 2050년에는 97억 명까지 늘어날 전망이다.

산업혁명을 거치면서 축력과 인력에 의존하던 농작업은 화석 연료를 사용하는 트랙터 중심으로 바뀌었다. 그러면서 한 명의 농부가 경작할 수 있는 면적 또한 증가했다. 현재 대부분의 선진국에서 농업에 종사하는 인구는 불과 1퍼센트 남짓에 불과하다. 1960년대 시작된 녹색혁명 이후 증가한 인구의 대부분은 농촌이 아니라 도시에 거주하기 시작했다. 도시로의 인구 집중은 산업혁명 시대를 견인하는 연료였고 과학기술이 발전하는 동력이었다. 이와 함께 에너지 사용량도 늘어났다. 농업 과학기술이 발전하고 도로와 농업용수 개발 등 농업 인프라에 대한 투자도 늘어났다. 산업혁명 시대는 모든 것이 팽창하던 시기였다.

식량 생산도 꾸준히 증가했다. 유엔식량농업기구FAO는 1938년에서 1950년대에 이르는 불과 십여 년의 기간 동안 세계 농업생산량은 60퍼센트 증가했고, 2001년까지 2배가 증가했다고 추정한다.[4] 식량이 늘어나자 과거에 비해 한 사람이 먹는 양도 늘어났다. 200년 전 세계 인구가 불과 10억 명 정도에 불과할 때 프랑스인은 하루 1800칼로리, 영국인은 2200칼로리 정도를 먹었다. 가장 잘 사는 선진국이 이 정도였으니 다른 나라는 이보다 더 형편없이 먹었을 것이다. 반면 오늘날 80억 명 가까이 살아 가는 시대에 한 사람이 먹는 양은 2800칼로리에 이른다. 가끔 기근에 시달리는 사하라 이남의 아프리카에서는 2200칼로리를 섭취하고, 개발도상국은 2680칼로리, 그리고 선진국은 3400칼로리가 넘어간다.[5]

식단에도 변화가 생겼다. 선진국은 곡물 중심의 식단에서 육식이 차지하는 비중이 증가했다. 아프리카 국가들은 10~30킬로그램 내외의 축산물을 소비하는 데 반해 선진국들은 80~110킬로그램 정도를 먹는다. 우리나라의 경우 1인당 육류 소비량은 1970년에 5.2킬로그램에 불과했지만 2000년도에는 30킬로그램을 넘어섰고, 2018년에는 54킬로그램에 달했다.[6] 불과 50여 년 만에 10배가 증가한 셈이다. 이런 경향은 소득이 증가한 국가에서 전반적으로 관찰되는 현상이다. 세계 육류 생산량은 1960년대 7000만 톤 수준이었지만 2018년에는 3억 4000만 톤으로 5배 증가했다. 유럽에서는 소, 아시아에서는 돼지, 중동과 개발도상국에서는 닭이 중요한 가축이다. 종교와 지역에 따라 선호하는 축종은 다르지만 소득이 증가할수록 육류 소비량이 증가하는 추세는 전 세계에서 공통적으로 나타나는 현상이다. 그중에서 소득이 증가할수록 고급 육류인 소고기의 소비가 증가하는 것도 대부분의 국가에서 공통적으로 관찰되는 현상이다.

가난한 국가에서 소득이 생기면 곡식으로 허기를 면하고, 중간 소득 국가에서는 고기를 구입하고, 부유한 국가에서는 외식을 한다는 말이 있다. 세계는 정확하게 이 방향으로 움직였다. 1900년경 소가 여전히 농경에 중요한 역할을 할 때 그 수는 4억 5000만 마리였지만, 지금은 대부분 비육우로만 키워짐에도 15억 마리로 증가했다. 이런 현상은 세계 식량 수급에 어려움을 초래하고 기후변화에 부정적인 영향을 가중시키는 원인이 되었다.

경제성장의 혜택이 선진국에서 인구가 밀집된 아시아 국가로 확산되면서 곡물과 육류의 소비량이 함께 증가했다. 과연 개발도상국 국민이 육류 소비를 선진국 수준으로 하게 된다면 어떤 일이 벌어질까? 아마도 많은 사람이 선진국은 육류 소비량을 좀 줄이고, 개발도상국은 좀 늘리자고 제안할지도 모르겠다. 그런데 그것은 어떻게 가능할까?

수확체감의 법칙

생물은 무한히 성장할까? 박테리아는 무한히 증식할까? 경제는 계속 성장할까? 이런 의문을 누구라도 한번쯤은 가져보았을 것이다. 최소한 자연계에서 그 답은 명확하다. 불가능하다.

다른 모든 생산 투입 요소들이 고정된 상태에서 한 가지 투입 요소를 계속 늘려갈 경우, 투입량 대비 생산물의 증가율은 줄어든다. 예를 들어, 벼농사의 경우를 살펴보자. 다른 모든 조건이 동일할 때 비료를 300평당 10킬로그램을 투입하면 생산량은 100킬로그램이 늘어난다고 가정하자. 그럼 동일한 면적에 20킬로그램의 비료를 투입하면 생산량은 얼마나 될까? 이론적으로는 200킬로그램의 벼를 더 수확할 수 있어야 한다. 그렇지만 수확량은 180킬로그램, 즉 초기 비료 투입량 대비 80퍼센트의 생산량 증가만 있었다. 여기서 비료량을 더 늘리면 생산물의 전체량은 더 늘어나겠지만, 단위 투입량 대비 증가율은 계속 줄어든다. 그리고 일정 수준이 넘어가면 오히려 감소하기 시작한다.

19세기 경제학자 토머스 맬서스와 데이비드 리카도는 이 개념을 영국에서 농업 생산량이 더 늘어나지 않는 이유를 설명하기 위해 사용했다. 농업 생산량을 늘리려면 경작면적을 늘리거나 투입 요소를 증가시켜야만 한다. 하지만 토지는 한정되어 있고, 투입되는 요소들은 비용 증가 대비 생산량 증가폭은 감소하는 수확체감의 법칙(한계효용 체감의 법칙)이 나타나기 때문에 식량의 생산은 한계가 있다고 설명했다. 반면에 인구는 기하급수적으로 늘어난다고 주장하면서 미래의 식량 위기를 예견했다. 그렇지만 20세기 중반에 시작된 녹색혁명을 거치면서 맬서스의 저주는 끝이 난 것 같았다.

토양과 문명

인구 증가에는 대가가 따랐다. 농업 생산성을 높이기 위해 화학비료 사용량이 늘어났고, 경작지가 확대되면서 숲은 줄어들었다. 농업 생산성을 높이기 위해 단일 재배monoculture 중심으로 바뀌면서 잡초와 병해충 방제를 위한 농약이 대규모로 뿌려졌다. 이 영향은 바로 나타났다. 토양과 수질에 대한 환경 부하가 커지면서 생물 다양성이 급격하게 감소했고, 지하수와 지표수, 연안의 바닷물에서 부영양화 등 수질오염이 광범위하게 확산되었다.

이와 함께 윤작을 통한 휴경이 사라지면서 토양 유실도 심각한 문제로 대두되었다.

토양은 1센티미터가 형성되는 데 대략 200년이 걸린다. 《총, 균, 쇠》의 저자 재레드 다이아몬드는 문명의 번성은 토양의 두께와 비례한다고 말한다. 처음 농경을 시작할 때는 두텁고 비옥한 토양 덕분에 작물의 생산량이 높다. 정착민 수가 늘어나고 경지 면적이 확대되면서 숲은 점차 줄어든다. 유기물 층에 덮여 있던 토양이 공기에 노출되면서 비바람에 의해서 토양이 유실된다. 비옥하던 토양은 시간이 흘러 자갈이 드러나면서 농업 생산성은 떨어진다. 그리고 토양 유기물이 분해되고 토양 수분이 감소하면서 강수량도 줄어든다. 흉작이 드는 해가 많아지고 문명은 쇠퇴기에 접어든다.

토양은 이렇듯 문명의 근간을 이루는 핵심 자원이다. 인간이 살아가는 데 꼭 필요한 4F(식량Food, 사료Feed, 섬유질Fiber, 연료Fuel)를 생산하는 기반이다. 비옥한 토양은 풍요로운 문명의 토대가 되지만, 토양 역시 화석연료처럼 유한한 자원이다. 경운을 하고 비바람에 노출될 때부터 토양침식이 시작된다. 스위스 바젤대학교와 유럽위원회EC의 공동 연구에 따르면 매년 토양 360억 톤이 물과 산림 벌채에 의해 유실된다고 한다. 세계에서 가장 큰 댐인 중국 삼협댐 250개를 건설하는 데 들어간 콘크리트 무게와 맞먹는 양이다.[7]

토양이 사라지는 것도 문제이지만 숲과 초지, 농지가 사라지는 것 역시 농업을 위태롭게 한다. IPCC에서는 기존의 토지이용이 다른 형태로 변하는 것을 '토지이용 변화'라고 정의한다. 네이처 커뮤니케이션Nature Communications에 게재된 논문에 따르면 1960년대 이후 매년 72만 제곱킬로미터, 독일 2배 크기의 지표면이 변하고 있다고 한다. 인간의 훼손에서 자유로웠던 열대우림 지역이 농경지로 전용되고, 세계 각지에서 일어난 도시화와 산업화에 따라 농지와 산림지는 도시로 바뀌었다. 그렇지만 토지이용 변화의 86퍼센트는 농업과 관련되어 있다. 2005년 이후 이러한 추세가 완화되는 것이 관찰되었는데, 이는 2007~2008년 금융 위기의 여파로 추정된다. 2019년 IPCC에서 발표한 특별보고서에 따르면 2007년부터 2016년 사이 인간이 초래한 총 온실가스 배출량의 4분의 1이 농림 및 기타 토지 사용에 기인했다. 농업과 토지 이용 변화는 글로벌 온실가스 배출 지표에서 전기와 열 생산 다음으로 2위를 차지한다.[8]

2000년대 이후에 일어난 토지이용 변화를 살펴보면 세계 경제와 밀접한 관련이 있다는 것을 알 수 있다. 1990년대와 2000년대 초반에는 세계화와 인구의 급속한 증가로 토지이용 변화가 크게 늘어나던 시기였다. 2008년 미국발 금융 위기로 석유 가격이 폭등하고 세계 경제가 침체되면서 토지의 전용 추세도 둔화되었다.

지속 가능성 위기

1900년 이후 산업혁명 시대를 거치면서 농업 생산성이 급격하게 늘었지만 인구가 증가하면서 그 효과는 상쇄되었다. 앞으로도 더 늘어날 인구를 대비해 농업이 더 높은 생산성을 달성해야 하는 숙제는 여전히 남아 있다. 아마 더 늘어날 인구를 부양하는 것은 가능할지도 모른다. 그렇지만 이는 필연적으로 유한한 자원인 토지의 전용을 불러올 것이고, 대규모 농경에 의한 토양 침식을 초래할 것이다. 많은 사람이 우리의 과학기술이 자연환경을 안정적으로 제어할 만큼 발전했다고 믿지만, 앞에서 기술한 것처럼 문명의 기초가 되었던 토양의 생산성 악화를 피하기는 어렵다. 또한 식량 생산으로 초래된 농업 환경 부하는 농업 생태계의 종 다양성을 감소시켰다. 인류 생존에 기본이 되는 농경 활동 자체가 기후에 영향을 줄 만큼 많은 온실가스를 배출하는 산업으로 바뀌었다. 가축에 먹이는 콩을 생산하기 위해 아마존의 열대우림이 불태워지고 농경지로 바뀌었고, 동남아시아의 숲은 늘어나는 식물성 기름의 수요를 충족하기 위해 팜palm 농장으로 바뀌고 있다. 지구 기후에 균형추 역할을 하던 숲이 줄어들고 생물 다양성이 감소하면서 지구는 새로운 위협에 직면했다. 바로 기후변화이다.

기후변화는 이미 취약해진 농업 생산 기반을 더욱 악화시키는 원인 중 하나이다. 이것은 늘어나는 인구에 의해 더욱 취약해질 전망이다. 유엔은 인구 증가 속도는 둔화하겠지만 2030년 85억 명, 2050년 97억 명, 2100년에는 109억 명으로 늘어난 후 감소 추세로 들어설 것으로 예측했다. 유엔의 인구 전망과는 달리 최근 발표한 미국 워싱턴대학교 의과대학 보건계량분석연구소IHME 의 논문에서는 2064년 97억 명으로 인구의 정점을 찍고 2100년 경에는 88억 명으로 감소할 것으로 예측했다. 이러한 인구 전망은 결국 인류도 대부분의 생물이 따라가는 시그모이드 곡선의 경로를 벗어나지는 못한다는 것을 의미한다. 산업혁명 이후 가파르게 증가해 왔던 인구수는 머지않아 정체기를 거쳐 쇠퇴기로 접어들 것이다. 그렇지만 문제는 여전히 남는다. 인류는 질서 있는 후퇴를 할 수 있을까? 지금 우리의 선택이 미래 인류의 운명을 결정할지도 모른다.

우리는 지속 가능한 사회를 만들 수 있을까?

지구의 항상성과 가이아 이론

그럼 무엇이 기후변화를 초래했을까? 기후변화의 원인을 이해하기 위해서는 지구 탄소순환에 대한 전반적인 이해가 필요하다. 탄소는 생명의 가장 기본을 이루는 원소로서 생물이나 생물 잔재물의 형태로 있을 때는 유기태 탄소, 탄산이나 석고처럼 무기물의 형태로 존재할 때는 무기태 탄소라고 부른다. 대기 중에서는 기체인 이산화탄소나 메탄으로 존재한다. 물에 녹아 있을 때는 콜라의 청량감을 더해주는 이산화단소처럼 기체로 존재하기도 하고, 탄산처럼 무기태 형태로 존재하기도 한다. 반면에 토양에 있을 때는 유기물이라 부르는 유기태 탄소의 형태가 주를 이룬다. 그런데 탄소는 한 곳에 머무르지 않고 대기, 물, 토양 사이를 오간다. 이를 탄소순환이라고 부른다.

공기에 존재하는 이산화탄소는 식물 또는 미생물의 광합성에 의해 생물의 구성체가 되면서 대기에서 제거되기도 하고, 동식물의 호흡과 유기물의 분해에 의해서 다시 대기로 배출되기도 한다. 자연 상태에서 대기의 이산화탄소는 대체로 큰 변화 없이 일정한 농도를 유지하면서 지구를 덮히는 역할을 한다. 이렇듯 물, 토양, 대기에 존재하는 이산화탄소는 생명체의 활동에 의해 늘기도 하고 줄기도 하지만 일정한 범위 내에서 유지되기 때문에 이를 동적평형 상태에 있다고 한다. 동적평형 상태에서는 다른 외부 요인에 의해 이산화탄소 농도가 증가하거나 감소할 수도 있다는 뜻이다.

또한 그 평형을 유지하는 데 참여한 주체들이 각자의 역할을 한다. 대기 중 이산화탄소가 늘어나면 식물의 성장이 빨라지면서 이산화탄소를 더 많이 흡수하고, 이산화탄소가 부족하면 식물 성장이 저해되면서 흡수하는 속도가 떨어져 다시 예전 상태로 복원된다. 물론 광합성 생물에는 식물뿐만 아니라 바다의 조류도 중요한 역할을 한다. 다양한 식물과 미생물이 열심히 일해서 인간과 육상 생물이 살기에 적당한 지구 대기 환경이 유지된다. 이를 지구의 항상성Homeostasis이라고 표현하기도 한다. 무기물로 이뤄진 행성과는 달리 여러 종의 생명으로 가득 차 있는 행성이라서 가능하다.

제임스 러브록은 이런 현상을 관찰하면서 지구가 하나의 유기체라는 가이아 가설을 제시했다. 가이아Gaia는 고대 그리스인들이 대지의 여신을 일컫는 이름이었다. 가이아 가설은 지구를 단순히 기체에 둘러싸인 암석 덩어리로 보지 않고 모든 생명의 지지체일 뿐만 아니라 생물과 무생물이 상호작용을 하면서 스스로 항상성을 유지해 나가는 유기체로 간주한다. 즉 지구가 마치 하나의 유기체처럼 대기, 토양, 해양, 그리고 생물이 상호작용을 하면서 지구의 기후를 일정하게 유지한다고 보았다. 물론 이런 관점이 과학자들에게 크게 환영을 받은 것은 아니지만 지구 온난화 현상과 환경문제를 다룰 때 끊임없이 인용되고 있다.

그런데 만약 지금처럼 수많은 생물종의 멸종이 계속 일어나면 어떻게 될까? 그때도 지구의 항상성은 변함없이 유지될까? 아니면 인간이 생존하기 힘든 전혀 다른 조건으로 바뀌어갈까? 가이아는 다른 해법을 제시하기도 한다. 다시 복원할 수 없을 만큼 환경 변화가 커지면 새로운 평형 상태로 이동하는 방법도 있다. 인간이 살기에는 적당하지 않겠지만, 가이아는 큰 영향을 받지 않는다. 그래서 이렇게 이야기하기도 한다.

"지구가 위기에 처했다고? 걱정해야 할 것은 인간이 아닐까? 다섯 번의 대멸종이 있었지만 지구는 건재해."

지구의 탄소순환

지구 기후는 이산화탄소뿐만 아니라 화산활동, 천체 운동, 태양 복사에너지 변화 등 여러 인자가 복합적으로 작용한 결과이다. 하지만 최근의 기후변화는 화석연료의 사용으로 증가한 이산화탄소가 영향을 미쳤다. 이것은 IPCC가 의심의 여지가 없다고 이미 단언한 사실이다. 그러니 이 책에서는 여기에 대해 더 이상 이견을 다루지는 않을 것이다. 관심이 있다면 최근에 발표된 IPCC 제6차 보고서 또는 내가 이전에 쓴《기후대란》을 참고해 주기 바란다.

지구 대기의 이산화탄소를 더 잘 이해하기 위해서는 탄소순환을 알아야 한다. 탄소순환을 이야기할 때는 대개 탄소와 톤을 기준으로 이야기한다. 탄소는 유기물, 대기, 토양에 있을 때 화합물의 형태가 다르기 때문에 가장 기본 단위인 탄소 C로 표시해야 비교가 쉽기 때문이다. 어쨌든 모든 유기태 탄소는 산화되어 최종적으로는 이산화탄소가 된다. 참고로 온실가스인 이산화탄소의 화학식은 CO_2이다. 메탄과 아산화질소도 온실가스로 표기할 때는 이산화탄소로 변환해서 나타낸다. 이때는 지구온난화지수GWP라는 상수를 곱한다. 지구온난화지수는 이산화탄소를 1로 했을 때 다른 기체의 상대적 온실효과 크기를 의미한다. 메탄의 지구온난화지수는 21, 아산화질소는 310이 주로 사용된다. 여기에 대해서도 조금 더 깊이 알 필요가 있다. '국제메탄서약global methane pledge'이라는 것이 갑자기 등장한 배경이기 때문이다. 이 부분은 메탄서약을 다룰 때 다시 설명할 것이다.

탄소순환을 이해하기 위해서 먼저 탄소가 어디에 얼마나 존재하는지 알아야 한다. 탄소순환에 관여하는 지구의 탄소는 대기 중에 대략 750기가톤, 토양에 1500기가톤, 바다 표층수에 725기가톤이 분포하고 있다. 대기 중에는 이산화탄소의 형태로 주로 존재하고 메탄도 일부 포함되어 있다. 이러한 온실가스가 태양 복사에너지를 흡수해 얼음 행성인 지구를 따뜻하게 한다. 토양 탄소는 주로 토양 유기물의 형태로 존재한다. 식물이 자라는 토양의 경우 자연 상태에서는 시간이 지날수록 유기물이 토양에 축적되지만, 농경이 시작되면 토양 유기물이 공기와 접촉이 늘어나면서 분해되어 줄어든다. 토양 유기물은 토양을 비옥하게 하여 농산물 생산을 늘리고 수많은 토양 생물의 먹이원 역할을 한다. 바다에서는 주로 이산화탄소의 형태로 물에 녹아 있는데 그중 일부는 물과 반응해서 탄산이 된다. 바닷물의 이산화탄소 농도는 대기의 농도와 바닷물의 온도 등 물리적 조건에 영향을 받는다. 대기 중 이산화탄소 농도가 높아지면 용해되는 양도 늘어나 바닷물을 산성화하는 역할을 한다. 산성화된 바닷물은 산호가 탄산칼슘을 만드는 능력을 저해해 산호의 외골격을 만드는 능력을 떨어뜨린다. 또 수온이 30도를 넘어가면 대부분의 산호는 하얗게 변해 죽음에 이른다. 이를 산호초의 백화현상이라고 한다. IPCC는 1.5도 특별보고서에서 지구 평균기온이 2도가 올라가면 산호초의 99퍼센트가 사라질 것으로 예측했다.

이 외에도 지구에는 탄소순환에 관여하지 않는 탄소도 많다. 그중 하나가 화석연료이다. 지각에는 5000~10000기가톤 정도의 화석연료가 있다. 이 정도 양을 모두 채굴할 수 있다면 화석연료가 모자라 인류가 에너지 위기를 겪을 일은 없을 것이다. 그런데 땅속에 있던 화석연료가 산업혁명 이후 갑자기 대기로 유입되면서 이산화탄소 농도가 증가했다. 산업화 이전 시대 대비 매년 4~8기가톤 정도의 이산화탄소가 추가로 대기 중으로 배출되었다. 이에 더해 산림 면적은 줄어들면서 이산화탄소의 흡수 능력은 떨어졌다. 그 결과 대기 중 이산화탄소 농도는 산업화 이전 시대에는 280피피엠 정도에 불과했는데, 지금은 420피피엠을 넘어선다. 산업화 이전 시대 대비 50퍼센트 증가한 양이다. 다시 대기 중의 이산화탄소 농도를 낮추려면 화석연료에서 배출되는 양을 '0'으로 만들고 흡수원인 숲을 늘리는 수밖에 없다. 탄소중립과 넷 제로 모두 이 방향을 지향한다.

2장 우리가 만들어온 기후 위기의 발자취

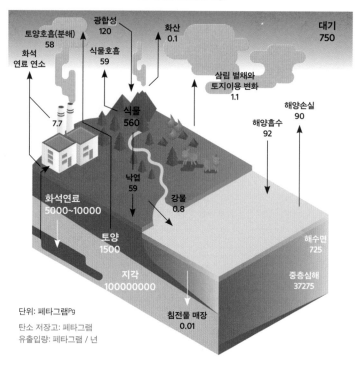

지구의 탄소순환 모형

토양호흡(분해) 58

광합성 120

화산 0.1

대기 750

화석 연료 연소

식물호흡 59

삼림 벌채와 토지이용 변화 1.1

해양손실 90

해양흡수 92

7.7

식물 560

낙엽 59

강물 0.8

화석연료 5000~10000

토양 1500

해수면 725

지각 100000000

중층심해 37275

단위: 페타그램Pg

탄소 저장고: 페타그램
유출입량: 페타그램 / 년

침전물 매장 0.01

양성 되먹임과 티핑 포인트

화석연료의 사용이 계속되면 대기 중의 이산화탄소 농도는 꾸준히 증가하고, 그에 따라 지구의 평균기온도 비례해 점진적으로 높아질 것이다. 이런 가정은 대체로 맞는 이야기이지만 여기에는 아직 우리가 모르는 변수가 남아 있다. 양성 되먹임 작용이다.

'되먹임'은 시스템의 상호작용을 조절하는 방법 중 하나로 시스템에서 산출된 결과물이 다시 시스템의 작동에 관여하는 것을 말한다. 여기에는 산출된 결과가 시스템의 작동을 더욱 촉진시키는 양성 되먹임과 산출된 결과가 시스템의 작동을 억제하는 음성 되먹임으로 나뉜다. 또한 되먹임 과정은 연속적으로 일어나므로 '되먹임 고리feedback loop'라는 표현도 사용한다. 한번 되먹임 고리가 시작되면 시스템이 완전히 변해 되먹임 효과가 더 이상 나타나지 않을 때까지 계속된다. IPCC 과학자들은 기후변화의 영향을 분석할 때 과학적 증거 부족으로 양성 되먹임 고리에 대한 영향을 반영하지는 않았다. 그렇지만 많은 과학자가 양성 되먹임 고리는 일어날 개연성은 충분하다고 주장한다.

예를 들면 영구 동토층에는 대기보다 2배나 더 많은 탄소가 묻혀 있다. 극지방의 기온이 올라가면서 영구 동토층이 녹으면 땅속의 유기물은 이산화탄소 또는 메탄으로 분해되어 대기 중으로 배출된다. 대기 중으로 배출된 온실가스는 다시 기온을 올리고, 이는 다시 더 많은 영구 동토층이 해동되는 결과로 나타나면서 대기 중으로 배출되는 온실가스가 증가한다. 양성 되먹임 고리는 이렇듯 기후변화를 가속화하는 기제로 작용한다.

또 하나 주목해야 할 용어는 티핑 포인트이다. 티핑 포인트는 작은 변화가 시스템을 완전히 새로운 상태로 몰아넣는 임계값을 의미한다. 지구 평균기온은 온실가스 농도가 증가함에 따라

2장 우리가 만들어온 기후 위기의 발자취

점진적으로 상승하지만 특정 온도를 지나가면 양성 되먹임 고리 작용을 촉발하면서 기온이 급격하게 상승해 다시 예전 기후로 되돌아갈 수 없게 된다. 이때 티핑 포인트를 지났다고 말한다.

티핑 포인트를 촉발하는 요소로 그린란드 빙하의 소실, 북극 해빙의 면적 감소, 영구 동토층의 해동, 산호초의 대규모 폐사, 아마존 우림의 잦은 가뭄, 느려진 대서양 해류 순환, 남극 빙상의 감소 등이 지목된다. 그럼 지구 평균기온이 얼마나 올라가야 티핑 포인트가 시작되었다고 할 수 있을까? 아직은 의견이 분분하다. 2도가 올라가면 티핑 포인트를 촉발하는 방아쇠가 당겨진다고도 하고, 1.5도도 위험하다는 의견도 있다. 그렇지만 1.5도일지 3도일지 기후 모델은 아직 답을 주고 있지 않다.

티핑 포인트를 지나면 무슨 일이 생길까? 앞에서 언급한 티핑 포인트를 촉발하는 요소가 모두 현실화되면 지구 평균기온은 5도 이상 상승할 것으로 예상한다. 고생대에서 중생대로 넘어오던 시기에 이 정도의 온도 상승이 있었다. 이때 생물종의 95퍼센트가 사라지는 세 번째 대멸종이 일어났다. 그렇지만 현실에서는 영화적 상상력을 불러일으키는 데 티핑 포인트가 활용된다. 2004년에 개봉한 기후 재난 영화 〈투모로우〉는 대서양 해류 순환이 붕괴되면서 급격한 빙하기가 닥치는 것을 모티브로 한다. 기후학자들은 적도의 열을 북반구로 실어 나르는 해류가 멈추면 실제 영화와 같은 현상이 일어날 수 있다고 예상한다.

지구 기후의 지뢰밭

이쯤 되면 우리가 생각보다 더 위험한 처지에 놓여 있을지도 모른다는 걱정이 들 것이다. 지구 기후를 바꿀, 양성 되먹임 고리를 촉발할 요소를 좀 더 깊이 있게 살펴보자. 여기서 예시로 든 자연 현상은 현재도 부분적으로 일어나는 일이다.

지구 평균기온이 올라가면 극지방의 기온이 증가하면서 빙하가 녹는다. 기후 모델에서 예측했듯이 극지방이 중위도 지방보다 기온의 상승폭이 더 크다. IPCC 제6차 보고서에서도 2050년 이전에 북극의 빙하는 한 번 이상 완전히 다 녹을 것이라고 예측했다. 빙하 면적이 줄어들면 반사율, 즉 알베도albedo 값이 떨어진다. 햇빛은 하얀 빙하에 반사되어 우주로 되돌아가는 대신 검게 드러난 바다와 육지를 데운다. 기온이 올라갈수록 빙하가 녹는 면적이 늘어나고 알베도 값은 더 떨어진다. 과학자들은 대기 중으로 배출된 이산화탄소 1톤당 북극의 여름 해빙 면적이 3제곱미터 감소한다는 추정치를 발표하기도 했다.

수억 년 전 땅속에 묻히거나 물속에 가라앉은 유기물은 메탄 세균에 의해 천천히 분해되어 메탄으로 바뀌었다. 압력이 높은 환경에서 생성된 메탄은 물 분자 속에 갇혀 하얀색 얼음으로 바뀌는데 이를 메탄 수화물methane hydrate이라고 한다. 불타는 얼음으로 불리기도 하는 메탄 수화물은 주로 북극의 영구 동토층과 남극의 얼음 아래, 대륙의 가장자리를 따라 형성된 바다의 퇴적층에서 주로 발견된다. 메탄 수화물의 양은 모든 석유와 천연가스를 합친 것보다 더 많다고 알려져 있다. 아직 상업적인 채굴은 하지 않았지만 안전하게 메탄을 회수할 방법을 찾는 노력은 계속하고 있다. 그런데 메탄 수화물이 녹아 메탄으로 배출되면 어떻게 될까? 일부 과학자들은 해양 온난화로 막대한 양의 메탄이 대기로 방출될 수 있다고 경고한다. 실제로 몇 년 전 노르웨이령 스발바르 제도 앞바다 해저 퇴적물에서 광범위하게 누출되는 메탄이 관찰되었다. 그렇지만 이때 방출된 메탄의 대부분은 수중 박테리아에 의해 산화되어 기후에 영향을 미치지 못했다는 연구도 보고되었다. 하지만 영구 동토층에 묻힌 메탄 수화물은 얼음이 녹으면 바로 대기와 접촉할 수 있기에 대기의 메탄 농도를 높일 수 있다.[9]

전 세계 삼림의 29퍼센트를 차지하는 북반구의 냉대기후 지역의 타이가(침엽수림)도 위험에 처해 있다. 유럽연합 산하 코페르니쿠스 대기 관측청CAMS에서는 2003년부터 전 세계에서 산불이 얼마나 발생하고, 이 산불로 인해 얼마나 많은 이산화탄소가 배출되는지를 모니터링하고 있다. 2021년에는 북미와 터키, 인도, 파키스탄, 호주, 시베리아에서 거대한 산불이 연이어 발생했다. 그해 1월부터 11월까지 이 산불로 인해 이산화탄소 64.5억 톤이 배출되었다고 추정한다. 이 양은 유럽연합 국가에서 화석연료 사용으로 배출된 이산화탄소와 비교해도 1.5배 더 많다. 우리나라의 온실가스 배출량(약 7억 톤)과 비교해도 9배에 달한다. 그렇지만 이 해가 이례적으로 많았다고 할 수는 없었다. 2021년이 다른 해와 달랐던 점은 시베리아의 영구 동토지대에서 발생한 산불이다. 짧았던 여름 동안 발생한 이 산불로 인해 한반도보다 더 큰 면적이 불에 탔다. 이때 발생한 연기는 북극에까지 다다랐다. 2019년과 2020년에도 이전과 비교할 수 없는 큰 산불이 발생했지만 2021년의 산불은 그때와 비교해도 2배 이상 더 많은 이산화탄소가 배출되었다. 이때 시베리아 최북단 사하 공화국의 평균기온은 최고 35도를 기록했고, 일부 도시는 48도까지 올라갔다. 그런데 시베리아의 산불은 단순한 산불로 끝이 나지 않는다. 영구 동토 지대인 이곳은 수십, 또는 수백 미터의 유기물 층이 땅을 덮고 있다. 기온이 올라 얼었던 땅이 녹으면서 이 유기물에 불이 옮겨붙기도 했고, 물속에 잠긴 땅에서는 메탄으로 배출되었다.

영구 동토층은 최소 2년 동안 섭씨 0도 이하로 유지된 얼음 또는 얼어붙은 유기물질을 포함하는 땅으로 정의한다. 시베리아, 알래스카주, 캐나다 북부와 티베트 고원 등 북반구에서 빙하로 덮이지 않는 땅의 4분의 1이 여기에 해당한다. 남반구에서는 파타고니아, 남극대륙 그리고 뉴질랜드 서던 알프스 일부에서 발견된다. 해저 영구 동토층도 있는데 남극과 북극해의 얕은 곳에서 발견된다. 영구 동토층의 두께는 최대 1킬로미터에 이르기도 한다.

이 얼어붙은 땅속에는 수천 년 동안 죽은 동식물로부터 축적된 엄청난 양의 탄소가 들어 있는데, 현재 지구 대기에 존재하는 양보다 약 2배는 더 많다고 알려져 있다. 그런데 기온이 올라가면 영구 동토층이 녹을 위험이 증가한다. 얼음이 녹으면 미생물의 활동이 시작되면서 유기물은 이산화탄소와 메탄으로 바뀌어 대기 중으로 배출된다. 영구 동토층의 붕괴는 이미 실재하는 위협이다. 미국 국립해양대기청NOAA은 북극의 영구 동토층이 녹으면 매년 3억~6억 톤의 순 탄소를 대기로 방출한다고 결론지었다. 북반구 일부 영구 동토층은 30년 전에 비해 2~3도가 더 높아진 게 관측되었다. 이렇듯 기온이 상승하면 지구 생태계의 탄소 평형이 이동한다. 되먹임 고리 작용으로 자연에서의 탄소 배출은 가속화된다.

우리는 기후변화를 지구 기후가 점진적으로 바뀌는 과정으로 이해하지만 영구 동토층에 대한 연구 결과를 살펴보면 그렇지 않을 수도 있다는 것을 알게 된다. 이런 위험을 현재의 기후 모델은 충분히 반영하지 못한다. 우리가 기후를 이해하는 데 필요한 지식의 한계 때문이다. 그렇지만 이해하지 못한다고 그런 위험이 존재하지 않는 것은 아니다.

질소비료가 기후변화의 원인?

작물이 잘 자라기 위해서는 여러 가지 영양소가 필요하다. 필수 영양소 중 어느 하나라도 부족하면 작물은 제대로 자랄 수 없다. 이미 많이 있는 양분을 더 공급한다고 더 잘 자라지도 않는다. 부족한 양분을 더 공급해야 작물 생산량이 늘어난다. 이때 필요량 대비 가장 적게 투입된 양분을 제한 인자라고 한다. 이 이론은 독일 화학자 유스투스 리비히가 처음 주장했는데, 이를 식물 양분에 특정 지어 리비히의 최소양분율 법칙이라고도 한다. 대개는 이 이론을 설명할 때 나무 물통으로 비유해서 '나무 물통의 법칙'이라고 부르기도 한다.

인류가 농경을 시작한 이래로 작물의 생산량은 공급되는 질소비료에 따라 좌우되었다. 작물의 필수 영양소로 질소, 인산, 칼륨[10]을 꼽는데 이를 비료의 3요소라고 한다. 인산과 칼륨은 광석에 어느 정도 포함되어 있어 조금이라도 나오지만, 질소는 외부에서 공급해줘야만 했다. 그래서 식물은 항상 질소에 굶주려 있었고 작물의 생산량은 대개 토양의 질소 함량과 비례해서 증가하거나 감소했다.

질소는 대기 중에 78퍼센트나 존재하는 가장 흔한 원소이지만 이산화탄소와는 달리 잎을 통해 바로 흡수할 수는 없다. 식물은 암모늄 또는 질산태 형태로 물에 녹은 질소를 뿌리를 통해 흡수한다. 그런데 공기 중 질소는 암모니아로 그냥 변하지 않는다. 번개가 칠 때 일부 생성되지만 대부분은 콩과 식물의 뿌리에 공생하는 미생물에 의해 암모니아로 고정된다. 이때 관여하는 미생물을 질소고정세균이라 부른다.

이렇게 미생물에 의해 고정된 암모니아태질소는 식물의 뿌리를 거쳐 물관을 타고 줄기와 잎으로 보내져 아미노산으로 합성된 후 단백질의 재료로 사용된다. 이 단백질은 생물의 몸체를 구성하기도 하고, 세포 내 대사 작용을 가능하게 하는 효소가 되기도 한다. 이 식물을 동물이 섭취하면서 단백질은 다시 동물의 몸체와 효소를 구성하는 데 사용되고 일부는 분뇨로 배출된다. 그리고 그 동물이 죽으면 사체가 미생물에 의해 분해되면서 흙으로 돌아가고 일부는 식물의 비료원으로 재활용되면서 다시 순환한다. 그리고 활용되지 못한 질소는 물에 씻겨 강과 바다로 흘러든다.

수계로 흘러간 유기태 질소는 식물 플랑크톤이 흡수하면서 다시 먹이사슬 사이를 이동한다. 갈매기와 펠리컨 등 물고기를 먹이로 하는 수많은 바닷새들이 물고기를 잡아먹고 새똥을 육지에 배설하기 전까지 육지에서 바다로 흘러간 질소는 해양생태계를 살찌우는 영양원이 된다. 어찌 보면 바닷새는 바다로 흘러간 귀중한 자원인 질소를 다시 육지 생물을 위해 회수하는 시스템으로 볼 수 있지 않을까? 물론 의도하지는 않았겠지만 생태계는 이렇게 서로 상호작용을 하며 질소를 육지에서 바다로, 다시 바다에서 육지로 순환시킨다.

한번 암모니아로 합성된 질소는 그 형태 그대로 계속 순환하는 것은 아니다. 그랬다면 굳이 화학비료가 없어도 식량생산에 문제가 발생하지는 않았을지 모른다. 토양으로 유입된 암모니아는 다시 대기 중으로 휘산되기도 한다. 이를 탈질 반응이라고 한다. 이 과정 역시 미생물의 작용에 의해서 이루어진다. 탈질 미생물은 질소비료를 아산화질소나 산화질소로 바꿔 대기 중으로 날려 보낸다. 이런 경로를 통해 질소순환이 완성된다.

질소순환에 들어간 질소 중 일부는 미생물에 의해 아산화질소가 되어 대기로 흩어진다. 그런데 아산화질소는 이산화탄소 대비 온실효과가 300배나 크다. 아산화질소는 전체 온실가스의 6퍼센트 정도를 차지하는데, 농업이 80퍼센트를 차지하는 최대 배출원이다. 아산화질소는 토양에 비료로 뿌려진 화학비료의 탈질작용 또는 가축분뇨 처리 과정에서 주로 발생하며, 대기 중에 잔류 기간은 114년으로 매우 길 뿐만 아니라 오존층을 파괴하기도 한다.

하버-보슈법에 의해 암모니아의 합성이 가능해지기 전까지 질소비료가 제한 인자로 작용하면서 충분한 식량 생산이 불가능했다. 이런 이유 때문에 1만 년 동안 세계 인구수는 1억 명을 넘지 못했다. 남미의 구아노가 유럽에 공급되면서 식량 생산이 조금씩 늘어났고, 공기로부터 질소비료를 만들 수 있게 되자 비로소 풍족해지기 시작했다. 그럼 질소비료는 인류의 번성을 이끌

2장 우리가 만들어온 기후 위기의 발자취

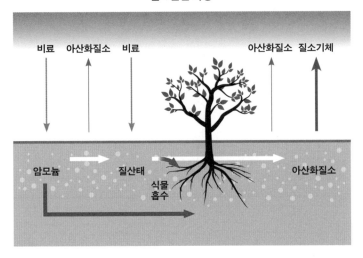

질소순환 과정

어낸 축복일까, 아니면 인구 증가를 통해 기후 위기를 초래한 원인일까?

화학비료를 위한 변명

학생들에게 산업혁명이 어떻게 시작되었는지를 물으면 열 명 중 아홉 명은 증기기관의 발명 때문이라고 대답한다. 직접적으로는 증기기관이 만들어지면서 인간과 동물의 힘이 아니라 화석연료를 에너지원으로 사용하게 되었으니 틀린 말은 아니다.

1705년 영국의 발명가 토마스 뉴커먼이 증기기관을 발명했고, 1769년 제임스 와트가 그것을 개량했다. 증기기관의 발명 이전과 이후로 역사를 나눌 만큼 증기기관은 세상에 혁명적인 변화를 몰고왔다. 하지만 다른 의견도 존재한다. 산업혁명을 실질적으로 촉발한 배경을 화학비료의 발명에서 찾기도 한다. 앞에서 설명한 하버-보슈법이 개발되면서 인류의 새 장이 열렸다는 평가이다.

화학비료가 발명되기 전 사람들은 식량을 생산하는 데 대부분의 시간을 보내야만 했다. 우리나라도 1960년대까지 대다수가 농촌에서 농사를 짓고 살았다. 하지만 화학비료의 사용이 가능해지자 상황이 달라졌다. 식량 생산량이 비약적으로 늘어나고, 인구는 폭발적으로 증가했다. 적은 사람들이 농업에 종사해도 더 많은 식량을 생산할 수 있게 되었다. 농촌의 잉여 인력들은 도시로 이주했고, 인력이 도시에 집중되자 새로운 문화와 산업이 싹트는 계기가 되었다. 증기기관이 산업혁명의 엔진이기는 했지만, 본격적으로 달릴 환경이 만들어진 것은 화학비료 덕분이라는 주장이다.

우리나라는 농민의 비중이 5퍼센트 이하로 떨어졌고, 미국은 1.4퍼센트, 독일은 농업 고용을 다 합쳐도 1.4퍼센트에 불과하다. 유럽연합 28개 회원국 중 17개국에서 농업 고용이 차지하는 비율은 5퍼센트 미만이다. 그럼에도 불구하고 식량은 넘쳐난다. 이것이 증기기관의 후예인 디젤엔진을 달고 나타난 트랙터 덕분이라고 할 수 있을까? 식량 생산이 늘지 않았다면 지구의 인구는 아직도 30억~40억 명 선에서 머물지도 모른다. 그랬다면 2차 산업혁명이 3차 산업혁명의 정보화 시대로 이어질 수 있었을까? 증기기관이 세상을 바꾸었다고 학교에서 가르치지만 이는 진실의 일부만 포함하는지도 모른다.

화학비료가 부족한 아프리카 일부 국가는 아직도 굶주림에 허덕인다. 경지면적당 식량 생산량이 적으니 더 많은 산림을 훼손해야만 하고, 더 많은 사람이 먹고사는 문제를 해결하기 위해 농업에 매달려야 한다. 실제로 아프리카의 원조 기관에서 근무한 선배들의 경험담을 들으면 화학비료가 얼마나 중요한지 깨닫는다.

한 가족의 생계가 옥수수 밭에 달려 있는 경우가 많아. 옥수수가 키도 작고 너무 빈약하길래 비료를 옥수수밭에 조금 뿌려주었더니, 그다음에 방문했을 때 사람 키만큼 옥수수가 자라 있더라고. 화학비료 한 포대면 한 집안의 식량문제를 해결할 수 있어.

원로 연구자의 눈에 질소비료는 대가족의 굶주림을 면하게 해주는 마법 가루이지 않았을까? 그때 이후 나 역시 화학비료에 대한 생각이 많이 바뀌었다. 그렇지만 화학비료는 강과 호수의 부영양화를 일으키고 기후변화를 가중시키는 원인 물질이기도 하다.

우리나라 질소순환의 변화

나의 첫 직장은 농업기술연구소였다. 이 연구소는 농촌진흥청 산하에 있던 십여 개의 연구소 중 하나였는데, 주로 토양과 비료, 식물영양, 농업 생태계를 연구하는 국가기관이었다. 후에 농업 연구 기관은 정부 조직 개편에 따라 네 개의 연구소로 단순화되면서 내 소속은 국립농업과학원으로 바뀌었지만 하는 일이 달라지진 않았다.

연구소에서 새해가 시작되면 각 연구자들은 그해 수행할 연구계획을 발표한다. 1990년대 초반 가장 많은 연구 과제는 비료 효과를 분석하는 '비효 시험'이었다. 얼마의 비료를 주면 작물 수량이 최대가 되는지를 분석하는 연구였다. 대개 비료를 아예 넣지 않는 시험구(무처리구), 추정 평균 시비량 대비 0.5배, 1배, 2배, 3배 등 서너 단계로 투입해 실험했다. 논과 밭에 작은 시험구를 만들고 난괴법randomized block design에 따라 세 번의 반복 실험구를 배치한다. 연구자는 작물을 심고 비료를 뿌리고 작물이 얼마나 자라는지를 주기적으로 기록한다. 자라는 속도, 병해충 발생 정도, 잎의 크기, 벼 이삭과 알갱이의 수 등을 1~2주 간격으로 조사한다. 그런데 농사라는 것이 기후에 따라 영향 정도가 달라지니 이런 실험을 또 3년 정도 반복한다. 그런 후에 통계 처리를 거쳐 작물별로 필요한 비료량을 농사 기술로 정립한다. 이를 표준 시비량이라고 한다.

이때 농사 기술을 정할 때는 목표가 있다. 벼를 재배할 경우에는 밥맛이 기준이 될 수도 있고, 병해충 발생 정도가 기준일 수도 있다. 그렇지만 당시에는 작물 생산량이 가장 높은 시비량을 구하는 것이 우선이었다. 질소비료는 가격이 쌌고 무한정 공급되는 자원으로 간주했다. 그 결과 많은 화학비료가 토양에 뿌려졌다. 세계무역기구WTO 협정이 발효된 1990년대 후반부터는 농업 환경에 대한 관심이 높아졌다. 양보다는 품질에 대한 중요성이 부각되면서 질소비료의 시비 기준은 낮아졌다. 밥맛은 대체로 질소비료를 적게 줄수록 좋아지는 경향이 있다. 그럼에도 불구하고 우리나라는 여전히 가장 많은 화학비료를 살포하는 나라 중 하나이다. 배고팠던 기억이 여전히 우리를 지배한다고도 할 수 있다.

세계무역기구 체제의 출범은 우리나라를 근본적으로 바꾸는 계기가 되었다. 국민에게는 1997년의 IMF 경제 위기가 떠오르겠지만, 농업계도 큰 변화를 겪게 된다. 그 이전까지는 식량의 안정적인 공급이 최우선 목표였다면 이후에는 농가 소득 향상으로 바뀌었다. 그러면서 비닐하우스가 늘어나고 축산이 증가했다. 단위면적당 소득이 높았기 때문이다. 무엇이든 하면 화끈하게 하는 나라답게 불과 30년 만에 우리나라는 비닐하우스처럼 시설 재배 면적이 중국 다음으로 많은 나라가 되었다.

축산 역시 크게 늘어났다. 1983년 194만 마리의 소는 2020년 369만 마리로 증가했고, 364만 마리의 돼지는 1130만 마리로 늘어났다. 가축에서 발생하는 분뇨는 연간 5000만 톤에 이르렀는데, 그중 90퍼센트 정도가 퇴액비로 바뀌어 다시 땅으로 되돌려진다. 그러면 우리나라의 토양은 더 좋아졌을까? 안타깝게도 그렇다는 증거는 없다. 토양 유기물 함량에서 유의미한 변화는 관찰되지 않았고, 환경 분야에서는 농업을 여전히 수질오염을 유발하는 비점오염원nonpoint source pollution으로 바라보고 있다. 가축분뇨에 포함된 질소는 주로 수입된 사료로부터 공급되는데 우리나라 농업에 필요한 질소의 3배를 넘어갈 것으로 추정된다. 작물에 필요한 양보다 더 많이 토양에 살포된 퇴비는 강으로 부영양화 물질을 유출하는 비점오염원으로 작용한다.

화석연료를 사용해 생산된 비료는 곡물 생산량을 늘렸고 그 곡물은 가축 수를 늘렸다. 미국과 브라질의 대평원에서 뿌려진 질소비료는 한국에서 가축을 거쳐 퇴비가 되어 토양에 뿌려져 쌀이 되고 채소가 되어 우리 식탁에 오른다. 식량 수입국에서 질소 과잉은 피할 수 없는 운명일지도 모른다.

명절날이나 동네잔치가 열리는 날에 겨우 먹던 고기는 이제 우리나라 사람들의 주식의 반열에 올라섰다. 농업 공무원은 서민들이 소주 한잔에 삼겹살을 먹는 데 부담이 없도록 해야 한다는 마음으로 농축산물 가격을 안정화시키기 위해 불철주야 애쓴다. 청년들은 재벌도 즐긴다는 치킨으로 배를 채우며 밝은 미래를 꿈꾼다. 우리는 질소순환을 다시 예전으로 되돌릴 수 있을까? 과연 그것을 원한다고 말할 수 있을까?

녹색혁명

제한 인자로 작용하던 질소비료가 풍부하게 공급되면서 식량 생산이 늘어났지만 이것만으로는 충분하지 못했다. 질소비료의 도입으로 증가한 식량은 곧 늘어난 인구로 그 효과가 상쇄되었다. 농민들은 더 넓은 농경지를 경작하기를 원했다.

18세기 후반 산업혁명으로 등장한 증기 엔진이 농업에도 사용되었다. 그렇지만 트랙터가 널리 활용된 시점은 1917년 미국 포드사에서 가솔린엔진을 장착한, 경량화한 트랙터가 등장한 이후이다. 1932년 트랙터의 철제 바퀴가 고무바퀴로 바뀌면서 기동력과 작업 효율성이 높아지자 본격적으로 확산되었다. 트랙터 덕분에 농민들은 소와 말을 키우면서 연중 하루도 쉬지 못하는 노동에서 벗어났을 뿐만 아니라 더 넓은 농경지를 경작하게 되었다.

경작지가 늘고 질소비료 공급량이 늘어났지만 식량은 늘어나는 인구를 부양할 만큼 충분하지는 못했다. 예전부터 재배해 왔던 전통 작물 품종은 질소비료의 공급량이 늘어나자 웃자랐다.

키가 커지면서 비바람에 쉽게 쓰러졌고 식물조직의 치밀도가 낮아지면서 병해충의 공격에 쉽게 무기력해졌다. 미국 농학자로 1944년 멕시코로 파견된 노먼 볼로그 박사는 교배 육종을 통해서 '키 작은 밀dwarf wheat'을 개발했다. 이 품종은 키가 작은 대신 무거운 이삭을 버틸 만큼 튼튼했고 병해충에도 강했다. 1960년대에 이르러 멕시코의 밀 생산성은 볼로그 박사가 처음 파견되었던 시절 대비 최대 6배가 더 늘어났다. 이렇듯 우수한 품종이 개발되어 보급된 덕분에 수많은 사람이 굶주림에서 벗어났다. 이 공로로 볼로그 박사는 1970년 노벨 평화상을 받았다. 이렇게 품종 개량을 통해 식량 생산을 획기적으로 늘린 역사적인 사건을 그 이후 녹색혁명으로 명명했다.

멕시코에서의 성공은 록펠러재단과 월드뱅크를 중심으로 세계 농업 연구를 위한 연구소를 만드는 데까지 이어졌다. 1962년 필리핀에 국제벼연구소가 만들어졌고, 1964년 이 연구소에서 다수확 품종인 'IR 8호'가 개발되었다. 이 품종은 우리나라의 통일벼를 개발하는 데 바탕이 된 품종이다. 1966년 서울대학교 허문회 교수가 록펠러재단의 후원으로 이 연구소에 파견되었을 때 IR 8호와 일본 홋카이도의 벼 품종을 교배해 새로운 품종인 통일벼를 만들었다. 우리나라 역시 1973년부터 시작된 통일벼 보급 사업이 본격적으로 시작되었고 4년 만인 1977년 식량 자급을 달성하게 되었다. 물론 1960년대부터 외국에서 차관을 도입해 만들어진 질소비료 공장 역시 큰 역할을 했다. 이때를 우리나라의 녹색혁명 시대라고 부른다.

DDT와 환경운동의 태동

농업의 역사는 병해충과 전쟁의 역사이다. 아주 예전에는 유황 가루가 사용되었고, 15세기까지 비소, 수은, 납과 같은 중금속을 해충을 죽이는 데 사용하기도 했다. 1940년대 2차 세계대전이 한창일 때 열대지방에 파견된 병사들은 말라리아로 고통받았다. 이때 살충제 DDT가 혜성처럼 등장해 모기를 퇴치하는 데 혁혁한 전공을 세우면서 수많은 생명을 구했다. DDT를 개발한 공로로 스위스 화학자 파울 뮐러 박사는 1948년 노벨 생리의학상을 수상했다.

DDT는 인체에는 독성이 없으면서 해충을 박멸하는 데는 탁월한 효과를 나타냈다. 이 때문에 농경지에 엄청난 양이 살포되었다. 우리나라도 6.25 전쟁 기간 동안 이와 벼룩 같은 위생 해충을 퇴치하기 위해 엄청난 양의 DDT를 뿌렸다. 머리부터 DDT 가루를 뒤집어쓰기도 했고, DDT 주머니를 겨드랑이에 달고다니기까지 했다. DDT는 지금까지 가장 많은 생명을 구한 화학물질로 평가받는다. 말라리아로 매년 수백만 명씩 사망하던 흐름을 DDT가 멈추게 했다.

1962년 생물학자 레이첼 카슨은《침묵의 봄》을 발간한다. 카슨은 DDT와 같은 화학물질로 인해 새들이 사라지고 생태계가 피폐해지는 것을 조명했다. 이 책으로 사람들은 화학물질의 장기적인 영향에 대해 비로소 눈을 뜨게 된다.《침묵의 봄》은 1970년 미국에서 환경보호청EPA이 출범하고, 1972년 DDT 사용이 금지되는 데 결정적인 기여를 했다. 반면에 DDT를 개발했던 파울 뮐러 박사는 탄생해서는 안 되는 악마를 불러낸 악인 반열에 올랐다. 이런 세상의 평가와는 달리 뮐러 박사는 노벨상의 상금 대부분을 가난한 학생들을 위해 장학금으로 기부한 따뜻한 마음을 지닌 교육자였다. 하지만 그 이후에도 논란은 계속되었다. 환경 독성 학계에서는 DDT를 그렇게 쉽게 폐기했어야 했는지에 대해 의문을 제기했다. 이로 인해 값싼 모기 퇴치 수단을 잃어버려 수천만 명이 말라리아의 위험에 노출되었다는 주장이다. 특히나 가이아 가설로 유명한 환경 운동가 제임스 러브록이 DDT 금지에 대해 비판적 입장에 서면서 논란을 가중시켰다.

"소금도 많이 먹으면 독이 되는데, 그렇다고 소금을 금지할 필요는 없지 않은가?"

러브록은 20세기 중반부터 시작된 대규모 기업농에 의해 무분별하게 뿌려진 DDT가 문제였다고 지적한다. 만약 제한적으로 말라리아 모기 퇴치에만 사용되었다면《침묵의 봄》에서 지적한 생태계 교란 문제가 일어나지 않았을 것이라며, 무분별하게 사용한 인간의 탐욕 문제를 DDT라는 화학물질의 문제로 오인했다고 주장했다. 러브록 교수는 DDT가 안전한 물질이라고 주장하지는 않는다. DDT는 잘 분해되지 않고 생물 체내에 축적되어 먹이사슬을 타고 사람에게까지 축적된다. 그렇지만 아프리카나 인도에서 말라리아에 걸려 매년 수백만 명씩 죽어가는 것보다는 DDT를 사용하는 것이 낫다는 주장이었다. 제임스 러브록의 실용주의적 태도는 원자력 발전의 안전성 논란에서도 그대로 유지된다.

화학비료와 농기계의 확산도 DDT 논란과 마찬가지로 부정적인 측면이 노출되었다. 대규모 경작이 가능해지면서 서구의 농업은 규모화되었고, 이어서 농촌의 붕괴가 뒤따랐다. 다양한 작물을 골고루 재배하던 다종작 중심의 농업은 농장의 규모가 커지면서 단종작 중심으로 재편되었다. 작물이 단순해지면서 병해충에 대한 취약성이 커졌고, 이에 따라 수많은 농약이 DDT를 대신해 개발되어 들판에 뿌려졌다. 작물 생산량 증대를 위해 과다하게 뿌려진 비료는 강과 바다로 흘러들어 부영양화의 원인 물질로 작용했고, DDT의 후예들은 해충뿐만 아니라 수많은 곤충과 물고기에게 영향을 미쳤다. 결과적으로 자연 생태계의 생물다양성을 크게 떨어뜨렸다.

환경오염과 생물 다양성 감소라는 대가를 치르면서 식량 생산은 꾸준히 늘어났고, 따라서 인구도 늘어났다. 인구가 늘어나니 더 많은 식량이 필요했다. 개발도상국에서 빈민의 수도 늘었지만 세계화가 진행되면서 부유해진 사람은 더 빨리 늘었다. 세계의 공장으로 중국이 부상하면서 중국의 국민소득이 전반적으로 증가하자 전 세계에서 식량 위기에 처한 빈곤층이 급격하게 줄었다. 소득이 증가하는 만큼 식단 구성에도 변화가 있었다. 육류 소비가 늘어나면서 사료로 사용될 곡물이 더 많이 필요해졌다. 인구가 늘었기 때문에 식량이 늘어났는지 식량 생산이 늘어나 인구가 늘었는지 선후는 더 이상 중요하지 않다. 인구는 늘었고 식량 생산도 함께 늘어났다. 그렇지만 아프리카와 아시아의 개발도상국에서는 수억 명이 여전히 기아의 위험에 처해 있다. 이것은 식량 생산이 늘어나도 해결될 기미가 보이지 않는다.

육류 소비 증가의 영향

세계는 부유해지고 인구가 늘어나면서 더 많은 고기가 필요해졌다. 1961년에는 7000만 톤 정도가 생산되었는데 60년 만에 5배가 늘어난 3억 5000만 톤이 생산되었다. 그럼 고기를 더 많이 먹는 것이 무슨 문제가 있을까? 왜 선진국들은 탄소중립 전략으로 단백질원을 육류에서 다른 대체 식품으로 바꾸려고 할까? 이것을 이해하기 위해서는 축산이 기후변화에 미치는 영향을 이해할 필요가 있다.

유엔식량농업기구에 따르면 전 세계 농경지 중 축산에 사용되는 면적이 77퍼센트에 이른다고 한다. 반면에 칼로리와 단백질 공급에서 차지하는 축산의 비중은 각각 18퍼센트, 37퍼센트에 불과하다. 이는 더 많은 칼로리와 단백질을 공급하기 위해서는 축산보다는 곡물의 비중이 높아져야 한다는 것을 의미한다. 그리고 축산으로 인한 온실가스 배출량은 전체 온실가스 배출량의 14.5퍼센트인 7.1기가톤에 달한다. 이 중 거의 절반인 45퍼센트는 사료를 생산하는 농업 부문에서 발생하고, 가축의 장내발효 39퍼센트, 분뇨 처리에서 10퍼센트, 가공과 운송에서 6퍼센트가 발생한다. 하지만 여기에도 고려해야 할 부분은 있다. 축산에 사용되는 토지는 대부분 농경에 부적당한 초지가 많기 때문이다. 몽골과 중앙아시아의 고원지대는 겨우 초본류 정도가 자라는데, 농사가 어려워 양과 염소의 목축을 통해 생산한 고기로 칼로리를 섭취해야 살아갈 수 있는 지역이다. 이렇듯 축산은 인간이 농경을 통해 살 수 없는 영역에서 많이 이뤄지고, 사람들이 먹지 못하는 풀과 대두박과 같은 농업 폐기물을 활용할 수 있어서 자원 이용률을 높이는 데 기여한다. 그리고 가축이 배설하는 분뇨는 오랫동안 인류의 가장 중요한 비료 자원이었다.

소, 돼지, 닭 등 축종에 따라 환경에 미치는 영향에서 차이가 난다. 여기에는 사료 전환율과 장내발효가 관여한다. 사료 전환율은 육류 1킬로그램을 생산하는 데 필요한 곡물의 양을 의미한다. 숫자가 높으면 같은 양의 고기를 얻는 데 더 많은 곡물이 필요하다는 뜻이다. 대략 소는 6~10, 돼지는 2.7~5, 닭은 1.7~2 정도로 알려져 있다. 그렇지만 이 수치는 품종과 사양 기술에 따라 크게 차이가 난다. 대체로 선진국일수록 사료 전환율이 우수하다. 양식어류와 새우는 1~2.4로 사료 전환율이 매우 우수해서 미래의 단백질원으로 주목받고 있다.

장내발효는 반추동물이 되새김질할 때 주로 일어난다. 반추동물은 풀을 먹은 후 그 풀을 다시 게워 되새김질하는 동물로 소와 낙타처럼 위가 여러 개인 초식동물이 여기에 해당한다. 풀의 주성분인 셀룰로스는 전분과는 달리 소의 위에서 직접 분해되지 않고 혐기성 미생물에 의해 분해된 후 소의 내장을 통해 흡수된다. 소의 위장에 있는 혐기성 미생물은 유기물을 분해할 때 메탄을 배출한다. 이 메탄이 소의 위에 차 있다가 소가 되새김질할 때 공기 중으로 배출되는 것이다. 그런데 메탄의 지구온난화지수는 21, 즉 이산화탄소에 비해 21배나 온실효과가 더 크기 때문에 탄소중립이 되지 않고 온실가스 배출원으로 작용한다. 호기성 미생물의 경우 최종 호흡 산물로 이산화탄소를 배출하지만 탄소중립원이라 온실가스 배출량으로 잡히지는 않는다.

이 외에도 축산이 늘어나면서 사료의 수요도 따라서 증가했다. 기존의 농경지는 이미 곡물 생산에 할당되었기 때문에 추가적인 수요를 충족하기 위해서는 새로운 농경지가 필요했다. 이

때 농산물 수출업자들의 눈길을 끈 곳이 바로 브라질의 열대우림 지역이었다. 결과적으로 인구 증가와 육류 수요 증가는 열대우림의 울창한 숲이 사라지는 데 간접적인 영향을 미쳤다.

소는 새로운 석탄일까?

2021년은 세계적으로 탄소중립에 대한 이슈로 뜨거웠다. 재생에너지와 모빌리티 혁신에 대한 관심과 원자력 발전이 세계적인 논란을 이끌었지만 소에 대한 논쟁도 치열했다. 포문은 페어 이니셔티브FAIRR Initiative라는 단체에서 시작했다. 페어 이니셔티브는 식품 산업에 대한 투자자 네트워크로 회원사들의 총 투자금 규모는 47조 달러에 이른다. 이 단체는 2015년 파리협약에서 3분의 1의 온실가스를 배출하는 농식품 산업 부문에 대한 명확한 목표를 제시하지 않은 것을 비판하면서 교통 부문보다 더 많이 배출하는 농업에 대한 정책 목표를 설정할 것을 요구했다. 축산 분야는 전 세계 메탄 발생량의 44퍼센트를 차지하지만, 단지 18퍼센트의 글로벌 기업만 메탄 발생량을 추적하는 상황에서 구체적인 온실가스 감축 목표가 없다면 회원사들이 ESG(환경Environmental, 사회Social, 지배구조Governance의 약자) 리스크를 회피하기 어려울 수밖에 없다고 주장했다.[11] 이 단체는 "소는 새로운 석탄"이라는 슬로건으로 이목을 집중시켰다.

이에 대해 축산 전문가들은 "소는 석탄이 아니다"라며 오해를 유발하기 좋은 페어의 주장은 온실가스 감축 역량을 분산해 인류의 기후변화 대응을 늦출 뿐이라고 반박했다. 소는 자연 생태계에서 일어나는 탄소순환의 한 부분으로 소의 트림으로 배출된 메탄은 대기로 들어와 이산화탄소로 산화된 후 식물의 탄소동화작용을 거쳐 셀룰로스로 되돌아간다. 셀룰로스는 사람은 소화하지 못하지만 소와 장내세균은 서로 협업을 통해 셀룰로스를 소화한 후 인간이 필요한 우유와 고기로 바꿔준다. 만약 전 세계 소의 개체수가 일정하게 유지된다면 추가적으로 유입되는 메탄은 없을 것이라고 강조했다. 실제로 10년 이상 소의 개체수는 대략 10억 마리 수준에서 유지되고 있다. 소를 자연계에서 일어나는 탄소순환의 하나로 해석하지 않고 온실가스 배출원으로 가정해 소에 의한 지구온난화 가능성을 과대평가한다는 반박이다. 이어서 유엔식량농업기구는 축산이 제공하는 칼로리와 단백질에 비해 너무 많은 환경 부하를 일으킨다고 주장하지만, 가축 사료의 86퍼센트는 사람이 먹기 적합하지 않는 원료라는 것을 간과한다고 비판한다. 인간은 먹을 수 없는 농업 부산물을 사용해서 단백질 함량이 높고 비타민 B, 철분, 칼슘 등 미량 영양소가 풍부한 우유와 고기를 공급한다는 사실을 알면 충분히 지원받을 만하지 않는냐는 항변이다. 이어서 젖소의 수는 1940년대에는 2600만 마리에서 현재는 900만 마리로 줄어들었지만 우유는 약 5171만 톤을 더 생산한다. 동등한 양의 우유를 생산하는 데 예전에 비해 탄소 발자국(사람이 활동하거나 상품을 생산, 소비하는 과정에서 직간접적으로 발생하는 이산화탄소의 총량)은 50퍼센트 이상 감소했다.

당신이 어떤 의견이 더 설득력이 있다고 생각하는지 궁금하다. 이렇듯 농업 분야에서 일어나는 온실가스 배출원 논쟁은 많은 쟁점을 양산한다. 인구와 환경, 자연계의 탄소순환을 종합적으로 고려해야만 의미 있는 쟁점을 도출할 수 있다.

움직이는 과녁

인도는 인구도 많지만 세계에서 가장 많은 소를 가진 나라이기도 하다. 그런데 종교적인 이유로 소고기를 거의 먹지 않는다. 소는 다른 가축보다 더 오랫동안 살기 때문에 한 마리당 배출하는 메탄의 양도 많다. 동남아시아의 열대와 아열대의 지방에서 사육되는 소는 자라는 속도도 느리고 우유 생산량도 적다. 아시아 지역에서는 2050년까지 소고기의 수요가 300퍼센트 증가할 것이라고 예상한다. 만약 이 상태에서 아시아 개발도상국의 소득이 늘어나 소고기에 대한 수요가 증가하면 어떤 일이 벌어질까?

소의 논쟁에서 보았듯이 우리는 예전보다 더 효율적으로 우유와 고기를 생산한다. 소 또는 축산업을 축소하는 것은 늘어나는 인구를 고려하면 바람직하지 않은 정책이다. 그렇다고 축산업을 무한히 확장할 수는 없다. 결국 환경 부하와 메탄의 증가를 피할 수는 없기 때문이다. 단백질을 공급할 새로운 대책이 마련되어야 소를 둘러싼 논쟁도 해소될 수 있다.

이렇듯 대규모 단일 재배, 비료와 농약의 사용을 통해 생산성을 늘렸지만 인구가 증가하고 육류 소비가 늘어나면서 곡물의 수요는 더 크게 늘어났다. 농업의 생산성을 높여 증가하는 곡물 수요를 충족하려고 하지만 마치 움직이는 과녁처럼 다가가면 멀어진다. 다가갈수록 농업에서 발생하는 온실가스의 비중은 높아지고, 멸종되는 생물종이 늘어나면서 농업 생태계는 더 취약해진다. 그렇다고 늘어나는 인구를 보면서도 자연 생태계 보존을 위해 식량 생산을 늘리지 말자는 주장이 타당성을 확보하는 것은 불가능하다. 우리는 어쩌면 이길 수 없는 싸움을 하는 것은 아닐까?

네 번째 파도

카투니스트 그레임 매카이가 그린 〈네 번째 파도〉는 우리가 직면한 위기의 실체가 무엇인지 가장 잘 표현했다는 찬사를 받았다. 우리가 겪고 있는 코로나19는 다음에 올 경기 침체에 비해 크지 않고, 그 경기 침체는 이어지는 기후변화라는 파도에 비하면 왜소하게 느껴지리라는 것을 상징적으로 보여줬다. 그런데 네 번째 파도는 생물 다양성의 붕괴이다. 생물 다양성 붕괴는 오랫동안 학계를 중심으로 논의되어 대부분의 사람에게는 이것이 기후변화보다 더 큰 파도로 다가올 수 있다는 것을 믿기는 어려웠다.

코로나19가 우리에게 얼마나 큰 충격을 주는지 매일 느끼며 살아가는 사람들에게 이어지는 경기 침체는 사막을 건너온 나그네를 기다리는 사자의 포효처럼 무섭게 느껴졌다. 그리고 기후변화도 너무 자주 듣다 보니 문제가 아주 심각하다는 것도 어렴풋이 알고는 있다. 그것이 얼마나 클지 대충 짐작만 할 뿐, 먼 미래의 일로 느껴지기도 한다. 그런데 생물 다양성의 붕괴가 얼마나 큰 문제이기에 이렇게 큰 주목을 받는 것일까? 그럼에도 불구하고 우리는 왜 생물 다양성 붕괴에 대해 이렇게 무덤덤할까?

이 카툰은 여러 버전이 만들어지면서 크게 회자되었다. 한 장의 그림으로 우리가 직면한 현실을 가장 잘 표현해서인지 그레임 매카이는 자신이 그린 카툰 중 가장 많이 공유되었다고 밝혔다. 그리고 인상적인 말을 남겼다.

"지구상의 모든 사람이 한꺼번에 완전히 동일한 위협에 노출되는 것은 자주 있는 일이 아니다."

매카이는 코로나19로 힘든 시간을 보내는 사람들에게 이렇게 말하는 듯하다. "코로나가 힘들다고? 아직 시작도 안 했어!"

우리는 지금 기후변화를 말하고 있다. 탄소중립에 대해 한다 못 한다 말이 많다. 그런데 유럽은 기후변화를 넘어 다음 단계를 준비하고 있다는 것이 느껴졌다. IPCC 제6차 보고서가 발표되기 전 영국에서는 '다스굽타 리뷰'가 나왔다. 600페이지에 이르는 이 보고서에서는 생물 다양성의 관점에서 우리가 직면한 기후 위기를 재해석했다. 영국은 이렇듯 IPCC 보고서가 발표되기 전에 기후변화에 관한 리뷰 보고서를 통해 국제적인 논의를 선도한다. 유럽연합의 탄소중립 정책에는 유기농업 면적을 전체 농경지의 25퍼센트까지 높이는 목표가 포함되어 있다. 이 역시 생물 다양성을 높이기 위한 대책의 하나이다.

생물 다양성의 붕괴

화석연료를 사용하게 됨으로써 인류는 전성기를 맞이했으나 그 부작용으로 온실가스 증가라는 결과에 직면했다. 농업에서는 습지를 메우고 숲을 베어내면서 농경지를 확대했고 대규모 단일 재배 방식을 도입하면서 늘어난 인구를 부양했다. 인간이 살아가는 지역은 극지방까지 확대되었고 야생동물의 서식지는 자연보호 구역 정도로 줄어들었다. 먼 거리를 이동하며 살아가는 코끼리 떼는 수시로 인근 농장을 침범하면서 농민들과 충돌하고, 인간의 손이 닿지 않던 열대우림 지역에는 팜 농장이 지어지고 콩이 재배되면서 그곳에 살던 야생동물을 몰아냈다. 자연 생태계의 먹이사슬과 물질의 순환이 곳곳에서 끊어졌고 살던 곳에서

쫓겨난 생물들은 멸종의 길에 접어들었다.

얼마나 많은 생물종이 사라지고 있을까? 우리는 얼마나 많은 생물종이 살아가는지 정확하게 모르기 때문에 얼마나 많은 생물종이 멸종되는지도 잘 모른다. 유엔 생물 다양성 회의에서는 하루에 150종의 생물이 사라진다고 발표하기도 했다. 그렇지만 이 수치가 얼마나 실제에 가까운지 누구도 확신하지 못한다. 400년 동안 단지 800종의 생물이 멸종되었다는 것만 기록되어 있을 뿐이다. 그럼에도 불구하고 지금이 심각한 생물 다양성 위기라는 사실에 대해서는 거의 의견이 일치한다.[12]

과학자들은 현재 벌어지는 생물의 멸종은 자연 상태보다 최대 1만 배 더 빠르다고 보고 있다. 지구에는 대략 200만 종에 이르는 생물종이 존재하는 것으로 추정하는데, 이 중 200~2000종, 즉 전체 생물종의 0.01~0.1퍼센트가 매년 사라진다고 우려한다. 지구 역사에는 생물종의 대부분이 사라진 다섯 번의 대멸종 사건이 있었다. 대기 환경 변화나 혜성의 충돌처럼 지질학적 충격에 의한 대멸종이었다. 그렇지만 현재 일어나는 생물종의 급격한 소멸은 전적으로 지구 생태계 최고의 포식자인 인간의 책임이다. 생물학자들은 이미 지구는 여섯 번째 대멸종의 길에 접어들었다고 말한다.

그런데 우리에게 전혀 도움이 되지 않던 동식물의 멸종이 우리 인간에게 무슨 영향이 있는 것일까? 인간은 자연 생태계와 독립적으로 존재한다고 생각할지도 모르겠다. 그렇지만 1972년 페루 연안에서 멸치 어획량이 극적으로 감소한 때를 떠올려보면 전혀 그렇지 않다는 것을 알게 된다.

페루 연안은 멸치와 정어리 등 회유성어족이 대량으로 잡히는 세계적인 어장으로, 전 세계 어획량의 거의 절반이 이곳에서 잡힌다. 그뿐만 아니라 이 멸치를 먹이로 하는 더 큰 어종들도 많이 잡히는데, 그 양이 전 세계 총 어획량의 13퍼센트에 이른다. 이곳에서 물고기들이 번성하게 된 이유는 먹이가 되는 플랑크톤이 풍부하기 때문이다. 좀 더 깊게 들어가면 플랑크톤의 먹이가 되는 영양원이 풍부하기 때문이다. 이 영양원은 바다 생물이 죽어서 해저에 가라앉은 데서 나온다. 그런데 용승 현상으로 하층 해수가 해수면으로 용출할 때 심해저에 퇴적되어 있던 영양원들도 함께 표층으로 딸려온다. 질소와 인이 포함된 용승류는 플랑크톤을 번성하게 하고 이를 먹이로 하는 멸치를 불러들이면서 해양의 먹이사슬이 이어진다.

만약 용승 현상이 없어지면 표층수의 영양원이 줄어들고 플랑크톤이 줄어들고, 이어서 멸치도 줄어들 것이다. 1972년 엘니뇨의 해에 이와 같은 일이 실제 발생했다. 당시 멸치는 어분으로 만들어져 양식 사료와 가축의 단백질원으로 사용되었다. 멸치 어획량이 급감하자 대체 단백질원인 대두의 수요가 급증했고 주요 콩 수출국인 미국의 생산량마저 줄어들었다. 미국 국내 대두 가격이 상승하자 닉슨 대통령은 대두의 수출을 금지해 국내 가격을 안정화하려고 했다. 엘니뇨 현상으로 서태평양과 동태평양의 해수 온도 차가 줄어들어 해류의 흐름이 약해져 나타난 현상이다. 이 사건 이후 미국 대두의 최대 수입국이었던 일본은 대두 공급망을 안정화하기 위해 브라질로 눈을 돌렸다. 이때부터 브라질의 세라도 지역의 개간이 시작되면서 콩 재배가 본격적으로 시작되었다. 현재 브라질은 최대의 대두 수출국이다.

더 쉬운 예로 꿀벌을 떠올려보자. 만약 벌이 사라진다면 벌이 매개하던 과일나무의 꽃가루받이가 어려워진다. 과수원은 인공수분으로 어찌 해결하겠지만, 자연에 있는 수많은 과실수는 수분에 어려움을 겪을 것이다. 그런데 실제 그런 일들이 일어나고 있다. 기온이 높아지면서 꽃이 피는 시기가 달라지고 이에 적응하지 못한 꿀벌들의 군집 붕괴 현상이 광범위하게 나타나고 있는 것이다. 2021년과 2022년 겨울은 평년보다 0.8도 더 높았는데 이로 인해 벌통에 응애가 발생하면서 전국적으로 18퍼센트의 벌통이 피해를 봤다고 한다. 거의 77억 마리의 꿀벌이 죽은 셈이다. 꿀벌이 사라지는 현상은 우리나라에만 국한되지 않는다. 미국과 브라질 등 아메리카 대륙뿐만 아니라 아프리카에서도 꿀과 꽃가루를 채집하러 나간 일벌이 돌아오지 않아 벌집에 남은 여왕벌과 애벌레가 죽는 군집 붕괴 현상이 폭넓게 발생한다. 유엔식량농업기구에서는 전 세계 식량 중 63퍼센트가 꿀벌의 도움으로 열매를 맺는다고 한다. 꿀벌이 사라지면 과일을 먹이로 하는 수많은 생물 역시 위기에 처한다.

멸치와 꿀벌처럼 우리 삶과 밀접한 관련이 있는 생물과는 달리 지금 사라지고 있는 생물종이 우리에게 어떤 의미로 다가올지 아직은 알지 못한다. 생태계를 구성하는 복잡한 먹이사슬에 혼란을 초래해 파국에 이를지도 모른다. 우리가 모른다고 그 위협이 사라지는 것은 아니기 때문이다.

이처럼 기후 위기는 생물 다양성의 위기뿐만 아니라 식량 위기와 밀접하게 연관된다. 설사 탄소중립을 이루고 기후가 다시 예전으로 회복한다고 하더라도 인류가 예전의 삶으로 돌아가리라고 확신할 수는 없다. 그것은 전적으로 우리가 생물 다양성을 얼마나 보존하느냐에 달려 있다.

우리 앞에는 인구 딜레마와 식량 안보, 기후 위기와 생물 다양성의 문제를 동시에 해결해야 하는 난제가 기다린다. 다음 장부터는 식량 안보부터 탄소중립에 이르는 여정, 그리고 온실가스로 촉발된 생태계 붕괴를 어떻게 벗어날지 좀 더 깊이 살펴볼 것이다.

3장

한국은
탄소중립 약속을
지킬 수 있을까?

나는 태양과 태양 에너지에
내 돈을 투자할 것입니다. 힘의 원천이니까요!
석유와 석탄이 고갈될 때까지
기다릴 필요가 없기를 바랍니다.

토머스 에디슨 Thomas Alva Edison

위기를 인식하기까지

산업혁명 이후 200년 동안 세계 인구는 8배, GDP는 120배 증가했다. 같은 기간 동안 대부분이 화석연료인 1차 에너지 사용량은 30배가 증가했다. 이 결과 지구 평균 기온은 1.1도 상승했고 인간과 같은 공간을 공유하던 수많은 생물은 멸종했다. 호프 자런은 이런 상황을 "나는 풍요로웠고, 지구는 달라졌다"라고 표현했다. 지구인들은 지구가 더 이상 더워져서는 안 된다는 데 동의했다. 그런데 이렇게 선언한다고 그것이 저절로 이뤄지지는 않는다. 온실가스라는 것이 외계에서 갑자기 나타난 물질이 아니라 본질적으로 인간의 경제활동에 따른 부산물이기 때문이다. 결국 온실가스를 줄이려면 화석 에너지 사용량을 줄이거나 경제활동을 줄여야만 한다. 여기서 한 가지 문제가 더 있었다. 전 세계 대부분의 국가는 민주주의를 기본 정치제도로 채택한다. 즉 경제활동을 줄이기 위해서는 시민들의 동의가 필요하다.

이것이 가능할까? 지구온난화를 막기 위해 경제성장을 포기하는 정권이 다음 선거에서 집권할 가능성은 얼마나 될까? 적국의 위협에 직면한 국가에서 에너지 사용량을 줄여 경쟁에서 뒤처지는 결정을 내릴 수 있을까? 식량 위기에 처한 사회에서 미래를 위해 밀림과 숲의 훼손을 막을 수 있을까?

1992년에 출범한 유엔기후변화협약은 몬트리올 의정서와는 출발선부터 달랐다. 오존층이 파괴되면 태양의 자외선이 직접 지표면에 다다라 피부암과 백내장을 일으킬 수 있다. 이는 당장의 위협으로 인식되었고, 그 원인 물질인 염화불화탄소를 대체할 화합물도 개발 가능했다. 반면에 이산화탄소는 당장 건강에 영향을 미치는 문제도 아니었을뿐더러 수십 년 후에나 영향이 나타나는 문제였다. 여기에 더해 기후변화는 선진국들의 사다리 걷어차기라는 음모론이 팽배했다.

1989년에 발효된 몬트리올 의정서는 오존층 파괴 물질로 알려진 염화불화탄소를 규제하기 위한 국제협약이다. 이 협약이 발효되었을 때 일부 국가에서는 이미 염화불화탄소를 대체할 물질을 개발해 놓은 상태였다. 그래서 일부에서는 글로벌 화학기업의 음모라는 설이 돌기도 했지만 협약은 순조롭게 이행되었다. 이 협약 체결 25주년을 기념해 발간된 평가 보고서에서는 몬트리올 의정서를 유엔 역사상 가장 성공적인 협약이었다고 자평했다. 기후변화협약을 추진하던 주체들은 몬트리올 의정서처럼 유엔을 통해 의미 있는 성과를 도출할 것으로 기대했지만 시간이 지날수록 불가능한 희망에 가깝다는 것을 인식했다. 다른 접근 방법이 필요했다. 1997년에 채택된 교토 의정서에서는 규제 대신 시장 접근법이라는 새로운 개념을 채택했다. 시장 접근법은 감축 대상이 된 주체들 중 같은 양을 줄이는 데 더 적은 돈이 들어가는 곳부터 먼저 줄이고 비용이 상대적으로 많이 들어가는 기업과 국가에서는 배출권을 구매함으로써 의무를 이행할 수 있게 유연성을 제공하는 목적으로 설계되었다. 여기서 중요한 개념은 '비용 효과적'이라는 키워드이다. 감축 대상이 된 주체들은 최악의 경우 배출권을 구매함으로써 의무를 이행할 수 있었다. 지극히 자본주의적인 유연한 접근 방법론이었다.

교토 의정서를 이행하기 위한 구체적인 감축 수단으로 배출권 거래제ET, 청정 개발 체제CDM, 공동 이행 제도JI를 활용하도록 했는데, 이를 교토 체제라고 한다. 교토 체제의 핵심인 온실가스 배출권 거래제는 많은 온실가스를 배출하는 주체에 온실가스를 배출할 수 있는 권리를 부여하고 점진적으로 줄여나갈 것을 강제하는 것이 핵심이다. 기업에 부여된 배출권은 기업이 배출하던 양과 비례해서 커졌다. 그래서 교토 체제를 한마디로 정의하면 '나쁜 놈에게 영광을'로 볼 수 있다. 아이러니하게도 기후변화에 대한 책임의 크기는 이산화탄소를 배출할 수 있는 권리의 크기로 바뀌었기 때문이다. 청정 개발 체제 역시 마찬가지였다. 온실가스 감축 사업이 돈이 되게 설계한 이 제도는 에너지 설비 효율이 나빠 온실가스 배출량이 아주 큰 기업들에 노다지를 안겨줬다. 특히 중국에서 많은 CDM 사업이 추진되었는데, 국제회의에서는 청정 개발 체제clean development mechanism를 중국 개발 체제China development mechanism라고 농담을 주고받기도 했다. 온실가스 감축 의무가 있는 참여자 간에 배출권의 거래를 통해 감축 목표를 달성하도록 설계한 교토 체제는 얼마나 성공적이었을까?

1997년 교토 의정서가 채택된 해의 화석연료에서 배출된 이산화탄소는 240억 톤이었지만, 2018년에는 360억 톤으로 증가했다. 유럽에서 일부 줄어들기는 했지만 대부분의 국가에서 온실가스 배출량이 크게 늘어났다. 특히 중국, 인도, 브라질, 한국 등 신흥공업국의 배출량이 급격하게 늘어났다. 교토 체제로는 온실가스를 줄일 수 없다는 것이 명백해졌다. 교토 체제를 대체할 새로운 감축 방법론이 도입될 필요가 있었지만 이에 대한 합의 역시 쉽지 않았다. 교토 의정서는 1차 의무 감축 기간이 끝나는 2012년에 막을 내리는 한시적인 협약이었지만 파리협약이 발효된 2020년까지 지속되었다. 2015년에 통과된 파리협약은 교토 의정서와는 달리 선진국에 대한 감축 의무를 별도로 두지 않고 각 국가가 자발적으로 온실가스 감축량을 약속하도록 했다. 감축 의무를 이행하지 않더라도 별다른 제재도 두지 않았다. 어차피 통하지 않는다는 것을 교토 체제를 통해 충분히 경험했기 때문이다. 그래서 이것을 '공개적으로 망신 주기name and shame' 시스템이라고 부르기도 한다. 돈보다는 국가의 명예에 희망을 건 협약이었기 때문이다.

탄소 시계와 탄소 예산

2015년 채택된 파리협약에서는 국가별로 감축 의무를 부과하지 않는 대신 지구 평균 온도 상승을 2도 아래에서 억제하고, 1.5도를 넘지 않도록 노력한다는 것을 천명했다. 그럼 1.5도 이하로 지구 평균온도 상승을 억제하려면 어떻게 해야 할까? 이것도 비교적 간단하다. 대기의 이산화탄소 농도를 430피피엠 이하로 유지하면 된다. 만약 2도 아래로 유지하고자 한다면 이산화탄소 농도는 450피피엠까지 허용된다. 2018년 대기의 이산화탄소 농도는 이미 410피피엠을 넘어섰다.

그럼 얼마를 더 배출하면 1.5도를 넘어설까? 메르카토르 글로벌 기후변화 연구소MCC에서 제공하는 탄소 시계는 우리에게 얼마의 시간이 남았는지를 보여준다. 지구에서는 초당 1337톤의 이산화탄소가 배출되는데, 지금처럼 배출하면 2도가 상승하는 데까지 25년 2월이 남았다(2022년 2월 기준으로 계산). 1.5도까지는 불과 7년 5개월이 남았을 뿐이다.[1] 물론 이 시간이 지난다고 바로 평균기온이 1.5도가 상승한다는 것을 의미하지는 않는다. 대기의 이산화탄소 농도가 지구 평균기온에 반영되는 데까지는 어느 정도 시차가 존재하기 때문이다. 그리고 이 탄소 시계는 2019년 전 세계 배출량이 계속 유지된다는 것을 가정해 만들어졌다.

IPCC는 1.5도의 목표를 달성하기 위해서는 2010년 온실가스 배출량 대비 2030년에는 45퍼센트를 줄여야 한다고 추정했다. 우리나라는 2030년까지 온실가스 배출량을 2018년 대비 40퍼센트를 줄이고, 2050년에는 탄소중립을 달성하겠다고 국제사회에 약속했다. 현재까지 135개국이 탄소중립을 달성하겠다고 약속했고[2], 그중 66개국은 목표 연도를 지정했다. 대부분은 2050년을 탄소중립 목표 연도로 제시했다. 오스트리아, 독일, 스웨덴 등 일부 유럽 국가는 2040~2045년, 브라질과 러시아, 중국 등은 2060년, 인도는 2070년을 제시했다.

이산화탄소가 얼마나 배출되는지를 알면 대기 중의 이산화탄소 농도를 비교적 정확하게 예측할 수 있다. 대기 중의 이산화탄소 농도를 알면 지구 복사에너지를 계산할 수 있고, 글로벌 기후 모델을 통해서 지구 기후에 미치는 영향을 모델링할 수 있다.

탄소 시계와 유사하게 탄소 예산carbon budget이라는 개념이 사용되기도 한다. 탄소 예산은 우리가 1.5도 또는 2도 이하에 머무르기 위해 배출할 수 있는 최대 탄소 배출량이다. 인류는 화석연료를 사용함으로써 매년 42.2기가톤의 이산화탄소를 대기로 배출한다. 2022년 2월 기준으로 313기가톤을 더 배출하면 1.5도를 넘어서고, 1063기가톤이면 2도를 넘어서게 된다. 우리에게는 기후파국을 막을 수 있는 탄소 예산이 거의 남지 않았다.

온실가스 배출원에 대한 이해

지구적 관점에서 인간 활동에 의해 발생하는 온실가스는 모두 일곱 가지이다. 그중 중요한 가스는 이산화탄소, 메탄, 아산화질소이다. 가장 많은 부분을 차지하는 것은 이산화탄소로 전체 온실가스 배출량 74.4퍼센트를 차지한다. 다음으로 메탄이 17.3퍼센트, 아산화질소가 6.2퍼센트, 그리고 기타 불화가스 F-gas(수소불화탄소, 과불화탄소, 육불화황, 삼불화질소를 포함하며 냉매와 같이 다양한 용도로 사용되는 가스)가 2.1퍼센트이다.[3] 물론 온실효과를 나타내는 기체가 이 여섯 가지만 있는 것은 아니다. 악취의 원인 물질로 알려진 암모니아도 온실효과가 인정되지만 아직 감축 대상에 포함되지는 않았다.

온실가스 종류별 배출 비중

이산화탄소 74.4%
메탄 17.3%
불화가스 2.1%
아산화질소 6.2%

출처: Climate Watch, the World Resource Institute(2020)

지구 기온에 가장 큰 영향을 미치는 이산화탄소는 대부분 화석연료인 석유와 석탄의 연소에서 발생한다. 2018년에는 138억 6490만 티오이TOE(석유환산톤)를 사용했다. 여기서 석유환산톤이란 각 에너지의 열량을 석유 1톤이 가지는 에너지의 양으로 환산한 값이다. 화석연료의 종류에 따라 부피나 비중이 다르기 때문이다. 중국이 23.6퍼센트에 해당하는 32.7억 티오이를 사용해서 1위 소비국이고 다음이 미국으로 23.6억 티오이를 차지했다. 에너지 종류별로는 석유 33.6퍼센트, 석탄 27.2퍼센트, 가스 23.9퍼센트, 수력 6.8퍼센트, 원자력 4.4퍼센트, 재생에너지 4.1퍼센트를 차지했다. 기후변화의 위험성을 논한 지 30년이 더 지났지만 화석연료 사용량은 줄어든 적이 없었다.

주로 화력발전 원료로 사용되는 석탄의 매장량은 1조 547만 8200톤이다. 이것이 얼마나 많은 양인지 감이 잘 오지 않을 때는 몇 년 간 땅에서 퍼내어 쓸 수 있는 양인지를 살펴보면 된다. 이를 가채 연수라고 하는데 석탄은 132년이다. 자동차 산업의 핵심 에너지원인 석유의 확인 매장량은 2441억 톤이었고, 가채 연수는 50년이다. 천연가스의 확인 매장량은 196.9조 큐빅미터tcm(천연가스의 계량단위)이고, 가채 연수는 50.9년이다. 여기서 매장량은 채굴이 가능한 확인된 매장량을 의미한다. 즉 더 많은 화석연료가 발견될 수 있다는 의미이다. 한때는 화석연료가 다 고갈되면 어떡하나 걱정한 적도 있었지만, 이제 그런 걱정을 하는 사람은 많지 않다. 어쨌든 그 석유와 석탄을 다 쓰기 전에 기후변화로 인류 문명이 먼저 무너지리라는 것을 알기 때문이다.

이산화탄소가 화석연료에서만 발생하는 것은 아니다. 시멘트 제조처럼 일부 산업 공정에서도 발생하지만, 대부분의 사람이 잘 모르는 곳에서 생기기도 한다. 토지이용 변화라고 불리는 영역이다. 자그마치 지구 온실가스의 11퍼센트가 여기서 발생한다. 이쯤 되면 조금 더 관심이 갈지도 모르겠다. 그럼 토지이용 변화가 무엇이길래 이렇게 많은 온실가스가 발생할까? 토지이용 변화를 다루기 전에 이산화탄소 다음으로 중요한 온실가스인 메탄과 아산화질소를 살펴보자. 이 기체들은 이산화탄소와는 좀 다른 특징이 있다. 먼저 발생원이 다르다. 메탄은 주로 농축산업, 폐기물, 에너지 분야에서 발생하고, 아산화질소는 농업 분야에서 대부분인 72퍼센트가 발생한다. 연료의 연소, 산업, 폐기물 등이 그다음을 잇는다.[4]

메탄과 아산화질소에 대해 좀 더 깊이 있게 살펴보자. 이 두 기체는 농업 및 식량과 밀접한 관련이 있다. 자연 상태가 아닌 인간에 의해 발생한 메탄의 42퍼센트는 농업 활동에 기인하는데, 소의 장내발효가 27퍼센트, 벼 재배 7퍼센트, 가축분뇨 처리 3퍼센트, 기타 농업 활동 5퍼센트이다. 그 외 석유와 가스 산업에서 24퍼센트, 석탄 채굴에서 9퍼센트, 도시 폐기물 처리에서 11퍼센트가 발생한다. 메탄의 특징은 이산화탄소에 비해 온실효과는 80배 더 크지만 대기 중에 머무는 시간은 9년 정도로 짧다. 이산화탄소와 아산화질소와는 달리 배출량이 줄어들면 10년 내에 바로 효과가 나타나는 온실가스라고 할 수 있다. 이 특징 때문에 메탄이 갑자기 주목을 받게 된다.

아산화질소는 이산화탄소처럼 대기 중에서 오랫동안 안정한 상태로 존재하는 기체로 오존층 파괴와 기후변화에 영향을 준다. 현재는 10년당 2퍼센트씩 증가하는 것으로 분석된다. 주 발생원은 농업인데 주로 토양에 시비하는 질소비료가 주 배출원이다. 신흥공업국인 브라질, 인도, 중국에서 아산화질소의 배출량 증가가 두드러진다. 농업 분야에서 발생하는 메탄과 아산화질소는 미생물의 활동과 밀접한 관련이 있다. 이 말은 미생물이 존재하는 한 줄이기 어렵다는 뜻이기도 하다. 즉, 환경 중에 유입되는 질소원을 줄여야 아산화질소를 줄일 수 있다. 아산화질소의 발생량은 현재 기후 모델에서 고려하는 가장 심각한 시나리오의

배출 증가율을 초과하는 것으로 나타났다.[5]

산업별 배출량과 재생에너지 생산

2010년 세계 온실가스 배출량을 산업 경제 분야별로 분류하면 전력 및 열 생산 25퍼센트, 농업과 산림 및 토지이용 24퍼센트, 산업 21퍼센트, 교통 14퍼센트, 기타 에너지 10퍼센트, 건물 6퍼센트로 구성된다. 1970년 대비 이산화탄소 배출량은 90퍼센트나 증가했다. 그 대부분은 화석연료와 산업 공정에서 발생했는데, 78퍼센트를 차지한다. 그렇다 보니 탄소중립 논의 과정에서는 화석연료의 사용량을 줄이기 위한 에너지 전환이 가장 큰 의제로 등장했다.

불과 20년 전인 2000년대 초까지 재생에너지의 대부분은 수력발전이 차지했다. 2000년대 재생에너지 중 수력발전의 비중은 92퍼센트에 달했다. 그런데 기후변화에 대한 우려가 커지면서 재생에너지 생산량은 급격히 증가한다. 2010년에는 4197테라와트시TWh가 생산되었는데 수력 82퍼센트, 풍력 8.2퍼센트, 태양광 0.8퍼센트를 차지했다. 2020년에는 10년 전에 비해 재생에너지 생산량이 1.8배 증가한 7444테라와트시가 생산되었다. 수력은 58퍼센트까지 비율이 낮아졌고, 풍력은 21퍼센트, 태양광은 11.5퍼센트까지 늘어났다. 10년 전보다 풍력은 4.6배, 태양광은 25배 증가했다. 전 세계 전력 생산에서 재생에너지가 차지하는 비율은 2020년 29퍼센트에 이르렀다. 그럼에도 불구하고 연료와 전기를 모두 포함하는 전체 에너지 사용량 중 화석연료가 차지하는 비중은 80.3퍼센트 정도로 10년 전과 거의 같았다. 재생에너지가 빠르게 늘어나고 있지만 에너지 사용량 자체도 역시 늘어났기 때문이다.

국제재생에너지기구IRENA의 연례 보고서 '2019년 재생 가능한 발전 비용'에 따르면 태양광발전은 10년 만에 비용이 82퍼센트로 감소했고, 태양열발전 47퍼센트, 육상 풍력 40퍼센트, 해상 풍력 29퍼센트로 그 뒤를 이었다. 2019년에 추가된 재생에너지 중 절반 이상이 석탄보다 전력 생산 비용이 낮았다. 이렇듯 재생에너지의 생산 비용이 감소하면서 전 세계 에너지 생산에서 재생에너지 비중이 꾸준히 증가할 것으로 예상된다. 그렇지만 화석연료의 시대는 당분간 지속될 전망이다.

그럼에도 불구하고 2050년 탄소중립을 약속한 국가들이 화석연료의 사용량을 줄여나가면서 산업혁명 시대를 견인했던 석유와 석탄도 역사의 뒤안길로 사라질 것이다. 이미 한 시대를 주름잡았던 석유 기업들은 재생에너지 생산, 화학과 배터리 등 새로운 분야로 사업 영역을 전환하고 있다. 어쨌든 화석연료의 시대가 저물어갈지는 파리협약에 따라 각 국가들이 제출하는 이행 실적 보고서에서 드러날 것이다.

토지이용 변화의 영향

　온실가스 배출원을 산업별로 살펴보면 '농업, 임업 및 기타 토지이용AFOLU' 분야가 24퍼센트로 두 번째 큰 배출원으로 나타난다. 이러한 수치는 우리나라 사람들이 이해하기는 무척 어렵다. 우리나라에서 농수산 분야의 배출량은 에너지를 포함해도 전체 배출량의 3.4퍼센트 불과하기 때문이다.[6] 토지이용 변화는 세계의 미래가 어떻게 변해갈지를 예상하는 데 중요한 요소이다. 인류의 기후변화 대응이 궁극적으로 어디로 향해갈지 예상할 수 있기 때문이다. 더 깊이 들어가기 전에 이와 관련된 기초 지식부터 살펴보자.

경제 부문별 세계 온실가스 배출량 비중

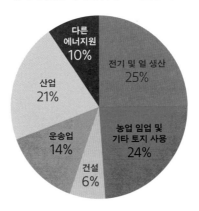

출처: 미국 환경청

숲은 일반적으로 이산화탄소의 흡수원으로 인정된다. 세계 곳곳에서 온실가스 흡수를 위해 나무를 심자는 운동이 진행되고 있다. 화석연료 연소로 대기 중에 배출된 이산화탄소는 식물이 광합성을 하지 않으면 그대로 공기 중에 머물게 된다. 그러니 지구온난화를 막으려면 화석연료의 사용을 줄여야 하는 것은 물론 이미 배출된 이산화탄소를 흡수해야 한다. 이렇게 이산화탄소를 흡수해 대기에서 제거하는 것을 오프셋offset이라고 한다. 식물의 광합성은 이산화탄소를 오프셋 할 수 있는 거의 유일한 방법이다. 해양의 녹조류 역시 이산화탄소를 흡수하지만 인간이 개입할 수 있는 여지는 거의 없다. 그런데 식물이나 미생물이 이산화탄소를 흡수해 탄수화물로 고정하더라도, 즉 탄소 고정carbon fixation을 하더라도 이산화탄소가 다시 분해되어 대기 중으로 배출되지 않아야한다. 일년생 초본류는 죽은 후 1년 내에 대부분 분해되어 다시대기 중 이산화탄소로 되돌아가 결과적으로 탄소 흡수에 거의 영향을 주지 않는다. 이렇듯 대부분의 작물은 탄소순환에 참여하지만 대기의 탄소 증감에 영향을 주지 않는 탄소중립에 해당한다.

농업 관련 토론회에 가면 농업은 이산화탄소를 흡수해 지구온난화를 방지한다는 주장을 가끔 듣는다. 그렇지 않다는 것을 설명하지만 잘못된 지식이 전파되는 속도를 따라잡기에는 역부족이라는 느낌이 들 때가 많다.

과수나무는 20~30년은 자라니 탄소 흡수원으로 볼 수 있지 않을까?

이런 주장 역시 가끔 듣는다. 결론적으로 가능하다. 그렇지만 전제 조건이 있다. 추가성이라는 것이 입증되어야 한다. 이렇게 가정해 보자. 노지로 있는 밭에 과수나무를 심으면 숲을 조림하는 것과 같은 효과가 발생한다. 그렇지만 대부분의 과수나무는 왜성 대목으로 크게 자라지 않고 해마다 가지를 쳐내니 실제 목재로 축적되는 양이 그리 크지 않다. 그런데 시야를 조금만 넓혀 보자. 과수나무는 이미 넓은 지역에서 심고 있을 것이다. 한 농장에서는 나무를 베어낼 것이고, 다른 농장은 심는 곳도 있을 것이다. 국가 단위로 확장하면 탄소 오프셋이 증가하는 곳과 감소하는 곳이 있을 테니 큰 변동이 없을 수 있다. 그리고 나무를 베어내면 그동안 오프셋을 했던 이산화탄소량을 다시 탄소 계정(국가의 온실가스 인벤토리)에 포함해야 한다. 이런 이유로 대부분의 국가에서 과수나무를 탄소 흡수원으로 사용하지는 않는다.

이 규칙은 산림에도 그대로 적용된다. 숲을 가꾸면 탄소 흡수원으로 작용하지만 산림을 벌채하면 배출원으로 계산한다. 탄소 흡수원을 늘리는 데는 나무 심기만 한 것이 없다. 우리나라의 탄소중립 계획에도 조림이 중요한 비중을 차지한다. 그런데 우리나라는 새롭게 조림할 땅이 거의 남아 있지 않다. 오히려 많은 숲이 도시와 공단의 개발로 사라진다. 우리나라에서는 지난 40년간 여의도 면적의 1200배 규모의 산림이 사라졌다. 1974년 말 664만 헥타르에서 2020년에는 629만 헥타르로 35만 헥타르가 줄어들었다.

산림이 주거지로 바뀔 경우 나무가 베어지면서 온실가스 배출원이 되고, 반대로 주거지가 산림으로 바뀌면 흡수원으로 탄소계정에 반영된다. 우리나라는 토지이용 변화가 크지 않지만 세계로 시야를 확장하면 엄청난 변화가 일어나고 있다는 것을 알 수 있다. 2021년 발표된 논문에 따르면 60년(1960~2019년) 동안 32퍼센트의 땅이 영향을 받았다고 한다. 전반적으로 북반구에서는 산림이 소폭 늘어난 반면에 남반구, 남아메리카, 동남아시아 그리고 아프리카 등에서는 산림 면적이 크게 감소했다. 대개 세계화에 따른 시장 개방으로 축산물과 사료의 수요가 증가했고, 이를 충족하기 위해 열대우림이 사료 생산을 위한 농경지 또는 가축 방목을 위한 초지로 전용되었다. 바이오에너지 수요를 충족하기 위해 동남아시아에서는 팜 농장이 크게 늘어나기도 했다. 이렇듯 토지이용 형태가 달라지면 그동안 나무와 땅속에 축적되었던 유기물이 분해되어 이산화탄소로 배출된다.

탄소중립에 이르는 여정은 화석연료를 줄이고 숲을 늘리는 과정으로 간단히 요약할 수 있다. 문제는 어떻게 화석연료를 줄일 것이냐, 어떻게 숲을 늘릴 것이냐라는 방법의 문제만 남는다. 화석연료가 에너지 전환이라는 기술과 경제성의 문제라면, 숲을 늘리는 것은 좀 더 복잡하고 난이도가 높다. 늘어나는 인구와 식량 안보라는 문제와 연결되기 때문이다.

이 간단한 문제가 오늘날 지구온난화를 둘러싼 논쟁의 핵심을 차지한다. 이 책에서는 에너지 전환에 관한 이슈, 즉 배출원을 줄이는 노력보다는 탄소 흡수원을 어떻게 확충할지에 대해 주로 다루고자 한다. 여기는 생물 다양성, 유전자 변형GMO, 유기농업, 생태계 복원, 동물복지, 그리고 식량 안보 등 수많은 이슈가 충돌하는 영역이다. 에너지 전환은 원자력 발전에 대한 논쟁이 있기는 하지만 화석연료를 줄여야 한다는 것에 대해 이견이 크지는 않다. 반면에 탄소 오프셋, 즉 숲을 늘리면서 식량 안보를 동시에 높이는 것은 그보다는 조금 더 복잡하다. 이 과정은 아마도 우리 인류를 다시 돌아보고 새롭게 정의하는 기회가 될 것이다.

재생에너지 시대의 시작

지구에 쏟아지는 태양에너지를 한 시간만 모으면 1년 동안 전 인류가 사용하는 에너지만큼 된다. 지표면에 태양광 패널을 깔면 지구에 도달하는 태양에너지의 14퍼센트 정도를 전기로 바꿀 수 있다. 지금은 효율이 20퍼센트가 넘어가는 제품이 개발되는 것처럼 태양광 패널의 효율성은 크게 향상되었다. 태양에너지가 만들어내는 간접 에너지를 활용할 수도 있다. 풍력과 바이오에너지이다. 이렇듯 태양광, 풍력, 바이오에너지 등을 재생에너지라고 한다. 재생에너지는 사용해도 결코 줄어들거나 소멸되지 않는다.

2020년의 세계 재생에너지 생산량은 7444테라와트시였는데, 그중 가장 많은 부분을 차지한 것은 수력으로 4293테라와트시였고, 풍력 1591테라와트시, 태양광 856테라와트시, 기타 700테라와트시 순이었다. 수력의 경우에는 이미 상당 부분 개발되었기 때문에 완만한 증가세를 보이는 반면에 풍력과 태양광의 비중은 가파르게 증가하고 있다. 태양광은 10년 전에는 불과 34테라와트시, 풍력은 346테라와트시에 불과했지만 10년 만에 각각 25배, 4.5배 증가했다. 반면 수력은 25퍼센트 증가하는 것에 그쳤다. 앞으로도 태양광의 증가 속도는 더욱 빨라지고 재생에너지 중에 차지하는 비중도 빠르게 증가할 것으로 예상된다.[7]

2021년은 우리나라에서도 탄소중립과 에너지 전환이 큰 화두였다. 에너지를 바꾸어야만 온실가스를 줄이는 것이 가능하기 때문이다. 그렇지만 우리나라의 에너지 전환은 엉뚱하게도 탈원전 논란으로 흘렀다. 탄소중립에 대한 설계도를 그리는 중요한 시기에 탈원전 논란이 등장하면서 탄소중립을 위한 에너지 전환은 도전에 직면했다. 가장 극적인 장면은 산림 훼손에 대한 한 환경 운동가의 기고문이었다. 그는 태양광과 풍력 발전기를 설치하기 위해 훼손된 산림을 보여주면서 재생에너지가 환경을 파괴한다고 고발했다. 또한 산림 경영에 의한 탄소 흡수량을 늘리기 위해 성장 속도가 느린 큰 나무를 베어내고 신규 조림 사업을 추진하면서 오래된 숲을 훼손한다고 공격했다. 아마도 탈원전 논란이 없었다면 조용히 지나갔을 기사였지만 주요 언론사에서 이 의제를 받아 논란을 키우는 데 성공했다. 도시와 공단을 개발하기 위해 훼손된 수많은 산림과 농경지에 대해서 관심이 없던 사람마저 예민하게 반응했다. 사실이 무엇이었는지는 산림 흡수원을 설명할 때 자세히 다루겠다.

전기 요금은 인상할 수 있을까?

전 세계적으로 화석연료의 시대가 저물고 재생에너지 시대가 열렸다. 그렇지만 우리나라는 여전히 화석연료 시대에서 별로 나아가지 못하고 있다. 우리나라 산업 구성 자체가 제철, 화학, 조선, 자동차 등 에너지 다소비 산업 중심으로 구성된 것이 크게 작용했다. 그리고 수출 중심의 경제구조에서 국제 경쟁력을 가지기 위해서는 낮은 전력 요금을 유지하는 것이 중요했다.

또한 우리나라의 좁은 국토와 높은 인구밀도, 국토의 70퍼센트에 이르는 산지는 탄소중립 시대에도 핸디캡으로 작용한다. 우리나라의 자연환경 조건에서 재생에너지를 늘리는 것은 전력 생산 비용의 증가를 의미했다. 이런 구조에서 어떤 정부도 재생에너지를 과감하게 늘리기는 어려울 수밖에 없었다.

환경 운동가들은 탄소중립에 대응하기 위해 전기 요금을 올리자고 주장해 왔지만 이러한 요구는 애초부터 받아들여지기 어려웠다. 선거를 치르는 집권당에서 표 떨어지는 소리로 들렸을 것이다. 더군다나 문재인 정부 내내 탈원전 논란에 시달리면서 전기 요금을 조정할 수는 없었을 것이다. 결국 2021년 10월 전기 요금을 1.6퍼센트 올렸는데, 8년 만의 인상이었다. 국제 연료 가격이 급등하자 연료비 연동제에 따라 킬로와트시KWh당 3원이 올랐다. 1년 전에 비해 유연탄은 39퍼센트, 액화천연가스는 72퍼센트, 석유는 54퍼센트가 올랐다. 그럼에도 불구하고 전기 요금은 단지 3원이 올랐다. 8년 전에 비해 전기 요금이 오른 것도 아니다. 이전 해에 연료비 하락으로 3원이 떨어진 것이 원상 복구되었을 뿐이다.

환경 운동가들은 탄소중립을 위해 전기 요금을 인상해야 한다고 주장한다. 에너지 전문가들은 원가보다 싼 전기 요금이 부당하다고 주장한다. 우리나라의 전기 요금 중 산업용은 OECD 평균의 87퍼센트 정도이고 주택용은 독일의 3분의 1로 OECD 평균의 절반을 조금 넘어간다. 전체 전기 수요에서 산업 부문이 60퍼센트를 차지해 전기 요금은 산업 경쟁력에 미치는 영향도 크다. 전기 가격이 다른 에너지보다 상대적으로 저렴하니 전기를 많이 쓰는 구조로 바뀌었고, 전기 요금이 끼치는 영향이 크니 가격을 올리기 어려운 구조가 되어버렸다.

모든 세상일이 그렇듯이 원인이 있으면 결과가 있기 마련이다. 이 부담은 누군가 질 수밖에 없는데, 이번에도 정부의 통제하에 있는 한국전력공사와 여섯 개 발전 자회사들이 2021년 한 해동안 4조 원의 적자를 떠안았다. 시민들은 풍요롭게 전기를 사용했지만 그 영향은 다음 정권, 다음 세대로 넘겨졌다. 전력은 생존필수품이자 복지의 시금석이 된 지 오래이다. 전력 회사의 적자가 누적되어 더 이상 견딜 수 없을 때가 오면 어쩔 수 없이 전기요금을 올려야 할지도 모른다. 물론 그렇다고 국민의 분노가 한 줌도 덜어지지는 않을 것이다. 폭탄 돌리기에 당첨된 정권은 분노 속에서 속죄양이 될 운명에 처할 수밖에 없다. 과연 누가 고양이 목에 방울을 달까?

답답한 재생에너지 전환

우리나라에서 신재생 에너지의 발전 단가는 여전히 높은 수준을 유지한다. 2020년 1킬로와트시를 생산하는 데 드는 비용은 태양광, 풍력 등 신재생 에너지의 경우 264.6원이었다. 이는 원자력 54원, 유연탄 83.3원, 무연탄 118.3원, 액화천연가스 126원에 비해서 매우 비싸다. 전기 요금이 낮게 유지되어 한국전력공사와 발전 자회사들의 적자가 누적되는 상황에서 신재생 에너지 비중을 늘리는 것을 기대하기 힘들지도 모른다. 이 역시 결과로 나타났다.

2020년 신재생 에너지 발전량은 4만 3062기가와트시GWh로 우리나라는 총 발전량 57만 9937기가와트시 대비 7.4퍼센트에 불과했다. 여기에도 약간의 꼼수가 숨어 있다. 우리나라에서는 재생에너지 대신에 신재생 에너지라고 부르는데, 여기에는 OECD의 재생에너지 분류에서 벗어나는 에너지원이 있기 때문이다. 이를 신에너지라고 분류하고 한 카테고리로 묶었다. 신에너지에는 석탄액화와 가스화 에너지, 화석연료 기반의 폐기물 에너지가 포함된다. 반면에 OECD의 재생에너지 분류 기준에는 '태양, 바람, 물, 바이오매스, 해양에너지, 생분해성 폐기물'만 포함된다.

만약 OECD의 기준을 적용하면 우리나라 재생에너지 생산량은 1차 에너지(석탄, 석유, 천연가스, 수력, 원자력 등 직접 에너지원으로 사용되는 것을 말한다) 공급량 2억 9207만 6000티오이 대비 2.4퍼센트에[8] 불과하다(2019년 기준). 이탈리아 18.2퍼센트, 독일 14.6퍼센트, 프랑스 10.7퍼센트, 영국 12.5퍼센트, 미국 7.9퍼센트, 호주 7.1퍼센트, 일본 6.2퍼센트 등 다른 선진국들과 비교해도 차이가 크다.

이런 이유로 우리나라에서는 재생에너지에 대해 회의적인 시선이 여전히 우세하지만 이미 정해진 경로를 한 나라가 바꿀 수는 없다. 그런 시도는 수레바퀴 앞에 선 사마귀처럼 위태롭다. 미래의 일자리와 경제는 기후변화와 탄소중립이라는 문명의 전환기를 어떻게 받아들이느냐에 달려 있기 때문이다.

이렇게 낮은 전기 요금은 우리나라의 미래 산업 경쟁력에도 영향을 끼칠 수밖에 없다. 기업들이 에너지 효율화에 대한 투자를 등한시하게 만들기 때문이다. 물론 에너지 전환과 탄소중립에도 부정적인 영향을 끼칠 수밖에 없다. 우리나라 온실가스의 37퍼센트는 전력 부분에서 배출된다. 우리는 과연 국제사회에 약속한 탄소중립을 지킬 수 있을까? 현재의 풍요로움을 위해 미래를 담보로 잡는 일을 언제까지 계속할 수 있을까? 전기 요금을 올리지 말아야 할 이유는 충분하다.

이는 농업계 역시 마찬가지이다. 농업용 전기 요금은 평균 판매 단가 대비 44퍼센트에 불과하다. 이런 이유로 농업에서 유류 사용량은 줄어드는 대신 전기 사용량은 빠르게 늘어났다. 농가 소득 향상을 위해 논에는 유리온실과 시설 하우스가 빠르게 생겨났다. 우리나라는 중국 다음으로 온실이 많은 나라이다. 그 온실에서는 전기 온풍기를 사용해 겨울철에 딸기, 토마토, 참외, 그리고 아열대 작물을 생산한다. 시설 원예 작물의 에너지 비용은 순 생산비의 30~60퍼센트 정도에 이른다. 어려운 농촌의 현실을 생각하면 전기 요금을 올리는 것이 가능할까?

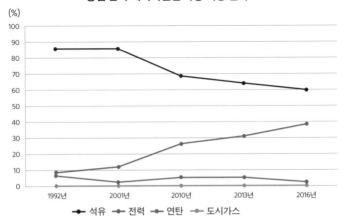

농업 분야 에너지원별 사용 비중 변화

출처: 에너지경제연구원·에너지공단(2018)

재생에너지를 둘러싼 갈등

농촌 마을에 가면 "풍력발전단지 반대, 태양광 반대"라는 플래카드를 심심치 않게 볼 수 있다. 2050년 탄소중립 목표를 설정하기 위한 논의가 한창이던 때 농촌 지역에서는 태양광발전소 설치 반대 목소리가 드높게 울려 퍼졌다. 우리나라 1차 에너지 중 재생에너지 비중은 2.4퍼센트에 불과하다. 그런데도 불구하고 마치 24퍼센트는 설치된 것 같은 강렬한 논란이 우리 사회를 훑고 지나갔다.

탄소중립을 위해서는 대략 500기가와트GW 정도의 재생에너지가 설치되어야 한다. 어디에 설치할 수 있을까? 태양광발전에 대략 450기가와트를 할당한다면 대략 55만 헥타르의 토지가 필요하다. 2030 재생에너지 계획에 따르면 영농형 태양광은 10기가와트 정도가 설치되어야 한다. 대략 2만 5000헥타르 정도의 농경지가 소요된다. 전체 논 면적의 3퍼센트 수준이다. 농촌 재생에너지 관련 토론회에 참석한 농민 대표는 이렇게 말했다.

> 우리도 태양광 발전이 필요하다는 것은 인정합니다. 그렇지만 농경지에만은 설치하지 말았으면 좋겠습니다. 전기 수요가 큰 도시부터, 공장부터 모두 설치하고도 더 필요하면 농촌에 요구했으면 해요. 농경지는 식량자급률을 높이는 데 중요하기 때문입니다.

도시민들은 자신들이 매일 쓰는 전기를 생산하는 화력발전소가 어디에 있는지 알지 못한다. 재생에너지 시대에도 당연히 그럴 것으로 기대한다. 반면에 농촌 주민들은 이번에는 그럴 의사가 별로 없는 듯하다. 산업화가 시작될 때는 잘 몰라서 농촌에 화력발전소와 고압 송전탑이 들어서는 것을 용인했지만 이번에도 농촌의 희생을 요구하는 것은 옳지 않다고 느끼는 사람이 많아졌다. 예전처럼 일방적인 피해를 감수할 생각은 없는 것이 확실해 보였다. 도시의 유휴지, 건물 옥상, 도로변 등 태양광을 설치할 공간은 충분한데, 왜 식량을 생산해야 하는 농경지를 훼손하느냐고 생각한다. 전기의 수요처 도시에서 먼저 태양광발전소를 최대한 설치하고 나서 농촌에 요구하라는 주장이다.

영농형 태양광에 대한 논쟁도 격렬했다. 한국영농형태양광협회에서는 영농형 태양광을 설치해도 벼는 80퍼센트 이상의 생산량을 확보하고, 덤으로 농가는 안정적인 소득을 얻는다고 주장한다. 토론회에 참석한 한 농민의 경험담은 이것이 결코 타협할 수 없는 논쟁이 아니라는 것을 느끼게 한다.

귀농을 해서 농사를 열심히 지었지만 소득이 너무 작아 다시 도시로 돌아갈까 고민했습니다. 마지막 방법으로 농경지 일부에 태양광을 설치했어요. 태양광 발전에서 매월 일정한 소득이 발생하니 농사만 지어도 생계를 걱정할 필요가 없어졌습니다. 이제는 도시로 돌아갈 생각을 하지 않아요.

그럼에도 불구하고 농촌의 태양광이 쉽사리 받아들여지지는 않는다. 여기에는 역시 농촌 인구 구성과 토지 소유 문제가 배경에 자리 잡고 있다. 농촌의 경관과 식량자급률 등 여러 이슈가 표면으로 드러나지만, 많은 현장에서는 임차농의 문제가 배경에 있다. 임차농의 문제는 헌법의 경자 유전 원칙과 고령화, 귀농과 귀촌 등이 복잡하게 얽혀 있다. 가까이 지켜보면 많은 갈등은 세월이 지나가야 해소될 것 같다. 그런데 2030년까지는 불과 7년밖에 남지 않았다. 우리에게는 그 시간이 없다.

가끔 이런 생각도 들었다. 우리가 재생에너지를 설치할 공간이 없는 것이 아니라 마음속 여유가 없는 게 아닐까? 재생에너지 시대에는 누구도 발전소와 동떨어져 살아가기는 어렵다. 울산의 공업탑이 세워지던 시절에는 소음과 검은 연기가 사람들의 심장을 뛰게 만들었다. 지금은 기겁을 할 내용이지만 그 시대는 그만큼 절박했다. 만약 다시 절박한 때가 오면 달라질까?

각자 서 있는 입장에 따라 서로 상충되는 주장이 난무한다. 원자력은 위험해서 안 되고, 태양광은 우리 집 앞에는 안 되고, 전기의 대부분을 생산하던 화력발전은 없애야 하고, 그렇지만 전기 요금은 올리면 안 되고, 건조기와 식기세척기 등 전력을 많이 쓰는 새 가전은 더 많이 필요하고, 농사용 전기 요금 제도는 농가의 생존을 위해 계속 유지되어야 하고···. 우리는 이런 시민들의 요구를 모두 충족할 수 있을까? 아니면 무엇을 채택하고 무엇을 외면할 수 있을까? 어떤 결정이든 정치적일 수밖에 없다. 이번에는 누가 희생을 해야 할까? 과연 이 시대에도 누구에게 희생하라고 요구하는 것이 옳을까? 에너지 전환은 사회에 잠재된 갈등을 밖으로 드러내면서 절정을 향해 치닫고 있다. 결론은 속도를 늦추거나 결국 다음 정권, 다음 세대로 미루는 것이 모두가 만족하는 대안이 될 확률이 높다.

문제의 크기와 성질이 같지는 않지만 이러한 문제가 해결되는 과정은 크게 다르지 않을 것이다. 절체절명의 위기 순간에 직면하거나, 갈등을 해소할 리더십을 가진 지도자가 등장하거나, 더 현실적으로는 정의로운 전환이라 불리는 이해관계자 간 타협이 이뤄지는 것이다. 에너지 전환 과정에서 피해를 보는 쪽에는 보상을 하고, 이익을 보는 쪽에서는 비용을 부담하는 방식이다. 이 첫 단계는 전기 요금 인상 논쟁에서부터 시작될 것이다.

에너지 전환

지구온난화를 1.5도에서 멈추게 하기 위해서는 두 가지를 해야 한다. 하나는 온실가스 배출량을 줄이는 것, 다른 하나는 이미 배출된 온실가스를 오프셋 하는 것이다. 이제 배출량을 줄이는 것에 대해 한번 살펴보자.

우리는 온실가스 인벤토리(온실가스 배출원별로 배출량 또는 흡수량을 목록화 해놓은 장부)를 통해서 온실가스가 어디서 배출되는지를 정확히 알고 있다. 우리나라에서 배출량 기준 연도로 설정한 2018년의 순 배출량은 6억 8630만 톤이다. 총 배출량 7억 2700만 톤에서 흡수량 4130만 톤을 빼준 값이다. 산업 부문별로는 전환과 산업 부문이 거의 대부분을 차지하고 수송과 건물이 다음을 잇는다.

여기서 전환이란 전기를 직접 생산하는 전력 산업을 의미한

2018년 우리나라 부문별 온실가스 배출량

분야	전환	산업	건물	수송	농축수산	폐기물	탈수	산림흡수
배출량 (백만 톤 CO2.eq.)	269.6	260.5	52.1	98.1	24.7	17.1	5.6	-41.3

출처: 환경부, 국가온실가스통계(2018)

다. 전력 산업의 배출량을 별도로 계산하기 때문에 각 산업 분야에서 사용한 전기는 그 산업에서 제외되었다. 이중 계산이 되기 때문이다. 인벤토리에서는 이를 직접 에너지와 간접 에너지로 구분한다. 화석연료는 직접 에너지로 산업별 인벤토리에 포함하고 전기는 간접 에너지로 전환 부문에 포함한다.

산업 분야에서 배출량의 대부분은 화석연료와 전기가 차지한다. 반면에 농수산은 산업 분야와는 다른 특징이 있다. 에너지가 차지하는 비중은 14퍼센트에 불과하고 나머지는 축산, 벼 재배 그리고 농경지 토양에서 배출되는 아산화질소와 메탄이 차지한다. 타 산업 분야와는 달리 농수산업은 비에너지 분야가 배출량의 대부분을 차지한다. 특히 농업 분야에서는 에너지를 줄이는 것만으로 온실가스를 줄이기는 어렵다는 것을 의미한다.

산업 부문별 배출량만으로는 화석연료가 온실가스 배출에 얼마나 기여하는지 알 수 없다. 이것을 알기 위해서는 자료를 다르게 표현한 다른 통계가 필요하다. 다음 표를 보면 에너지 사용이

우리나라 온실가스 배출량 통계

	2011	2012	2013	2014	2015	2016	2017	2018	2019
총 배출량 (백만 톤 CO2eq.)	684.7	688.0	697.3	692.1	692.6	693.6	710.7	727.0	701.4
에너지	594.7	596.0	604.5	596.9	600.3	602.2	615.6	632.6	611.5
산업 공정	52.9	54.4	55.1	57.9	54.5	53.5	56.5	55.8	52.0
농업	21.1	21.5	21.3	21.4	21.0	20.8	21.0	21.1	21.0
폐기물	16.0	16.1	16.4	15.9	16.8	17.1	17.7	17.5	16.9
GDP 대비 온실가스 배출량 (톤 CO2eq./10억 원)	462.9	454.2	446.2	429.2	417.7	406.4	403.6	401.2	378.6
1인당 온실가스 배출량 (톤 CO2eq./인)	13.7	13.7	13.8	13.6	13.6	13.5	13.8	14.1	13.6

출처: 환경부, 국가온실가스통계

전체의 87퍼센트를 차지하는 것을 알 수 있다. 즉 우리나라에서 탄소중립을 달성하기 위해서는 화석연료의 사용을 절대적으로 줄여야 한다는 것을 알 수 있다.

화석연료를 줄이는 과정이 쉽지 않다는 것을 우리 모두 알고 있다. 그럼 화석에너지 사용량을 거의 제로까지 어떻게 줄일까? 에너지란 결국 삶의 질을 결정하고 산업 그 자체를 의미하는 것이기 때문에, 결국 가능한 유일한 방법은 화석연료를 재생에너지로 바꾸는 것이다. 재생에너지가 안 되면 최소한 탄소 배출이 없는 에너지원으로 바꾸어야 한다.

재생에너지는 지열을 제외하고는 거의 전부 태양에너지로부터 나온다. 태양광발전은 직접 태양에너지를 전기로 바꾸고, 바이오에너지와 풍력도 결국 태양에너지로부터 생성된 2차 에너지에 해당한다. 그런데 재생에너지는 고갈되지 않는 에너지원이지만 한 가지 단점이 있다. 에너지 밀도가 낮다는 것이다. 화석연료는 단위 부피당 에너지 밀도가 매우 높고 수송과 보관이 편리하다. 반면 태양과 바람을 모으려면 넓은 공간이 필요하고 저장하기도 어렵다. 호주, 미국, 중국, 북아프리카 국가들처럼 넓은 땅을 가진 나라가 절대적으로 유리하다. 우리나라처럼 인구가 집중되어 있고 여유 공간이 많지 않은 국가는 사회 갈등을 해소하는 것이 쉽지 않다. 전체 에너지 대비 3퍼센트도 안 되는 재생에너지가 설치되었음에도 태양광과 풍력을 둘러싼 갈등은 감내할 수준을 넘어서고 있다.[9]

그럼 원자력은 어떨까? 어떤 기준을 적용하더라도 원자력이 재생에너지가 될 수는 없다. 가채 연수가 정해진 유한한 핵 물질을 사용하는 에너지원이기 때문이다. 그런데 최근에는 유럽에서 녹색분류체계green taxonomy(그린 택소노미)에 원자력 발전을 포함한다고 해서 논란이 되었다. 유럽연합 집행위원회는 과도기적 활동 범주에 천연가스와 원자력을 포함했다. 그렇다고 이 두 에너지원을 재생에너지의 대안으로 인정했다기보다는 유럽연합이 탄소중립으로 이행하는 데 필요한 저탄소 에너지원으로 인정했다는 정도로 이해하는 것이 타당하다. 세부적으로 살펴보면 최신 기술인 3세대 원자력 발전 기술을 적용하고, 2045년까지 건설 허가를 받은 경우에만 '지속가능한 금융 상품'[10]의 투자를 받게 했다. 이러한 조치를 통해 재생에너지에 대한 투자가 원자력 발전으로 대체되지 않도록 하는 안전장치를 두었다.

간헐성을 극복하기 위한 노력들

기후변화와 환경에 적극적인 유럽이 원자력을 제한적으로나마 인정한 것은 그만큼 에너지 전환이 쉽지 않다는 것을 역설적으로 반증한다. 기존의 화석연료 중심의 에너지 공급망을 재생에너지 중심의 전기로 바꾸는 것은 많은 시행착오를 유발한다. 화력발전소와 달리 태양광과 풍력 발전은 넓은 면적이 필요할 뿐만 아니라 '간헐성'이라는 문제를 극복해야만 한다. 전기가 꾸준히 생산되는 게 아니라 간헐적으로 생산된다는 문제이다. 태양광은 낮에 햇볕이 비춰야 전기가 생산되고, 풍력은 바람이 불어야 블레이드가 돌아간다. 그렇지만 전기는 끊김없이 지속적으로 흘러야 한다.

이렇듯 원자력과 화력 발전 시대에는 고민하지 않았던 문제가 발전소의 간헐성이다. 이 문제를 해소하려면 흐리거나 바람이 불지 않을 때를 대비해 언제나 가동할 수 있는 예비 발전소를 둬야 한다. 원자력발전소와 석탄발전소는 발전기를 새로 가동하는 데 너무 많은 시간이 들 뿐만 아니라 출력 조정이 쉽지 않아 적당하지 않다. 필요할 때 바로 전력을 생산하고 발전량의 조절도 쉬운 형태의 발전소가 이런 목적에 제격이다. 그것이 바로 천연가스발전소이다.

그런데 한 가지 더 알아둬야 할 것은 천연가스 발전소를 가동하지 않는다고 비용이 들어가지 않는 것이 아니라는 사실이다. 그에 대한 비용을 모두 지불해야 한다. 온실가스를 배출하지 않더라도 전기 요금 청구서에는 그 대기 비용이 포함된다. 이렇듯 재생에너지 비중이 증가할수록 천연가스 발전소의 비중 역시 따라서 커질 수밖에 없다.

그리고 천연가스는 많은 나라에서 난방의 연료로 사용한다. 한 국가의 에너지원을 재생에너지로 전환하는 과정이 얼마나 험난한지는 2022년 베이징 동계올림픽 기간 중에 여실히 드러났다. 동계올림픽이 한창이던 와중에 러시아가 우크라이나를 곧 침공할 것이라는 우려가 바이든 미국 대통령의 입을 통해 전 세계로 퍼져나갔다. 그런데 독일의 입장이 애매했다. 미국과 영국이 적극적으로 러시아에 대한 경제제재에 나설 것이라고 위협하자 독일이 다급해졌다. 그 제재 목록에는 러시아에서 독일로 이어지는 가스관이 포함되어 있었기 때문이다. 메르켈의 뒤를 이

은 올라프 숄츠 독일 총리는 미국과 러시아를 분주히 방문해야
만 했다.

독일은 재생에너지 선두 국가 중 하나이다. 2020년 온실가스
배출량은 1990년 대비 42.3퍼센트나 감소했다. 여기에는 성공적
인 에너지 전환이 큰 역할을 했다. 전력 소비량 중 재생에너지 비
중은 46퍼센트를 넘어섰고, 1차 에너지 소비량 대비 재생에너지
비중은 17퍼센트에 달했다. 재생에너지는 석유(34퍼센트)와 천연
가스(27퍼센트)에 이어 세 번째로 큰 에너지원이었고, 석탄(16퍼센
트)과 원자력(6퍼센트)보다 더 많은 비중을 차지했다. 우크라이나
사태는 독일이 얼마나 천연가스에 목을 매는지를 역설적으로 보
여주었다.

독일이 재생에너지 정책을 강력하게 추진할 수 있었던 배경
에는 러시아까지 직접 연결된 노르트 스트림Nord Stream 가스관이
크게 작용했다. 러시아 북서부 비보르크에서 출발해 발트해의
해저를 지나 독일의 루프민까지 연결되는 1200킬로미터의 노
르트 스트림 1 가스관은 매년 550억 세제곱미터의 천연가스를
독일에 공급한다. 한 해 독일에 필요한 천연가스의 절반에 가까
운 양이다. 독일은 값싼 러시아산 가스를 추가로 공급받기 위해
러시아 북서부 우스트루가에서 루프민까지 연결되는 새로운 가
스관의 건설을 시작했다. 2018년부터 시행한 대공사는 완료된
후 허가가 떨어지기만을 기다렸다. 그런데 우크라이나-러시아

전쟁이 발발하면서 노르트 스트림 2 가스관은 가동이 불투명해졌다.

석유의 시대를 가능하게 했던 것은 석유 공급망 전체에 미치는 미국의 강력한 군사력이었다. 반면에 러시아에서 출발한 가스관에는 미국의 군사력이 미치지 못했다. 원자력 발전을 멈추고 석탄발전소를 폐쇄하면서 시작된 독일의 에너지 전환은 러시아에 의존한 천연가스 공급망에서 취약성을 드러냈다. 반면에 치솟은 유가와 천연가스 가격 덕분에 미국 에너지 업계는 큰 이익을 남겼다. 화석연료의 시대가 쉽게 저물지 않으리라는 사실을 전 세계인들에게 각인시킨 것이다.

미래의 전력망, 마이크로그리드

우리나라는 뛰어난 전력망 덕분에 세계적으로 전기 품질이 우수한 나라에 속한다. 그리고 어지간해서는 정전을 겪지 않는다. 반면에 내가 라오스에 한동안 머물 때는 언제 전기가 나가도 이상하지 않게 느껴졌다. 수시로 정전이 되었고, 전압이 불안정해서 전자 기기는 고장 나기 십상이었다. 그런데 우리나라 사람들은 정전이 되면 큰일 나는 것처럼 반응한다. 마치 절대 일어나서는 안 되는 일이 벌어진 것처럼 호들갑을 떤다.

그런데 이것이 또 다른 문제를 만든다는 사실을 많은 사람이 알지 못한다. 모든 시설이 그렇듯이 시간이 지나면 전력망도 수리나 교체를 해야 한다. 대부분의 국가에서는 수리가 필요한 지역의 전력 공급을 중단하고 작업을 한다. 그런데 우리나라에서는 고압의 전기가 흐르는 상태에서 교체 작업을 하는데, 절대로 전기가 끊어지면 안 된다는 믿음을 충족해야 하기 때문이다. 이런 믿음 때문에 많은 전력 노동자가 감전 사고를 당한다는 것을 알면 좀 달라질까? 2016년부터 5년 동안 한국전력공사에서 일하는 노동자 32명이 사망했다.

우리나라의 전력망은 단 하나로 구성되어 효율적이기도 하지만 위험에는 취약하기도 하다. 만약에 전력 수요가 공급을 초과하면 전국이 동시에 정전될 위험이 있다. 한국전력공사에서는 이런 블랙아웃 상황을 막기 위해 전력 예비율이 일정 수준으로 떨어지면 강제로 일부 지역을 정전시키기도 한다.

그런데 말로만 듣던 블랙아웃이 2011년 9월 15일 실제로 일어났다. 그날 서울의 최고 기온이 31도를 올라가는 무더운 날로 전국 대부분의 지역에서 폭염 주의보가 발령된 상태였다. 블랙아웃의 원인으로 갑자기 늘어난 에어컨이 지목되었지만 그 후의 정밀 분석에 따르면 몇 가지 우연이 겹치면서 발생했다는 사실이 밝혀졌다. 폭염기를 지나 일부 발전소가 정비를 위해 가동을 멈추었고 터빈 고장으로 하동 발전소가 갑자기 멈추는 우연이 겹쳤을 때 갑자기 폭염이 찾아오면서 블랙아웃이 일어났다.

우리나라의 전력망은 석탄화력발전소 60기, 원자력발전소 24기, 액화천연가스 발전소 4기 등이 하나의 전력망에 연결되어 있다. 앞으로도 전력 수요가 계속 증가할 것이기 때문에 발전소는 계속 지어지고 있다. 2050년 탄소중립 시나리오에서 전기 공급량은 현재 550테라와트시에서 1200테라와트시까지 늘어나는 것으로 설정되어 있다. 석탄발전소가 담당하는 부분을 재생에너지 발전소가 이어받아 전체 전력 생산량 대비 재생에너지 비율은 60퍼센트 이상으로 늘어나게 된다. 이를 위해서는 500기가와트 정도의 재생에너지 발전소가 추가되어야 한다. 풍력발전소가 일부분 담당하겠지만 대부분은 태양광발전소가 기존의 화력발전소를 대신할 것이다. 그리고 재생에너지의 간헐성을 극복하기 위해 액화천연가스 발전도 어느 정도 유지될 전망이다. 또한 재생에너지가 남아돌 때 전력을 저장할 수 있는 에너지 저장 시스템ESS과 수소 연료 전지 시스템도 도입되는 것으로 계획되어 있다. 여기서 이 담대한 계획을 실현할 수 있을지를 논하는 것은 아니다. 나역시 주변의 전문가들의 의견에 귀를 기울인다. 단지 이 말은 부연하고 싶다. 에너지가 바뀌면 모든 것이 바뀐다.

단 하나의 거대한 망으로 구성된 그리드grid라 불리는 전력 공급망은 재생에너지 시대에는 수많은 작은 그리드로 분산될 것이다. 이를 분산 전원망 또는 마이크로그리드라고 부른다. 산업통상자원부에서는 농촌형, 도시형 등 여러 유형의 마이크로그리드

시범 사업을 시작했다. 우리나라 산업화 시대를 이끌었던 전력 공급망은 대변화에 직면하고 있다. 기술적으로는 어려울 것이 없지만 엄청난 투자와 이를 안정화할 시간이 필요하다. 에너지 업계에서도 전통적인 일자리가 사라지고 재생에너지와 마이크로그리드 분야에서 새로운 일자리가 생겨날 것이다. 그리고 우리의 생활과 인식도 변할 것이다.

화석연료를 중심으로 움직이던 시절에는 발전소가 어디에 있는지 알지 못했다. 그런데 재생에너지 시대가 열리면서 누구도 발전소로부터 벗어날 수 없게 된다. 주차장, 건물 옥상, 공터, 주택 등 태양광을 설치할 수 있는 곳이면 어디든 태양광 패널이 설치된다. 그런데 여전히 문제는 남는다. 우리는 이런 변화를 정서적으로 받아들일 수가 있을까?

검은 연기에 뛰던 가슴은 검은 패널에도 뛸까?

울산 시내 중심에 있는 공업탑은 울산의 랜드마크이다. 마치 둥글게 선 다섯 사람이 모두 팔을 높이 들어 손을 모은 것 같은 형상의 콘크리트 탑 비문에는 박정희 전 대통령의 연설문이 비문에 새겨져 있다. 이 연설문에는 "빈곤에 허덕이는 겨레 여러분, 제2차 산업의 우렁찬 수레 소리가 동해를 진동하고 산업 생산의 검은 연기가 대기 속에 뻗어나가는 그날엔 국가민족의 희망과 발전이 이에 도래하였음을 알 수 있을 것입니다"라는 문구가 있다.

1962년 당시에는 검은 연기를 보면서 가슴이 뛰던 시절이었다. 그래서 우리의 현대화가 가능했는지도 모른다. 그렇지만 태양광 패널을 보면서 가슴이 뛸 국민은 얼마나 될까? 안타깝게도 우리는 좋아하기 때문에 태양광 패널을 까는 게 아니라 태양광이 깔린 상태를 좋아해야 할지도 모른다.

에너지가 변한다는 것은 모든 것이 변함을 의미한다. 우리 삶을 지탱하던 경제 시스템이 바뀐다는 것을 의미한다. 기업의 흥망성쇄와 일자리가 모두 달라진다는 것을 의미한다. 우크라이나-러시아 전쟁은 여전히 석유 시대가 아직 끝이 난 것은 아니라고 항변하는 듯하지만 이미 변화는 도처에서 일어난다. 전기 자동차를 만드는 테슬라는 뜨고 엑손모빌처럼 석유 시대의 거인은 저물고 있다. 과거의 에너지와 관련된 산업 일자리는 줄어들고 재생에너지와 관련된 일자리는 늘어난다. 그러니 화석연료 중심의 국가 발전 경로를 고집하는 것은 미래 세계에서는 낙오자가 될 가능성이 높다.

국제재생에너지기구가 2021년에 발표한 '재생에너지와 일자리' 보고서에 따르면 재생에너지 분야 고용은 2012년 약 730만 명에서 2020년 약 1200만 명으로 증가했다. 만약 2030년까지 이산화탄소 배출량을 2010년 대비 최소 45퍼센트 이상 감축하고,

2050년 탄소중립을 달성하는 경로를 따라갈 경우 2050년 재생에너지 분야의 고용은 약 4300만 명까지 늘어나는 것으로 추정되었다.

머지않은 미래에 에너지 수요 자체가 줄어드는 때가 오겠지만 그때가 오기 전까지는 재생에너지 문명으로 전환하는 노력이 계속될 것이다. 전 세계가 전기 공급 덕분에 누려왔던 풍요를 포기하지는 않을 것이기 때문이다. 반면에 전력이 주 에너지원으로 자리 잡고 에너지 효율을 높이는 기술이 폭넓게 적용되면서 전체 에너지 사용량의 증가율은 둔화될 것으로 예상된다. 이때가 되면 더 나은 미래를 살아갈까? 그렇지만 여기에는 빠진 것이 몇 가지 있다. 이렇게 에너지 전환이 성공적으로 마무리된다고 하더라도 우리가 지속 가능한 세계에 살고 있을지는 아직 확실하지 않다. 아직 해결해야 할 것이 많이 남아 있다. 이것이 내가 정말로 하고 싶은 이야기이다.

징검다리로 등장한 메탄

지구 복사에너지를 결정하는 것은 온실가스만이 아니다. 미세먼지, 연기와 안개, 분진 등도 영향을 미친다. 온실가스가 지구 복사에너지를 증가시켜 평균기온을 올린다면 미세먼지와 연기와 안개는 햇볕을 가려 지구를 냉각하는 작용을 한다. 그 효과로 지구 평균기온은 0.3도 정도 덜 상승했다.

그러면 화석연료를 사용하지 않아 대기가 깨끗해지면 무슨 일이 벌어질까? 예상한 대로 태양 복사에너지가 커져 온도를 올리는 작용을 할까? 그렇지만 이렇게 2차적으로 발생하는 효과까지 현재의 기후 모델에 반영될지는 아직 미지수이다. 이런 이유로 일부 기후 운동가들은 IPCC의 과학자들을 비난하기도 하고, 과학자들은 아직 증명되지 않은 사실을 기술할 수는 없다고 방어한다. 이렇듯 현재의 기후변화를 설명하는 기후 모델은 과학적 증명이 충분하지 못해 반영되지 않은 요소들이 다수 존재한다. 그중 하나는 2장에서 자세히 다룬 되먹임 작용이다.

현재 최선의 배출 시나리오를 적용하더라도 2040년 이전에 1.5도 이상 상승할 것은 명백하다. 아마도 빠르면 2030년대 초에 그 상황을 맞을지도 모른다. 그리고 이미 배출된 이산화탄소가 갑자기 사라지지도 않을 테니 당분간은 계속 온도가 올라갈 것이다. 주요 배출국들이 탄소중립을 달성하고 숲이 충분히 복원되어 대기의 이산화탄소가 줄어들 때까지 오랜 시간이 걸릴 것이기 때문이다.

1.5도의 지구를 막기 위한 노력 역시 진행되고 있다. 이번에는 이산화탄소가 아니라 메탄이 '중간 계투'로 등장했다. 미국과 유럽연합 중심으로 추진되는 메탄 감축 활동을 메탄 서약이라고 한다. 기후변화협약도 제대로 이행되지 않는 마당에 새로운 규

제를 도입하겠다는 계획은 국제적인 합의에 이를 가능성이 낮았다. 또 시급성을 고려하면 지루한 협상 테이블에 올리는 것도 마뜩치 않았을 것이다. 그래서 이 메탄 서약은 선진국들 중심으로 자발적인 참여에 기대고 있다.

이 시기에 왜 메탄일까? 좀 더 깊이 들어가 보자. 메탄의 온실가스 효과는 이산화탄소의 약 21배라고 한다. 그런데 20년의 기간을 놓고 온실효과를 평가하면 80배로 커진다. 이산화탄소는 대기 중에서 매우 안정된 분자로 존재한다. 즉, 식물이 광합성으로 흡수하거나 빗물에 씻겨 내려가지 않으면 대기 중에서 한없이 존재할 수 있다. 하지만 메탄은 불에 잘 타는 기체답게 다른 물질과 반응하거나 광화학 반응에 의해 비교적 쉽게 분해된다. 그래서 메탄이 대기 중에 머무르는 기간은 평균 9년 정도에 불과하다. 이런 특징 때문에 짧은 기간 내에 지구의 기온을 떨어뜨리는 데는 메탄만 한 것이 없다. 과학자들은 2030년까지 메탄의 배출을 30퍼센트 줄이면 지구의 평균기온을 0.3도 정도 낮출 수 있다고 계산했다. 메탄에게 1.5도를 지키기 위한 징검다리 역할을 기대하는 것이다.

메탄은 유기물이 축적된 습지처럼 자연 상태에서도 많이 발생한다. 그렇지만 자연 순환 경로에 있는 것은 논외로 하고, 인간 활동에 의해 추가적으로 배출되는 메탄을 줄이는 것이 중요하다. 그럼 우리가 7년 만에 메탄을 30퍼센트 줄이는 것이 가능할까? NASA에서 추적한 메탄 배출 지도를 따라가다 보면 유럽에서만 메탄이 줄어든다는 것을 알 수 있다. 미국은 메탄이 전체 온실가스 배출량의 10퍼센트 정도로 상대적으로 작은 양을 차지한다. 반면에 메탄을 가장 많이 배출하는 국가는 남미와 동남아시아, 러시아, 인도 그리고 중국이다. 미국과 유럽연합이 메탄 서약을 주도하는 것이 이해가 된다. 이런 상황을 볼 때마다 과학이 외교의 근간이라는 생각이 절로 든다.

물론 우리나라도 2021년 영국 글래스고에서 열린 기후변화 회의에서 글로벌 메탄 서약에 동참할 것을 약속했다. 그리고 약속을 하는 순간 선의는 부채로 바뀐다. 우리나라에서 메탄은 천연가스를 쓰는 에너지 산업과 폐기물 처리 과정에서 발생하기도 하지만, 가장 많이 배출하는 분야는 농축산업이다. 미국과 유럽연합이 끌어들이고 싶어 했던 인도, 러시아, 중국은 아직 메탄 서약에 참여하지 않았다.

지난 1000년 동안의 대기 중 메탄 농도 변화를 살펴보면, 산업혁명 이전까지 700피피비 수준으로 유지되던 메탄은 현재 1900피피비에 근접한다.

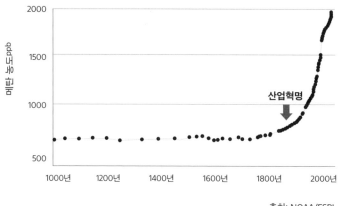

지난 1000년간 대기 중 메탄 농도의 변화

출처: NOAA/ESRL

농축산 분야의 메탄, 줄일 수 있을까?

온실가스 감축은 에너지 분야와 비에너지 분야로 크게 나눈다. 에너지 분야는 모두 재생에너지로 전환하는 것이 탄소중립의 큰 방향이다. 그런데 농업은 대부분 비에너지 분야로 구성되어 있다. 에너지 분야에서 배출되는 것이 이산화탄소라면, 비에너지 분야에서는 메탄과 아산화질소가 주를 이룬다. 미생물이 호흡할 때 발생하는 기체이다. 농업 분야에서 발생하는 메탄은 물에 잠긴 논과 소의 내장, 가축분뇨 처리 과정에서 혐기성 조건이 만들어질 때 발생한다. 혐기성 조건이란 산소가 거의 없는 상태를 가리킨다. 반대말은 호기성, 즉 산소가 많은 조건이다.

메탄을 줄이기 위해서는 혐기성 미생물이 증식할 수 없도록 호기성 조건을 만들거나, 배출원 자체를 줄여야 한다. 벼 재배에서는 혐기성 조건을 깨뜨려 혐기성 미생물이 활동하기 어렵게 만드는 방법을 이용한다. 벼가 자라는 기간 중 물이 많이 필요하지 않는 동안 논의 물을 빼서 밭 상태로 만드는 것이다. 기술적으로는 전혀 어렵지 않다. 80만 헥타르의 논에서 두 주 이상 논을 말려 주면 메탄의 발생이 절반 정도 줄어든다. 농민들이 논에 가서 논의 물꼬를 제때 조절해 주면 된다.

문제는 실현 가능성이다. 현실에서는 이것이 간단하지가 않다. 논의 개수가 많기 때문이다. 우리나라 논 필지 수는 대략 200만 개가 넘어간다. 농장주의 평균 연령은 67세를 넘었다. 현재의 관행을 벗어나 새로운 방식으로 논물을 관리할 것을 요청하기는 현실적으로 어려울 수밖에 없다. 그래서 자동적으로 물꼬의 높낮이를 조절하는 장치를 도입하는 노력도 하고 있다. 문제는 역시 비용이다. 대략 2조 원 정도의 비용이 들 것으로 예상되는데, 정책 의지와 비용 효율성이 관건이다. 기획재정부는 어느 정도의 예산을 논 물꼬 관리에 지원할까? 부처별 탄소중립 예산 확보 경쟁에서 스마트 논물꼬라 불리는 장치는 시급성과 효과성 측면에서 얼마만큼 설득력이 있을까?

소의 장내발효는 논에서 했던 것처럼 소의 위 속 환경을 호기성으로 바꿀 수는 없다. 따라서 메탄이 생성되는 생화학 반응을 억제하는 방식이 선호된다. 소에게 풀을 먹이지 않을 수는 없기 때문이다. 여기에는 해조류와 유기산 등 여러 사료 첨가제가 효과가 있는 것으로 나타났다. 그렇지만 농가 입장에서는 역시 이득이 없는 일이다. 대개 사료 첨가제는 성장이나 건강의 목적으로 사용하는데 저메탄 사료는 여기에 해당하지 않기 때문이다. 과연 농가들이 자발적으로 저메탄 사료 첨가제를 사용하게 할 수 있을까?

가축분뇨 처리는 앞에서 제시한 방법보다 조금 더 복잡하다. 가축분뇨의 발생량을 줄이거나 아니면 처리 방법을 바꾸어야 한다. 그렇지만 가축 사육 두수를 줄이는 것은 축산농가들이 자발적으로 받아들일 가능성은 높지 않다. 다른 하나는 가축분뇨의 처리 방법을 바꾸는 것이다. 지금까지 90퍼센트의 가축분뇨는 퇴비화와 액비화 방법으로 처리했다. 그런데 이 중 약 30퍼센트 정도를 바이오가스 생산이나 폐수처리 방식으로 바꾸는 것이다. 물론 이것이 가능하려면 일단 가축분뇨 처리 시설의 설치를 위한 엄청난 예산이 필요하다. 예산을 확보하더라도 시설이 들어설 마을 주민들의 동의를 구하는 일은 더 어렵다. 지금까지 바오이가스 발전소를 설치하려던 노력은 인근 지역 주민들의 반대에 막혀 무산되기 일쑤였다. 과연 어떤 조건이 되면 주민들이 동의해 줄까?

메탄 서약을 지키기 위해서는 2030년까지 농축산 분야에서도 메탄 배출을 30퍼센트 이상 줄여야 한다. 사료 첨가제는 여전히 검증 중에 있고, 새로운 형식의 가축분뇨 처리 시설은 주민 합의를 도출하는 데만 몇 년이 소요된다. 그리고 논을 가진 농민들이 정부의 가이드라인에 맞게 논물을 관리하도록 해야 한다. 이뿐만 아니라 이렇게 줄어든 메탄을 온실가스 인벤토리에 반영하기 위해서는 새로 적용된 방법론에 사용할 배출 계수를 개발하고 인벤토리에 반영하기 위한 통계 기반을 구축해야 한다. 이 모든 것을 동시에 7년 안에 해야 한다. 물론 여기에 사용될 예산은 충분하다는 조건하에서이다. 이제 우리가 국제사회에 무슨 약속을 했는지 실감이 날지 모르겠다.

늙어가는 산림

영급이란 나무의 나이를 10년 단위로 구분할 때 사용하는 용어이다. 예를 들면 1영급은 1~10년 사이의 나무로, 2영급은 11~20년, 3영급은 21~30년 사이의 나무를 가리킨다. 이 영급은 숲을 구성하는 나무의 성숙도를 나타낼 때 유용하다. '4영급의 숲'이라고 하면 31~40년 사이의 나무가 주를 이루는 숲을 의미한다. 그런데 영급이라는 용어는 '영급 구조 개선'이라는 표현으로 자주 사용된다. 이것이 무슨 의미인지를 이해한다면 임업계에서 벌어지는 많은 일을 파악할 수 있다.

그 용어를 알기 전에 벌기령이라는 단어부터 알아보자. 벌기령은 나무가 용재로 사용할 수 있는 기간에 도달하는 영급을 의미한다. 이 벌기령은 나무의 수종에 따라 다르지만 목적에 따라서도 차이가 난다. 나무가 생리적으로 한계에 다다라 고사할 때, 목적하는 용도의 크기만큼 성장했을 때, 그리고 경제성이 가장 높은 때 등 최적의 벌기령은 바라보는 관점에 따라 달라진다. 자연환경의 보존을 중요하게 생각하는 환경 운동가는 생리적 벌기령을 지키고 싶을 것이고, 산주의 입장에서는 경제적 수익을 최대화할 이재적 벌기령을 추구할 것이다. 반면에 금강송처럼 문화재의 증축과 보수에 사용되는 목재는 공예적 벌기령을 적용할 것이다. 이 외에도 산림의 순 수확을 가장 크게 할 수 있는 주벌령적 벌기령도 있다.

이렇게 나무를 언제 베야 적당한지를 결정하는 것은 의외로 쉽지 않다. 정부의 입장, 산주의 입장, 환경 운동가의 입장이 서로 다를 수밖에 없다. 요즘 들어서는 산림의 탄소 흡수원 역할이 중요해졌다. 이것은 우리나라에만 국한된 문제가 아니라 전 세계가 함께 고민하는 의제이다. 지구온난화를 멈추고 대기 중의 이산화탄소 농도를 다시 예전으로 되돌리는 것은 나무가 거의 유일하기 때문이다. 나무는 한 번 이산화탄소를 흡수하면 수십 년에서 수백 년 동안 목재 속에 고정할 수 있다. 결국 탄소중립 사회란 나무가 흡수할 수 있는 만큼만 이산화탄소를 배출하는 사회이기도 하다.

그런데 여기에도 맹점이 있다. 나무가 무한정 커지지는 않기 때문이다. 젊은 성장기의 나무는 빠르게 이산화탄소를 흡수하지만 나무도 나이가 들어감에 따라 흡수하는 속도가 떨어지다가 노령화 단계에 이르면 흡수하는 양과 배출하는 양이 같아지는 시기가 온다. 숲이 이산화탄소를 얼마나 흡수할지 판단할 때이 영급 구조 분석이 사용된다. 1970년대만 해도 우리나라는 산에 나무가 거의 없는 민둥산이 대부분을 차지했다. 그런데 지금은 어디를 가나 숲이 울창하다. 식목일을 제정하고 전 국민이 나무 심기에 참여한 덕분이다. 그러다 보니 우리나라 숲의 대부분은 4영급의 나무가 절반을 차지한다.[11] 2050년이면 우리나라 산림의 76퍼센트 정도가 6영급 이상이 차지하게 된다.

6영급의 나무도 성장을 계속하지만 임목의 축적 속도는 현저히 떨어진다. 이에 따라 이산화탄소를 흡수하는 양 역시 줄어든다. 2020년 4250만 톤의 이산화탄소를 흡수하던 우리나라의 숲은 2050년에는 1390만 톤까지 줄어들 것이다. 여기에는 다른 문제도 녹아 있다. 1970년대부터 조림에 사용한 나무는 아까시나무, 낙엽송, 잣나무, 리기다소나무 등이 주를 이루었다. 아까시나무는 콩과 식물로 척박한 토양에 잘 자랐으며 양봉의 밀원으로 환영을 받았다. 낙엽송은 20년 정도만 자라면 목재로 쓸 수 있었다. 잣나무는 유실수로, 리기다소나무는 황폐한 토양에 잘 자라서 우리나라 산림을 울창하게 했을 뿐만 아니라 홍수와 산사태를 방지하는 데도 크게 기여했다. 우리나라 숲 640만 헥타르 중

170만 헥타르가 이와 같은 나무들로 심어졌다. 이렇게 단순하게 구성된 수종은 산림 녹화에는 효율적이었지만 또 다른 문제를 잉태했다. 수종이 단순해지면 병해충 발생에 취약하고 산불이 발생했을 때 진화가 어려웠다. 더군다나 이 수종들을 큰 나무로 키울 수는 없었다. 오늘날 우리나라 산림이 가진 대부분의 문제는 급격한 조림 사업에서 일어났다. 그러면 더 좋은 대안이 있었을까? 지금의 시각으로 바라보면 아쉬움이 남을 수밖에 없지만 그 당시의 여건을 고려하면 그럴 수밖에 없었다는 것이 일반적인 평가이다. 우리나라의 산림 경영은 이제부터가 시작인 것이다.

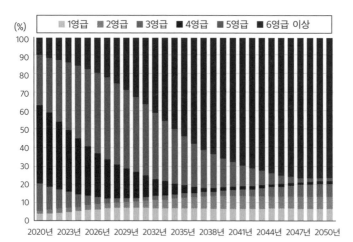

산림의 영급별 면적 비율 전망

출처: 국립산림과학원

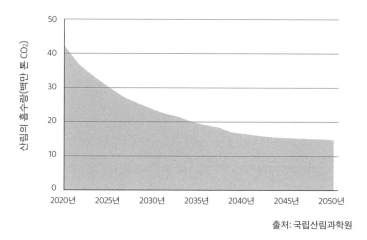

산림의 이산화탄소 흡수 전망

출처: 국립산림과학원

논쟁의 중심에 선 산림 경영

2021년은 산림계가 크게 홍역을 치른 해였다. 지금까지 우리 나라는 산림녹화에 가장 성공한 국가라는 칭찬을 받았다. 산림 계는 그런 칭찬에 익숙했다. 사실 산림계가 만들어놓은 울창한 숲과 휴양림은 국민의 찬사를 받을 만했다. 그러다가 갑자기 환 경을 파괴하는 악당으로 비난을 받자 산림계가 발칵 뒤집혔다.

사건은 한 시민 기자의 기고로 시작되었다. 그런데 그냥 지나 갈 수도 있었던 이 작은 사건이 주요 언론사에서 이슈화하면서 걷잡을 수 없이 커졌다. 인터넷 언론사의 기고는 주요 언론사를 거쳐 방송국의 탐사 프로그램에까지 등장했다. 이것이 그 만한 사안인지 의아해서 그 배경을 추적하다 보니 결국 탈원전 선언과 마주치게 된다. 이렇게 이야기가 확대 재생산되었다.

정부는 원자력 발전을 축소하면서 재생에너지의 생산을 늘리는 정책을 지속적으로 펴왔다. 탈원전 선언을 보완하기 위해 농지에는 태양광발전소가 들어섰고 산에서는 나무를 베어내고 풍력발전소가 들어섰다는 플롯이 만들어졌다. 결국 지난 반세기 동안 어렵게 키운 나무를 베어낸 것은 정부의 탈원전 정책 때문이라는 스토리가 완성되었다. 산림계는 평소처럼 해오던 일을 열심히 했을 뿐인데 갑자기 왜 이러는지 어리둥절할 수밖에 없었다.

이 문제에 대해 논의할 자리가 만들어졌다. 농특위 탄소중립위원회의 요청으로 급하게 마련된 토론회는 오송역 인근 작은 회의실에서 열렸다. 나 역시 농특위의 위원으로 참석했다. 회의장에 들어섰을 때 심상치 않은 분위기가 느껴졌다. 공공과 민간, 그리고 학계까지 산림계 대표자들이 거의 다 참석한 듯했다. 얼마나 많은 충격을 받았을지 그 분위기가 그대로 전해졌다. 지난 경험에 비추어 어떤 일들이 일어날지 상상이 되었다. 마음이 무거웠다. 그럼 왜 이런 일들이 일어났는지 한번 살펴보자.

2021년초 국립산림과학원에서는 국가 온실가스 감축 수단으로 산림 탄소 흡수원을 포함하고, 2030년 국가 온실가스 감축 목표NDC(각 국가가 자발적으로 결정한 2030년까지 온실가스 감축 목표)를 달성하기 위해 산림 경영률을 높이겠다는 계획을 발표했다. 2019년까지 53퍼센트 정도에 불과한 우리나라 산림 경영률을 2030년까지 90퍼센트로 높여야 한다고 제안했다. 2030년 산림 탄소흡수원 감축 목표인 2200만 톤을 달성하기 위해서는 꼭 필요했기 때문이다. 결론적으로 이것이 가능하려면 산에 임도를 설치하고, 숲 가꾸기와 수종 교체 같은 사업을 추진해야 하니 예산 좀 지원해 달라는 내용도 들어 있었다. 산림청 사람들이 닮고 싶어 하는 산림 경영 선진국인 독일을 따라가려면 반드시 필요한 일이었고, 평소와 크게 다르지 않은 보도자료였다.

그런데 농촌과 산지에 무분별하게 들어선 태양광과 풍력 발전소를 바라보는 환경 운동가의 눈에 이것이 곱게 보일 리는 없었다. 국민 정서 역시 크게 다르지 않았다. 황금 들판과 푸른 숲이 검은 태양광 패널로 덮이는 것을 원하는 사람은 없었다. 여기에는 산림 경영에 대한 이해 부족도 크게 작용했다. 우리나라 산의 3분의 2는 민간이 소유한다. 산주는 나무를 가꾸어 경제적 이익을 얻고 싶어 하는 것이 당연하다. 이것을 위해서 수십 년 동안 나무를 심고 가꾼다. 그리고 그 혜택은 국민 모두가 누린다. 그렇기 때문에 정부에서도 산주들이 나무를 심을 때 지원해 준다. 그럼에도 불구하고 산주의 경제 활동에 대해 우리의 시각은 차갑기만 하다.

주제 발표는 나와도 오랜 인연이 있는 산림 인벤토리 전문가

배재수 박사가 맡았다. 배재수 박사는 산림 분야의 현황과 정책 방향에 대해 발표했다. 우리나라 산림의 영급 구조의 문제점과 산림 백년대계를 위해 거쳐가야 할 과정에 대한 설명은 충분히 설득력이 있었다. 우리나라 산림과학계가 얼마나 정밀하게 산림을 분석하고 연구하는지를 알 수 있었다. 주제 발표가 끝난 후 농특위 탄소중립위원회 김현권 위원장의 사회로 토론이 이어졌다.

토론 중 인상적이었던 표현은 "멸치를 아무리 키워도 고등어 되는 게 아니다"였다. 우리가 울창한 숲을 가지고 싶다면 땅심을 북돋고, 임도를 만들고, 수종과 영급 구조를 다양화하도록 베어 내고 다시 조림해 나가야 한다. 단지 베어낼 때 환경 부하가 일어나지 않도록 지역별 분배와 적절한 속도를 유지하는 것이 중요하다. 어떤 부분이던 전환 과정에서는 불편한 부분도 눈에 띌 수밖에 없다. 세상은 완벽하지 않다. 우리는 지난 50년 동안 '나무를 심자'는 캠페인에 집중했다. 산림계에서는 산림 경영을 통해 독일과 같은 임업 선진국을 꿈꾸었지만, 산림 경영의 시작이 나무 베어내기라는 것을 국민에게 이해시키지는 못했다. 나무 심기만을 강조해 온 지난 시대의 유산에 발목이 잡힌 듯했다.

넷플릭스에서 다큐멘터리 〈빅팀버: 제재소를 지켜라〉를 재미있게 보았다. 캐나다에서 제재소를 운영하는 가족의 이야기로, 거대한 삼나무 숲을 베고 도시로 실어내는 험난한 과정을 담았다. 시간이 순식간에 지나가는 느낌이 들 만큼 흥미진진했다. 거대한 기중기가 수백 년 된 거목을 끌어당기는 장면 속에서 산림대국 캐나다의 위용을 어렴풋이나마 엿보았다. 반면에 우리나라 벌채 현장을 가끔 볼 때가 있다. 굴착기가 산비탈을 위태롭게 다니면서 경사가 심한 산을 헤집는 모습이었다. 많이 불편해 보였다. 왜 그렇게밖에 할 수 없는지 이해되었다. 우리도 언젠가는 그보다는 더 잘하는 날이 올 것이다. 그런데 시간이 필요하다. 나무가 자라는 시간만큼 더 많은 시간이 필요한 것이다.

우리나라 산은 대부분 30~40년 전후의 영급 구조를 가진 산림으로 구성되어 있다. 이것은 생태적 다양성 측면에서 바람직하지 않다. 나무도 속성수 중심이라 가치도 크지 않다. 땅이 충분히 비옥하지 못해 척박한 토양에서도 잘 자라는 나무 위주로 심었기 때문이다. 지금은 다르다. 산을 가다 보면 두터운 유기물 층이 선명하게 드러나 보인다. 보존해야 할 숲과 가꾸어야 할 숲도 잘 구분되어 있다. 우리는 산림 보호만큼은 잘하고 있다. 그리고 토론을 통해서 나 역시 몰랐던 임업의 여러 측면도 이해할 수 있었다. 벌채의 경제구조가 특히 흥미로웠는데, 벌채 과정에서 임도가 만들어져 산림에 대한 접근성이 개선되는 것이 중요하다는 사실도 새롭게 알게 되었다. 다음 단계의 산림 경영으로 나갈 기반이 작게나마 닦여지는 것이다.

그 배경이 어떠하든 간에 산림청이 추진하는 영급 구조 개선과 목재 자급률을 높이기 위한 노력은 꽤 큰 영향을 받을 것처럼 보였다. 산림청은 현재와 같은 상황이 유지될 경우 우리나라 산림의 지속성이 떨어지리라고 우려한다. 총 임목 축적량은 계속 증가하지만 순 임목 생장량은 계속 감소하면서 산림의 탄소 흡수원 기능은 크게 감소한다. 산림의 온실가스 흡수량도 2050년이면 절반으로 떨어지지만, 영급 구조를 개선하지 않으면 그 이후에도 계속 줄어들 수밖에 없다. 그만큼 이산화탄소 배출을 더 줄여야 한다는 의미이다.

토론을 마치고 돌아오면서 이런 바람도 들었다. 임업인들이 의기소침하지 말고 하던 일을 더 잘해주었으면 하는 마음이다. 오히려 산을 잘 가꿀 수 있는 임도를 만들고 벌채 장비를 현대화해 산림에 더 작은 영향을 주도록 많은 지원이 있었으면 했다. 임업인들은 어려운 여건 속에서도 우리 숲을 이만큼 가꿔온 사람들이다. 숲은 그들이 가꿔가지만 그 혜택은 모두가 누린다. 농업도 혁신적인 기술이 접목되지 않으면 지속 가능하지 않듯이 산림 역시 마찬가지이다. 작은 시행착오에 같이 주저앉기보다는 더 나은 산림을 만들어가도록 용기를 주고 싶다.

산불, 기후변화의 결과이자 원인

2022년의 봄은 금강송의 비명 소리가 들리는 듯했다. 3월 4일

시작된 산불은 우리나라 금강송의 4분의 1이 있는 울진군 응봉산 금강송 군락지를 불태우고 산양의 서식지를 파괴했다. 강한 봄바람의 영향으로 9일 동안 여의도 면적의 72배를 태웠다. 결국 봄비가 내려서야 겨우 불길을 잡았다. 1986년 집계를 시작한 이래 가장 긴 기간 동안 이어진 산불이었다. 산불이 발생한 초기에는 초속 20미터가 넘는 강풍에 소나무들이 땔감 역할을 하면서 빠른 속도로 번졌다. 소방 헬기 87대가 동원되었지만 결국 불길을 잡은 것은 봄비였다. 이렇게 산불을 잡기 어려웠던 이유로 유난히 가물었던 날씨가 지목된다. 12월부터 2월까지의 전국 평균 강수량은 13.3밀리미터로 평년 89밀리미터 대비 15퍼센트에 그쳤다. 기상청이 관측을 시작한 1973년 이래 가장 가물었던 겨울이었다.

지구 평균기온이 올라가면서 산불의 발생 빈도와 강도가 강해지는 것은 세계적인 추세이다. 2021년 7월 미국 캘리포니아에서 발생한 산불은 서울의 6배가 넘는 면적을 불태웠다. '딕시'라는 별칭이 붙은 이 산불은 삼 개월 동안 계속되었다. 캘리포니아의 산불은 보통 여름에서 가을로 넘어가는 9~10월에 집중되었지만, 이제 산불은 더 빨리 시작되어 더 늦게까지 이어진다. 캘리포니아 소방국장은 "우리는 이제 '산불 시즌'이라고 부르지도 않습니다. 산불이 연중 계속되고 있으니까요"라고 말한다. 우리나라 역시 다르지 않다. 3~4월 봄철 동안 집중되던 산불은 이제 2~5월

3장 한국은 탄소중립 약속을 지킬 수 있을까?

로 확대되었다.[12]

기온이 올라가면 증발량이 많아져 토양은 더 건조해지고, 물의 순환이 바뀌면서 겨울 동안 비가 더 적게 내린다. 모두가 기후 변화를 원인으로 지목한다. 그런데 산림은 거의 유일한 이산화탄소 흡수원이다. 이렇게 대형 산불이 계속 발생하면 수십 년간 대기로부터 격리해 왔던 이산화탄소가 한순간에 다시 대기로 배출된다. 이렇게 높아진 대기의 이산화탄소 농도는 지구의 복사 에너지를 증가시켜 평균기온을 다시 상승시킨다. 점점 더 많은 지역이 산불의 위험에 노출된다. 양의 되먹임 작용이 여기서도 작동한다.

우리나라에서는 임목 축적량을 높이는 것도 중요하지만 일단 산림이 5~7년마다 대형 산불로 소실되는 것을 막는 일이 무엇보다 중요하다. 이것을 가능하게 하기 위해서는 산불에 대비한 산림의 관리가 필요하다. 지구 평균기온이 더 올라가면 산불의 발생 빈도는 늘어날 수밖에 없다. 그렇지만 그 피해를 줄일 수는 있다. 화재에 취약한 침엽수림 중심의 산림에 활엽수 지대를 두어 산불이 나더라도 그 피해를 최소화하는 노력이 필요하다. 그리고 임도를 거미줄처럼 만들어 산림 경영을 가능하게 하고 산불의 진화도 효과적으로 하도록 해야 한다. 이것이 가능하려면 결국 나무를 베어내고 다시 심어야만 한다. 이번에는 더 경제성이 높은 나무, 더 크고 울창한 숲을 만들 수 있는 나무로 바꿔가야 할 것이다. 그리고 목재의 이용에도 더 많은 관심이 필요하다. 나무로 집을 지으면 그 목재는 집을 다시 지을 때까지 탄소를 보유하게 된다. 우리가 목재를 더 잘 활용할수록 숲은 화재로부터 더 안전해지고, 기후변화도 되돌릴 수 있다. 2011년 제17차 기후변화협약 당사국총회에서 '수확된 목제품(산림에서 수확되고 산림 밖으로 운송되어 재료 또는 연료로 사용되는 모든 목재 기반 물질)'이 국가의 산림 탄소 계정에 포함되도록 했다. 목재를 적극적으로 활용하는 산림 경영이 결국 이산화탄소의 배출을 줄이는 데 도움이 되기 때문이다.

식량 공급망의 안정화와 지속 가능성

우리나라는 곡물자급률은 20퍼센트, 식량자급률은 46퍼센트 정도 된다. 우리나라 농업이 만들어내는 부가가치는 30조 원쯤 되지만 수입하는 농식품은 40조 원을 넘어간다. 패트릭 웨스트호프의 저서 《식량의 경제학》에서는 한 나라의 식량 공급 구조를 고립형과 개방형으로 나눈다. 대부분의 식량을 자국에서 조달하면 고립형, 다른 나라로부터 도입하는 것이 우세하면 개방형 식량 구조로 분류한다. 이 관점에서 보면 우리나라는 완전 개방형 식량 공급 구조를 가진 국가에 속한다. 즉 우리나라의 식량 안보는 국내 공급망의 유지만큼 해외 공급망의 안정성도 중요하다는 의미이다. 개방형과 고립형 식량 구조 모두 장단점이 있다. 국가별로 인구수, 경지면적, 기후대, 지리적 위치 등이 모두 다른 만큼 각 국가에 맞는 식량 공급 구조를 갖추는 것이 중요하다.

지구 평균기온이 1도 올라갈 때마다 세계 주요 곡물 생산량은 3~7퍼센트 정도 감소하는 것으로 추정된다. 작물 종류와 지역에 따라 생산량의 증감이 다르게 나타나지만 평균적으로 그렇다는 뜻이다. 그렇지만 증가하는 인구를 부양하려면 매년 2~3퍼센트의 식량 증산이 필요하다. 지구온난화로 작물의 생육 조건이 불리해지는 환경 속에서 2050년까지 35퍼센트의 식량을 더 생산해야 한다. 여기에는 다음과 같은 전제 조건이 부과된다.

- 농경지를 늘리지 않는다.
- 농업에서 발생하는 온실가스를 줄인다.
- 생물 다양성은 증가시킨다.

우리는 식량 생산을 늘리기 위해서 더 많은 농경지가 필요하다고 생각하는 경향이 있다. 그런데 꼭 그렇지 않다. 농경지로 개발할 수 있는 거의 모든 땅은 이미 작물 생산에 사용되고 있다. 추가로 개발되는 지역은 아마존과 동남아시아의 열대우림 지역이 대부분을 차지한다. 새로 개발된 땅의 대부분은 소를 방목하고 사료용 대두를 재배하고 팜유를 생산한다. 더 이상 숲을 훼손하기보다는 오히려 복원을 통해 지구의 기후를 안정시키는 것이 세계의 식량 안보에 더 큰 도움이 되는 것이 분명하다.[13]

기존의 농장에서 생산성을 높이는 일도 중요하다. 1960년부터 시작된 녹색혁명은 우수한 품종, 비료의 사용, 관개 기술과 농기계 사용을 통해 아시아와 남미의 농산물 생산량을 획기적으로 증가시켰다. 그렇지만 아직 아프리카, 남미, 동유럽은 낮은 생산성에 머무는 곳이 많다. 상대적으로 생산성이 떨어진 지역에서 첨단 정밀 농업과 유기농업 기술을 적용해 농업 생산성을 몇 배는 더 높일 수 있는 가능성이 아직 남아 있다. 그 외에도 물과 비료 등 자원 사용 기술을 최적화함으로써 환경 부하는 줄이고 생산성을 높일 수 있다. 우리가 스마트 농업이라고 부르는 농업기술이 추구하는 방향이다.

그럼에도 불구하고 농업 생산성을 높이는 것만으로는 90억 명이 넘어가는 사람들에게 충분한 영양을 공급하는 것은 여전히 어렵다. 칼로리 기준으로 전 세계 작물 중 55퍼센트 정도만 사람들이 직접 섭취하고, 36퍼센트는 가축의 사료로 사용되고, 약 9퍼센트는 바이오 연료와 산업 원료로 사용된다.

우리가 곡물 대신 육류를 섭취할수록 식량을 확보하기는 어렵다. 예를 들어, 사료로 곡물 100칼로리를 먹은 돼지를 섭취했을 때 우리는 100칼로리를 온전히 얻는 것이 아니라 10칼로리만 얻는다. 즉, 곡물 100칼로리당 우유는 40칼로리, 달걀은 22칼로리,

닭고기 12칼로리, 소고기는 3칼로리만 얻을 수 있다. 만약 축산의 생산성을 높이고 육류의 소비를 줄인다면 상당한 양의 식량을 확보하게 된다. 개발도상국의 소득이 증가하는 것을 고려하면 세계의 육류 소비량은 증가할 수밖에 없다. 이미 육류를 많이 소비하는 선진국을 중심으로 육류 중심의 단백질 공급원을 바꾸려는 움직임이 일어나는 것은 어찌 보면 당연한 수순이다.

그다음으로 중요한 것은 폐기되는 식품을 줄이는 것이다. 전 세계에서 소비되는 식품 중 칼로리 기준 25퍼센트, 무게 기준 최대 50퍼센트가 소비되기 전에 손실된다. 가난한 나라에서는 저장과 운송 시스템이 부실해서 대부분의 문제가 발생하고, 선진국에서는 남은 음식물이 문제이다. 유럽의 새로운 공동농업정책 CAP인 팜투포크farm to fork(생산, 가공, 유통, 폐기 네 단계에 이르는 전 과정에서 효율성을 높이는 것을 목적으로 하는 유럽의 농업 정책)에서도 가장 중요하게 다루는 것이 음식 폐기물을 줄이고 폐기물을 재활용하는 비율을 높이는 것이다.

농업은 기후변화의 피해를 가장 직접적으로 받으면서 또한 그 기후에 영향을 크게 끼치는 산업 중 하나이다. 우리나라 농림수산업의 온실가스 배출 비중은 3.4퍼센트에 불과하지만 세계로 시야를 넓히면 농업과 토지이용 변화는 그 비중이 24퍼센트까지 늘어난다. 더 이상 환경에 부하를 주지 않으면서 농업 생산성을 높이는 것이 무엇보다 필요해졌다. 농사 짓는 방법, 낭비되고 버려지는 식품을 줄이는 방법, 숲과 토양 탄소 흡수원을 관리하는 방법까지 농업에서도 많은 변화가 필요하다. 이 외에도 농업은 생물 다양성 향상, 필수 영양소의 공급, 세계 식량 안보 향상, 농민과 농업 공동체의 유지 등이 탄소중립과 동시에 추진되어야 한다. 이 때문에 농업을 탄소중립 시대를 열어갈 핵심 분야로 보기도 한다.

우리 농업의 탄소중립

우리 농업은 전형적인 개발도상국 농업 구조와 선진국형 지원 제도를 동시에 지녔다. 농가의 규모는 겨우 1헥타르를 넘어가고, 70퍼센트 농가의 농업 소득은 1000만 원에 미치지 못한다. 그런데 농민들에 대한 직접 지원 제도와 산업 지원 정책은 비교적 잘 갖추어져 있다.

우리나라 농업은 심각한 지속 가능성의 위기에 직면했다. 베이비부머 시대 동안 연간 100만 명이 넘게 태어나던 신생아는 현재는 30만 명에도 미치지 못한다. 1960년대 초반에 태어난 세대는 100만 명이 넘었을 뿐만 아니라 농촌에 대한 기억을 공유하고 있다. 따라서 은퇴와 함께 농촌으로 귀농 또는 귀촌이 비교적 활발하다. 많은 지자체에서는 인구를 유지하기 위해 귀촌 정책을 강하게 펴고 있다. 지금은 비교적 귀농과 귀촌의 성과가 나타났지만 앞으로 10년 후가 되면 이 흐름도 급격하게 약화될 수밖에 없다. 1970년대 중반부터 신생아 수가 90만 명 이하로 급격하게 떨어졌고, 농촌에 대한 기억도 옅어지기 시작했다. 그리고 은퇴자 중심의 귀농은 농촌 인구가 급격하게 줄어드는 상황을 완화했지만 농촌의 고령화와 공동화까지 막지는 못했다. 농장주의 평균 연령은 67세를 넘었고, 40세 이하 농업인은 1퍼센트 내외에 불과하다. 농촌의 고령화가 심화되면서 새로운 농업 기술에 대한 투자도 둔화되었다.

또 하나의 흐름은 소득 중심의 농업이 증가하고 있다는 사실이다. 농촌으로 새롭게 유입된 청년농은 시설 하우스 중심의 원예농업에 치중하고 있다. 단위면적당 소득이 높기 때문이다. 정부 역시 농업의 미래가 충분히 밝다고 청년들에게 강조하고 이를 부추긴다. 이런 흐름은 식량 작물 재배 면적을 줄여 식량자급률을 떨어뜨리는 요인이 되고, 농업 에너지 사용량은 늘리는 방향으로 움직이게 했다. 이런 추세를 어떻게 받아들여야 할까? 농업뿐만 아니라 우리나라 전반에서 기후 위기 대응 정책 목표와 실행 방법의 불일치는 심각하게 일어나고 있다.

왜 이런 모순된 상황이 발생하는지는 충분히 이해가 가능하다. 농가당 경작 규모가 작으면 충분한 소득을 얻기 어렵다. 기존 고령의 농민들은 직접지불제도(직불제)와 자녀들의 지원 등으로 적은 농업 소득에도 불구하고 농촌에서 충분히 지낼 수 있었지만 청년농은 농지 구매와 시설 투자에 들어간 융자 비용을 갚아야 하니 기존 농민들과 접근 방법이 다를 수밖에 없다. 그래서 결국 단위면적당 소득이 높은 시설 원예에 치중하게 된다. 그럼에도 불구하고 청년농의 유입을 통해 기존 농가를 대체하기는 어렵다. 결국 베이비부머의 끝 세대가 은퇴하는 10년 후부터는 농촌 인구는 급격하게 감소할 수밖에 없다. 농촌은 외국인 노동자 없이는 농사가 어려운 지경에 이르렀다. 예전에는 마을 주민들이 서로 농사일을 품앗이로 해결했지만 이제는 고령화로 그마저도 어렵게 되었기 때문이다.

이런 조건에서 어떻게 우리나라의 식량자급률을 높이고 기후위기에 슬기롭게 대처하면서 탄소중립이라는 미션을 완수할 수 있을까? 분명 어려운 과제일 수밖에 없다. 그렇지만 농업 온실가스 인벤토리를 살펴보면 농업 분야에서 온실가스 감축 목표 달성이 그리 어려운 일만은 아니라는 것을 알 수 있다. 농가의 경영 규모와 수입 구조를 고려할 때 어떻게 참여 동기를 만들어낼 것인지의 문제는 남는다.

결국 농업의 탄소중립은 가축분뇨 처리에서 결정될 가능성이 크다. 소의 저메탄 사료 첨가제는 국제적인 과학기술 발전의 흐름을 따라가면서 해결될 가능성이 높다. 논물 관리는 시간이 걸리겠지만 선택형 직불제와 농업 인프라 투자를 통해서 점진적으로 개선될 것이다. 그렇지만 농업 분야에서 60퍼센트 이상의 온실가스가 발생하는 축산은 큰 도전에 직면할 수밖에 없다. 첫 번째 이유는 우리나라 축산 농장의 밀도가 높은 데서 기인한다. 이 역시 작은 면적에서 높은 소득을 얻고자 하는 농가와 축산 자급률 향상이라는 정책과 잘 맞았기 때문이다. 현재 퇴비화와 액비화 중심의 가축분뇨 처리에서 바이오가스 발전, 고체연료 또는 바이오차biochar 생산, 폐수처리 공정을 통한 가축분뇨 처리 등이 검토되고 있다. 어느 것 하나 만만하지 않다. 그중 가장 어려운 난제는 태양광발전소와 마찬가지로 새로운 가축분뇨 처리 시설이 들어설 지역 주민들의 동의를 구하는 일이다.

미래를 고려한다면 네덜란드와 덴마크 등 축산 선진국에서 추진하는 바이오 리파이너리 방식을 도입하는 것도 하나의 방법이다. 이 방식으로 가축분뇨에서 탄소는 메탄으로, 질소는 암모니아로 회수해 에너지와 비료 자원을 생산할 뿐만 아니라 폐수에서 인과 칼륨도 회수해 자원화할 수 있다. 우리나라에서 발생하는 가축분뇨는 연간 5500만 톤에 이른다. 가축분뇨에 있는 질소는 100만 톤에 이를 것으로 추정된다. 요소수 대란을 일으켰던 요소로 환산하면 200만 톤에 달한다. 1년에 우리나라가 필요한 요소는 요소수에서 8만 톤, 요소 비료에서 45만 톤 정도였다. 가축분뇨의 25퍼센트 정도만 바이오 리파이너리 방식으로 처리하면 요소의 국내 자급이 가능하다. 이 중 인산은 더 중요한데 인산비료의 원료가 되는 인광석은 대부분 아프리카에 분포한다. 그런데 이 인광석의 가채 연수는 30~300년 정도라고 추정한다. 인광석이 생산되는 지역이 대부분 기후 위기에 취약한 지역이라 수급에 문제가 생길 소지도 다분하다. 네덜란드와 덴마크가 왜 이 기술에 투자하는지를 보면서 선진국이 미래에 어떻게 대비하는지를 엿볼 수 있다.

딜레마, 우리는 탄소중립에 도달할까?

탄소중립에 대응하는 국내외 사례를 살펴보면서 우리는 과연 탄소중립에 이를 수 있을까라는 생각을 가끔 한다. 다른 많은 국가처럼 우리도 준비가 되지 않은 상태에서 탄소중립을 선언했다. 단기간에 탄소중립을 이루기 위한 방안을 제시했다는 것만으로도 의미 있는 성과라 하겠지만, 그것을 어떻게 이뤄갈지는 전혀 다른 문제이다. 아마도 올해부터 본격적으로 탄소중립을 위한 구체적인 계획을 정부 부처별로 수립할 것이다. 그리고 우리 사회에 얼마나 많은 변화를 초래하는지를 다시 한번 확인하면서 항상 그래왔듯이 또 다음 정부로 공을 넘길지도 모른다. 설사 그렇게 될지라도 우리가 할 수 있는 최선은 다했으면 하는 바람이다. 지금까지 설명했지만 탄소중립을 위한 여정은 오랜 시간이 필요하기 때문이다.

불확실한 기후 위기의 시대를 준비 없이 맞이하는 일만큼 무모한 것은 없다. 그리고 탄소중립이 개개인의 노력만으로 달성할 수 없는 문제라는 것도 분명하다. 개개인의 참여와 더불어 과학기술 혁신과 산업구조 조정을 통해서 달성하는 방안을 찾지 않으면 불가능하다. 아직은 우리가 탄소중립의 여정에 이르는 방법을 선택할 수는 있다. 그렇지만 머뭇거릴수록 외부에 의해 강제되는 것이 점점 더 커진다는 사실도 분명하다. 국가별 탄소 배출 규제의 차이로 상품 가격에 미치는 영향을 상쇄하기 위한 수입관세 '탄소국경조정세'와 기업 활동에 필요한 전력의 100퍼센트를 재생에너지로 쓰겠다는 글로벌 캠페인 'RE100'도 그중 하나이다. 이미 많은 기업이 저탄소 시대를 대비한다. 선진국은 미래 고용이 창출될 에너지 전환과 농업 분야에 집중하고 있다. 변하지 않는 듯하지만 변화는 어차피 일어난다.

지금과 같은 속도로 온실가스 배출이 지속된다면 IPCC의 기후 모델의 정확성을 확인하는 기회는 점점 더 늘어날 것이다. 극지방이 폭염에 휩싸이고 지금까지 보지 못한 태풍이 찾아오는 날도 늘어날 것이다. 때로는 너무 덥고, 때로는 너무 추워서 화들짝 놀라는 일도 많아질 것이고, 농산물 생산이 크게 줄어드는 해도 맞이할 것이다. 그리고 세계의 식량 수출 지역 중 두 곳 이상에서 2년 이상 흉작이 들면서 식량 위기가 크게 고조되는 상황을 경험할 것이다. 그때가 되면 지금과 같이 서로의 식량을 걱정하는 우호적인 분위기도 순식간에 바뀌는 모습을 볼 수밖에 없다.

만약 아무런 준비가 되어 있지 않다면 우리가 할 수 있는 일이 많지 않다는 것을 깨달을지도 모른다.

우리에게는 더 큰 티브이와 냉장고, 더 좋은 세탁기와 건조기가 필요하다. 아마 더 큰 전기차도 늘어날 것이다. 석탄발전소는 미세먼지 때문에 싫고, 원자력발전소는 위험해서 싫고, 태양광발전소는 산림을 훼손하고 농사 지을 땅을 빼앗으니 싫어한다. 외식은 한우 구이가 최고이고 후식은 겨울철 딸기가 제맛이다. 우리가 새로운 변화를 싫어해야 할 이유는 차고 넘친다.

가끔 탄소중립에 대한 강의를 마치고 나면 빠지지 않고 나오는 질문이 있다.

"혹시 탄소중립 약속을 이행하지 않으면 무슨 제재가 있나요?"

그런 질문을 받을 때면 이렇게 대답한다.

"파리협약에서는 약속을 이행하지 않는 것에 대해 어떤 제재도 포함하지 않습니다."

그러면 안도하는 표정이 스쳐가는 것이 느껴진다. 그럴 때마다 한마디 더 덧붙이고 싶어진다.

"신뢰를 잃으면 모든 것을 잃는 것입니다. 지금은 어떻게 가능한 방법을 찾을 것인가 머리를 맞대야 할 때입니다. 우리가 설사 탄소중립 약속을 이행하지 못할 수도 있습니다. 그래도 최대한 노력해서 목표치와 비슷하게라도 맞춰야 변명이라도 할 수 있지 않을까요?"

탄소중립에 이르는 여정은 당연히 쉽지 않다. 솔직하게 말하자면 나는 비관론자에 더 가깝다. 에너지를 적게 쓰고, 육식을 줄이고, 친환경 교통수단을 이용하고, 비행기를 타는 여행을 줄이고, 플라스틱을 쓰지 않고, 물 사용량을 줄이고, 제철 농산물과 로컬 푸드를 먹고, 에너지 효율성을 높이는 과학기술에 투자하고, 개발도상국의 탄소중립과 기후적응을 지원하고, 텃밭을 가꾸는 등등 개인들이 이런 흐름에 참여할 수 있는 방법은 끝도 없이 많다. 아마도 이런 생활 방식을 찾아가는 사람도 빠르게 늘어나면서 사회 분위기도 차츰 바뀔 것이다. 그렇지만 개인의 양심에 호소하는 것만으로는 전 지구적 문제를 해결할 수 없다는 것도 안다.

다음 장에서는 기후변화 시대에 더욱 중요해지는 식량에 대해 집중적으로 살펴볼 것이다. 우리가 직면한 위기의 실체에 한발 더 다가갈 것이다.

"불확실한 기후 위기의 시대를 준비 없이
맞이하는 일만큼 무모한 것은 없다."

4장

식량 안보 없이
미래는 없다

지구온난화의 문제는 자본주의가 산업화의
힘으로 지구에 저지론 죄를 드러내는 증거도 아니고,
반자본주의 활동가들이 세계적으로 부르짖는
망상과도 무관하다. 그것은 단지 우리의
취약성을 반영할 뿐이다.

브라이언 페이건Brian Fagan

먼저 온 미래

지구의 마지막 빙하기였던 2만 년 전 지구의 평균기온은 지금보다 약 4도가 낮았다. 2만 년 전부터 1만 년 동안 급격한 지구온난화가 시작되면서 지구 평균기온은 4도가 올랐고, 인류는 농경시대로 진입했다. 그런데 최근 100년 동안 지구 평균기온은 1도가 올랐다. 자연이 낼 수 있는 최대 속도보다 25배나 빠른 속도이다. IPCC는 이대로 가면 100년 내에 4~5도가 오를 수가 있다고 추정한다. 자연 상태보다 100배나 빠른 속도이다.

인류는 지구온난화 덕분에 지구 생태계의 최고 포식자로 자리매김할 수 있었다. 그럼 또다시 4~5도가 더 오른다고 문제가 될까? 아마도 그 정도의 기온이 오른다고 인류가 멸종할 가능성이 높지는 않을 것이다. 더운 기후대에서는 농업 생산성이 극도로 떨어져 거주가 불가능한 수준까지 가겠지만, 극지방 쪽에서 어느 정도의 농업 생산을 유지할 수 있을 것이다. 그렇다면 인류가 멸종하는 것은 아니니 견딜 만하지 않을까?

마크 라이너스는 《최종경고: 6도의 멸종》에서 지구의 기온이 1도가 오르면 어떤 일이 발생할지를 보여주었다. 고산지대의 만년설이 사라지고, 가뭄과 홍수를 겪는 지역이 광범위하게 늘어나고, 물 부족을 겪는 사람이 5000만 명 증가한다. 그리고 희귀 동식물이 멸종하고 육상동물의 10퍼센트는 멸종 위기에 처한다. 사실 기후변화를 다루는 수많은 책과 보고서에서 무슨 일이 일어날지에 대해서 끊임없이 나열한다. 서울대학교 지구환경과학부 남성현 교수는 《2도가 오르기 전에》라는 책에서 땅, 하늘, 그리고 바다에서 무슨 일이 벌어질지 자세히 설명한다. 바다 생태계의 보고인 산호초는 대부분 사라지고 갯벌에서 지천으로 수확하던 조개뿐만 아니라 우리가 즐겨 먹는 미역과 김도 자취를 감출 것이다. 우리가 아무일 없었다는 듯 지날 수 있는 수준은 분명 아니다.

2022년 2월에 발표된 IPCC의 '기후 영향, 적응 및 취약성에 관한 보고서'에서는 기후변화가 끼칠 영향을 좀 더 구체적으로 제시한다. 1.5도가 오르면 생물 다양성이 14퍼센트가 소실되고 물 부족에 노출되는 인구는 10억 명까지 늘어난다. 특히 식량 안보, 즉 주요 작물의 적응 비용과 잔여 손상residual damage에 따른 피해는

630억 달러까지 늘어난다. 만약 2도가 오르면 이 비용은 800억 달러까지 늘어나고 3도가 오르면 1조 2800억 달러까지 늘어난다. 지구의 평균기온이 올라갈수록 식량 안보를 위해 들어가는 비용은 기하급수적으로 늘어난다.

이런 경고를 너무 자주 듣다 보니 이제는 변화된 기후가 더 자연스럽게 느껴지기도 한다. 하랄트 벨처는 《기후전쟁》에서 이런 현상을 바탕 교체와 지시 프레임의 변화라는 개념으로 설명했다. 우리가 미디어나 주변을 통해 어떤 정보에 접하는 빈도가 늘어나면 그 정보가 익숙하게 느껴지는 현상이다. 비정상적인 상황이 마치 정상인 것처럼 무뎌진다. 비슷한 이야기를 계속 듣다 보면 우리 인식은 새로운 정보로 바탕 교체가 되면서 위험을 인지하지 못하게 되는 것이다. 코로나19가 처음 발생했을 때를 떠올려보자. 그때는 환자가 한 명만 나와도 밀접 접촉자들에 대한 추적과 격리 조치에 관한 뉴스가 끊임없이 나왔다. 하지만 시간이 지날수록 수백 명 정도는 일상적인 것으로 받아들이기 시작했다. 이런 현상은 수많은 사회 논쟁에서도 똑같이 일어난다. 문제가 된다고 뉴스를 장식하던 이슈들이 얼마 지나고 나면 아무 일도 아닌 것처럼 생각된다. 불과 한 달 전에 사회를 달구었던 이슈도 그렇게 소비된다. 그러니 하랄트 벨처는 기후가 변했는지를 묻는 사람들에게 "기후는 이미 변했다. 단지 당신이 언제 그걸 인식할 것인지가 문제"라고 지적했다.

사람들은 너무 익숙해지다 보니 다시 4도가 더 올라도 무슨 일이 있겠어라고 대수롭지 않게 생각하는 듯하다. 다음 선거에서 투표 한번 잘하면 해결되지 않을까라고 안심하는 듯하다. 부정확한 상황 인식은 우리 삶에 지대한 영향을 끼치는 문제마저 정치적 논쟁으로 전환시킨다. 그렇지만 우리 인식과는 상관 없이 일어날 일은 일어난다.

다시 4도가 더 오른다면 인류의 문명을 꽃피워 온 홀로세Holocene(약 1만 년 전부터 현재까지의 지질시대)가 급격한 기후변화로 막을 내리고 새로운 지질시대로 이동하게 된다. 새로운 지질시대는 생태계의 우점종이 변한다는 것을 의미한다. 생태계 우점종도 변화된 환경에 적응하지 못해 개체수가 일정 수 이하로 줄어들면 유전자의 다양성이 떨어져 환경 변화에 취약해진다. 지금 멸종 위기에 처한 수많은 생물종과 같은 운명에 처해진다. 생태학자들은 이를 '죽은 분류군의 일생'이라 정의하기도 한다. 우리의 생각과는 달리 멸종은 한순간에 일어나는 것이 아니라 외부 환경 변화에 따라 다른 생명체와의 경쟁에서 뒤쳐지면서 천천히 사라져 가는 과정이다. 호주의 코알라, 중국의 팬더, 시베리아의 호랑이 등 많은 포유동물이 죽은 분류군의 일생이라는 경로에 들어섰다고 말한다.

우리가 현재 수준의 이산화탄소 배출을 계속한다면 머지않아 인류가 맞이할지도 모를 미래이다. 물론 그렇게까지 아무런 대책 없이 파국으로 치달을 가능성은 높지 않을 것이다. 세계 대부분의 국가가 탄소중립 선언에 참여한 것을 봐도 아직 희망을 버릴 때는 아니다. 기후변화의 심각성을 이해한 시민들이 탄소중립에 적극 참여하면서 지구 평균기온은 1.5도, 아무리 높아도 2도 이내에서 안정화되리라는 희망을 가지고 있다. 만약 그럴 경우에 우리는 어떤 미래를 맞이할까?

물론 1.5~2도 이내로 지구온난화가 멈춘다고 해도 아무 일 없었던 것처럼 예전으로 되돌아가지는 않는다. 우리는 여전히 기후의 반격으로부터 안전하지 않다. 단지 '아주 극심한 피해'가 '극심한 피해'로 조금 완화될 뿐이다. 그런데 지구가 더워진다고 모든 국가가 똑같은 피해를 받는 것은 아니다. 남태평양의 투발루는 물에 잠겨가고, 사하라 사막 남쪽 사헬 지역은 극심한 가뭄으로 물 부족과 식량 위기에 노출되어 있다. 우리가 그곳을 주목하는 이유는 인류가 거쳐갈 '먼저 온 미래'의 한 단면이기 때문이다.

기후와 식량

그런데 다른 이슈와는 다르게 우리나라 국민이 예민하게 반응하는 지점도 있다. 바로 식량 위기이다. 먼 나라의 기후 재난에는 감정이 무디지만 우리나라의 식량 위기는 실재처럼 느끼는 듯하다. 아마도 이것은 우리나라 역사 대부분이 배고픔의 시간이었다는 인식이 영향을 미쳤으리라. 그럼 기후변화는 식량 생산에 어떤 영향을 끼칠까? 일반적으로 기온이 1도 상승할 때마다 식량 생산량은 3~7퍼센트가 줄어든다고 한다. 중위도 국가에서는 더 크게 줄어들지만 러시아와 캐나다 등 고위도 국가에서 식량 생산이 늘어 평균적으로 그 정도의 피해에 멈춘다. 물론 이런 추정도 우리가 기후변화에 대응하기 위해 농업 R&D와 기반 시설에 대규모 투자가 있을 때를 전제로 한다.

2021년 NASA의 연구원들은 〈네이쳐푸드〉 잡지에 기후변화가 농업 생산에 어떤 영향을 미칠지에 대한 연구 결과를 발표했다.[1] 이런 연구는 기후 모형을 이용해서 추정하는데 여기에 사용된 모델은 전 지구 대기 모형 중 '접합 대순환 모델 6CMIP6'과 '농업 모형 비교 및 개선 프로젝트 모델AgMIP'이다. 이 모형은 주요국의 농업 영향 분석과 지역 간 변화, 적응 정책과 그 효과, 기후변화 시나리오, 작물 모델과 농업경제 모델을 종합적으로 반영해 추정한다. 무슨 말인지 이해 못하더라도 크게 걱정할 필요는 없다. 어차피 이해하는 사람들은 극소수에 불과하기 때문이고, 이것을 몰라도 이 책을 이해하는 데는 전혀 지장이 없다. 단지 이 연구자들이 무슨 말을 했는지를 파악할 수 있으면 충분하다.

작물은 기온이 올라가면 성장 속도가 일반적으로 빨라지는데 이것이 수확량을 줄어들게 하는 원인으로 작용한다. 더 빨리 자라는데 왜 수확량이 줄어들까라고 생각할 수도 있겠다. 어린 묘에서부터 열매를 맺을 때까지 걸리는 시간이 줄어들면, 생체량과 열매를 키우는 데 필요한 시간 역시 줄어든다. 또 기온이 적정 범위를 벗어나면 작물이 받는 스트레스가 증가하고 작물은 이를 해소하는 데 에너지를 소모하면서 성장은 지체된다. 벼의 경우 분얼되는 줄기의 수가 줄어들고 이삭에 달리는 알갱이의 수와 크기도 줄어들어 결과적으로 수확량이 감소한다.

그런데 이런 영향은 위도, 지형, 바다로부터의 거리 등 지역 환경조건에 따라 다르게 나타난다. 열대지방에서 많이 재배되는 옥수수는 고온 스트레스로 생산량이 줄어들지만 중위도에서 주로 재배되는 밀은 북쪽으로 재배 면적이 확대되면서 생산량이 증가하는 것으로 나타났다. 쌀과 대두의 경우에는 일부 지역에서는 감소하겠지만 지구적인 관점에서는 그 영향이 크지 않은 것으로 분석되었다. 특히 이번 분석에서는 옥수수의 수확량 감소가 놀라웠다. 옥수수 생산량의 경우 전 세계가 탄소중립을 적극적으로 달성할 경우에는 6퍼센트, 지금처럼 온실가스를 배출하면 24퍼센트 줄어드는 것으로 나타났다. 반면에 밀은 재배 면적이 늘어나고 이산화탄소 농도가 증가하면서 최대 18퍼센트가 증가하는 것으로 분석되었다.

그렇지만 기후 모델을 이용해 식량 생산을 추정할 때 불확실성이 매우 크다는 점도 이해할 필요가 있다. 지구의 이산화탄소 농도와 평균기온 상승은 비교적 정확하게 예측할 수 있지만, 국가별로 농업 R&D와 기반 시설 개선에 투자되는 비용은 차이가 크기 때문에 정확한 예측은 불가능하다. 그렇지만 대략적인 식량 정책을 세우는 데 참고할 수는 있다. 이 연구에서 제시된 주요 작물의 생산량 추정값은 차이가 날 수 있지만 추세 자체는 비교적 정확하다고 평가받기 때문이다.

식량과 문명의 종말

벼는 우리나라를 비롯한 동아시아 국가에서 가장 중요한 곡물이다. 세계 인구의 35퍼센트, 30억 명 이상이 쌀을 주식으로 먹는다. 이 쌀을 생산하기 위해 세계 농경지의 약 20퍼센트가 논으로 사용된다. 일부 밭에서 벼가 재배되기도 하지만 쌀은 관개시설을 갖춘 논에서 주로 생산된다. 이런 이유로 쌀을 재배하는 지역은 일찍부터 중앙 집중적인 권력 구조가 발달했다. 예로부터 치산치수는 왕조의 가장 기본적인 임무였다. 대규모 토목공사를 수반하는 논 농사 기반을 정비하는 일에는 지방 권력이 추진할 수 있는 규모를 넘어섰기에 자연스럽게 중앙집권제가 자리 잡았다. 강의 물길을 돌려 곡창지대를 홍수로부터 보호하고 가뭄에도 견디도록 관개용 저수지를 신축하면서 식량 생산이 늘어났다.

펄 S. 벅의 소설《대지》에서 주인공 왕룽은 농사를 가장 수지맞는 일이라고 말한다. 한 해 고생하면 50배를 돌려받는데 어떤 사업이 그만큼 수익성이 높냐고 넋두리한다. 요즘은 100배 정도 돌아오지만 굳이 자본 투자와 노동 투입을 비교해 봤을 때 과연 그렇게 수익성이 높을까라고 따질 생각은 없다. 농사를 짓는 농민의 소득이 왜 높을 수 없는지를 논하는 것이 이 책의 목적은 아니기 때문이다. 그렇지만 식량 안보라는 주제를 이해하기 위해서는 작물이 어떻게 자라는지 알아야 한다. 그래야 농업기술 혁신이 어떻게 이뤄지는지, 미래의 식량 안보는 어떻게 달성될지 어렴풋이나마 이해할 수 있기 때문이다. 우리나라의 주식 작물인 벼에 대해서 살펴보겠지만 다른 작물 역시 크게 다르지 않다.

문화권마다 정권의 흥망성쇠는 주식 작물의 풍흉에 크게 영향을 받았다. 고고학자 브라이언 M. 페이건은《기후, 문명의 지도를 바꾸다》에서 유물만 남기고 사라진 고대 문명의 흥망성쇠를 다루었다. 빙하가 북반구의 대부분을 덮고 있던 시기 동안은 사냥과 채집으로 식량을 구했다. 그 시기 동안 인류는 소규모 집단으로 구성된 씨족사회였다. 작은 씨족 집단은 기후에 따라 남북으로 또는 동서로 이동하면서 살아남았다. 이 시대에는 사냥감을 따라 옮겨갈 땅은 충분했다. 빙하기가 끝이 나고 농경이 시작되면서 집단의 규모는 커져갔다. 기후가 따뜻해지면서 더 많은 땅을 개간했고, 식량 생산이 늘어남에 따라 인구도 늘어났다. 그러다가 어떤 이유로 기후가 바뀌어 몇 해 동안 비가 내리지 않으면 모든 것을 버리고 떠나갔다. 고고학자들의 관점에서는 어느 날 갑자기 사라진 것처럼 느껴질지 모르지만 문명의 붕괴는 천천히 진행된 고통스러운 과정의 결과였다.

재레드 다이아몬드는 《문명의 붕괴》에서 그 과정을 상세히 묘사한다. 적당한 땅에 정착한 이주민들은 숲을 개간하고 농경지를 넓히면서 더 많은 식량을 생산한다. 인구는 자연 생태계가 감당할 수준까지 빠르게 늘어난다. 인구가 늘어날수록 훼손되는 숲이 많아지고 토양 유실도 증가한다. 그럴수록 같은 양의 식량을 생산하기 위해서는 더 많은 땅이 필요해진다. 토양의 비옥도가 떨어져 생산성이 감소하기 때문이다. 숲이 줄어들면 이제는 강수량에 영향을 미친다. 그렇게 가뭄이 주기적으로 찾아오면서 농업 생산성은 떨어지고 때때로 기근이 공동체를 엄습한다. 그렇게 생태계 회복력이 떨어진 문명은 한번 붕괴되면 다시 회복하지 못했다. 기후의 직접적인 영향을 받지 않더라도 다른 지역에서 흉년이 들어 인구 이동이 시작되면서 영향을 받기도 했다.

기후변화로 인해 한 문명이 위기에 처한다면 그것은 식량 위기에서 비롯될 것이다. 돌이 부족해서 석기시대가 막을 내린 것이 아니듯이 석유와 석탄이 부족해져 산업화 시대가 막을 내리지는 않는다는 것은 분명해졌다. 전 세계에서 생산되는 식량은 전체 인류가 필요한 양보다 5퍼센트 정도 더 많다. 그럼에도 불구하고 세계에서 8억 명, 인구의 약 10퍼센트는 기아의 위험에 노출된다. 1960년대 이후 농업 생산성이 매년 2~3퍼센트 내외의 증가

농업 생산성과 인구 증가

출처: 유엔식량농업기구 통계자료

를 보이면서 급격하게 늘어나는 인구를 부양했다. 현재의 농업기술이면 100억 명이 먹을 수 있는 식량을 생산하는 것은 불가능한 일은 아니다. 문제는 다른 곳에 숨어 있다.

농업 생산을 늘리기 위해 질소비료를 많이 사용할수록 수질오염이 심해진다. 숲을 베어내면서 늘어난 농경지가 토양 유실을 가속화하면서 토양의 생산성이 떨어진다. 그럴수록 더 많은 비료를 사용해야 한다. 대규모 단일 재배가 늘어날수록 병해충의 공격에 취약해지고 농약의 사용량도 따라서 늘어난다. 수질오염과 농약의 사용량이 증가할수록 생물의 종 다양성은 떨어진다. 인간이 섭취하는 중요한 단백질원인 어류의 채취량이 감소하고 줄어든 종 다양성은 농업 생산성을 떨어뜨린다. 가축 사육이 늘어날수록 코로나19, 메르스, 사스와 같은 인수공통감염병의 발생도 빈번하게 일어나면서 식량 부족으로 약해진 사람들을 공격한다. 자연 생태계는 회복력을 상실하면서 식량 생산을 위해 노력할수록 상황은 더 나빠지는 단계에 접어든다. 사라진 고대 문명의 경로를 현대의 인류는 피해갈 수 있을까? 이것은 전적으로 자연 생태계의 회복력을 어떻게 유지하느냐에 달렸다.

위기의 벼농사

농부들은 벼의 성장 주기에 맞추어 물을 대고, 비료를 뿌리고, 잡초를 제거하고, 병해충을 방제하는 일을 한다. 부지런한 농부들은 풍요로운 가을을 맞이할 자격을 부여받는다. 벼농사가 6000년 전에 처음으로 시작된 이후 농부들의 일상이 크게 변하지는 않았다. 높은 생산성 덕분에 벼농사 지대인 아시아의 인구밀도는 세계에서 가장 높다. 수리 시설을 지속적으로 개선하면서 꾸준한 생산성을 유지해 왔고, 연작 장해가 없는 벼의 특징도 크게 영향을 미쳤다.

가난한 나라 중 하나인 방글라데시는 세계에서도 인구밀도가 높은 국가이다. 갠지스강과 브라마푸트라강이 합류해 벵골만으로 흘러드는 지역에는 비옥한 삼각주가 형성되어 있는데 예로부터 이곳에서 생산되는 풍부한 쌀은 방글라데시의 엄청난 인구를 부양하는 기반이었다. 그런데 높은 인구밀도 때문에 벼농사 지대는 기후변화에 오히려 취약하다. 해수면이 상승하면서 해안에 위치한 농경지는 바닷물에 잠기고, 좀 더 안쪽의 농경지에서는 토양의 염도가 높아진다. 수십만 명의 삼각주 농민들은 수도 다카의 빈민으로 전락했다.

방글라데시를 비롯한 동남아시아의 생명줄인 강은 히말라야에서 시작된다. 그런데 빙하가 후퇴하면서 강으로 흘러드는 수량과 삼각주에 퇴적되는 토사의 양도 줄어든다. 민물이 줄어들면 바닷물은 강 상류로 더 깊이 올라오고 바닷물의 지하 수위도 높아진다. 이런 현상은 방글라데시에만 국한된 일이 아니다. 인도, 파키스탄, 미얀마, 태국, 캄보디아 등 히말라야의 빙하를 공유하는 나라에서 공통적으로 나타나는 현상이다.

빙하의 후퇴 외에 댐 건설로 인해서 강의 수량이 더 크게 줄어드는 것도 문제이다. 중국 서남부에 있는 티베트에서 발원해 라오스, 캄보디아, 태국, 베트남 등 다섯 개국에 걸쳐 4200킬로미터를 흐르는 메콩강은 가끔 바닥을 드러내는 일이 잦아졌다. 라오스의 수도 비엔티안에는 메콩강을 따라 음식점이 즐비하다. 그중 일부는 메콩강 둑에 인접하고, 옆 동네처럼 번화한 태국 도시들과 가깝게 있다. 그런데 건기가 되면 강을 건너갈 수 있겠다는 생각이 들 때도 있다. 많은 사람이 말라버린 강바닥을 따라 걷는 일이 하나의 문화처럼 자리 잡고 있다. 물론 이렇게 메콩강의 수량이 줄어든 것은 최근 일이다. 메콩강으로 흘러드는 지류에 댐이 생기면서 건기 때는 수량이 더 줄어들어 생겨난 풍경이다. 강물이 줄어들면서 강 유역의 숲 지대도 줄어들었다. 세계자연기금WWF(세계 최대의 자연보호 활동 단체)에 따르면 1970년대 초반에는 메콩강변의 숲 지대가 55퍼센트였는데 최근에는 34퍼센트까지 떨어졌다. 메콩강의 물고기 이동이 막히고 상습 가뭄 지역이 늘어나면서 강을 끼고 살아온 농민들은 생계를 위협받고 있다. 강변의 주민들은 기후 위기를 실감하지만 누구의 탓으로 돌리기도 쉽지 않다. 정부에서는 농민들에게 물이 많이 필요한 벼농사 대신에 옥수수 재배를 추천한다. 이미 벌어진 일을 되돌릴 수는 없기 때문이다.

베트남 남부 도시 호찌민 인근의 비옥한 삼각주 지대 역시 민물이 줄어들면서 바닷물이 내륙 깊숙이 밀려온다. 현재와 같은 지구온난화가 계속되면 금세기 말에는 해수면이 65~100센티미터가 더 높아질 전망이다. 해수면이 65센티미터 높아지면 메콩강 삼각주의 13퍼센트가 사라지고, 1미터까지 높아지면 38퍼센트 정도가 바닷물에 잠긴다. 생산성이 떨어진 메콩강 삼각주의 비옥한 농경지 중 일부는 해수면 상승으로 사라질 운명이다. 그때까지 아시아 인구는 계속 증가할 전망이다.

우리나라 간척지에도 벼가 재배된다. 염도가 조금 높기는 하지만 관개를 하면서 염분이 지하로 씻겨 내려가 벼농사가 가능하다. 뿌리가 내려가는 20센티미터 정도까지는 관개로 염도를 낮출 수 있기 때문이다. 그런데 가뭄이 들어 관개를 하지 못하는 상황이 발생하면 심각한 문제가 초래된다. 지하 수위가 높아지면서 염분도 함께 뿌리까지 올라오기 때문이다. 토양의 염도가 높아지면 토양과 식물 뿌리에 작용하는 삼투압이 높아져 식물이 양분을 흡수하지 못할 뿐만 아니라 체내에 있는 수분을 토양에 빼앗겨 말라죽는다. 이렇듯 해수면이 상승하면 간척지에서의 농업은 힘들어질 수밖에 없다. 이것은 우리나라뿐만이 아니라 전 세계가 직면한 위험이다.

벼농사가 직면한 또 다른 위협은 메탄 배출이다. 벼 재배로 인해 전체 메탄의 12퍼센트가 발생하는데, 이는 전체 온실가스 배출량의 2.5퍼센트에 해당한다. 소 사육과 함께 논이 메탄의 주요 배출원이라고 지적받고 있다. 그런데 논에서 메탄을 줄일 수 있을까? 이것은 단순화하기 어려운 문제이다. 아시아 지역에서 수천 년 동안 해온 전통적인 농사법에 기후변화의 기준을 들이대는 것이 옳은가라는 반론도 있다.

아프리카에서 만난 벼

아프리카에서는 벼농사가 늘어나고 있다. 모리타니와 세네갈의 국경을 가로지르는 세네갈 강가에서는 대규모 벼농사가 행해진다. 일본과 한국 등 여러 나라에서 공적개발원조ODA(국가가 개발도상국에 제공하는 국제 협력 사업 또는 자금) 사업으로 강물을 퍼 올릴 펌프장을 만들고 벼농사를 위한 경지정리를 실시했다. 땅을 평평하게 한 후 논둑을 만들고 그 사이로 수로를 건설했다. 그리고 농기계를 제공하고, 농민들에게 교육을 실시하고, 벼 보관창고와 도정 설비를 지원했다.《어린 왕자》의 저자 생텍쥐페리가 머물렀던 세네갈의 세인트루이스주에서 모리타니 쪽으로 더 올라가면 리차드톨이라는 도시가 나온다. 마차와 자동차가 뒤섞여 몹시 붐비는 지역이다. 여기서 동쪽으로 조금만 더 가면 작은 도시 다가나가 나오는데 여기부터 논이 끝도 없이 펼쳐진다. 물이 끊어지면 바로 황량한 황무지처럼 변하지만 물이 공급되면 옥토로 바뀐다.

중앙선도 없이 아스팔트포장만 간신히 된 길가에는 마을의 여성 회원들이 운영하는 로컬 마켓이 있다. 유럽의 비정부 기구NGO에서 지원한 단층짜리 작은 벽돌 건물에서는 그 지역에서 생산된 쌀과 양파 등 몇 안 되는 농산물이 손님을 기다린다. 건물 안에는 손으로 쌀을 포장하는 데 필요한 기초 장비인 저울, 종이봉투, 비닐 접착기가 있고 옆방에는 작은 정미소가 있다. 일부 조합원들은 쌀을 체로 쳐서 싸라기를 걸러내고 있다. 싸라기가 없는 완전미는 좀 더 비싼 가격에 팔 수 있기 때문이다. 이곳 사람들은 쌀이 재배되기 전에는 '만디옥'이라고 불리는 카사바가 전분 작물의 역할을 했다. 카사바는 땅에 줄기만 꽂아놓으면 잘 자랐다. 카사바에서 추출한 전분을 타피오카라고 하는데, 타피오카를 만들기 위해서는 카사바를 갈고 물에 헹구는 과정을 거쳐야 한다. 여성들이 종일 노동을 해야 겨우 한 가족이 먹을 만큼의 타피오카를 얻었다. 그런데 쌀은 바로 밥을 할 수 있으니 생활의 혁명과도 같았다. 이런 이유로라도 아프리카에서 쌀 소비는 계속 늘어날 전망이다. 따라서 쌀을 재배하는 면적 역시 계속 늘어날 수밖에 없다.

코이카의 농촌 개발 사업을 위해 가나를 방문했을 때 이 나라 사람들이 쌀에 대한 열망이 얼마나 큰지 알 수 있었다. 아신 지역은 가나의 수도 아크라에서 북서쪽에 있는데, 나지막한 구릉들이 많아 농업에는 불리한 지역이었다. 그런데 여기 있는 농민들은 벼농사를 원했다. 경제성만 따진다면 중부의 평야 지대에서 벼농사를 집중하는 것이 타당해 보였지만 쌀을 살 경제적 여력이 없는 농민들은 직접 쌀을 재배하기를 원했다. 이런 험지에 특화된 오프로드 자동차마저도 사람 걷는 속도로 겨우 접근할 수 있는 곳이었다. 그런데 도대체 논은 보이지 않고 드문드문 코코아 나무만 보였다. 그렇게 얼마를 갔을까. 길가에서 오토바이를 타고 온 마을 이장이 우리를 기다리고 있었다. 우리는 차에서 내려 이장이 안내하는 곳으로 따라갔다. 길도 없는 밀림 속으로 몇백 미터를 들어가자 역시 코코아 과수원이 보였다. 여기도 농사를 짓는 곳이란 것을 알 수 있었다. 그 너머에서는 논이라고 부르기에는 땅이 고르지 않고, 밭이라고 하기에도 애매한 넓은 지대가 나타났다. 군데군데 나무의 그루터기가 그대로 남아 있었고, 땅에는 작은 벼가 파릇파릇 자라고 있었다. 지게 작대기와 같은 막대로 땅을 찍어서 구멍을 만든 후 볍씨 몇 개를 넣는 직파 방식이었다.

이런 곳에서 벼농사를 짓는 것은 효율성이 너무 떨어져 보였다. 마을 입장에서는 큰 농경지이지만 단위 규모가 너무 작아서 비용 측면에서 효과적이라는 생각이 들지 않았다. 도시로부터 접근성도 떨어져 사업 관리에도 어려움이 많을 수밖에 없었다. 이럴 때는 마음이 무거워진다. 마을 주민들의 바람과는 달리 사업 후보지에서 빠질 가능성이 높기 때문이다. 논 중간에는 다른 곳보다 약간 높은 구릉지가 있었고 거기에는 농막이 하나 지어져 있었다. 나무 기둥에 대나무로 엮은 벽채와 갈대로 얼기설기 지붕을 만든 움막이었다. 근처에 가자 주민들이 모두 나와 우리 일행을 맞이했다. ODA 사업의 기획자로서 우리는 사업이 어떤 성과를 만들 수 있을지 기대하면서 바라보지만 주민들에게는 절박함만 느껴진다. 이곳을 사업 대상지로 포함하는 것이 타당할까?

ODA 사업이 단지 마을 단위의 농업 활동만 지원하는 것은 아니다. 코이카에서는 벼농사를 위한 경지정리와 수리 시설의 개선을 지원하고, 농촌진흥청에서는 '아프리카 벼 연구소'에 우리나라에서 개발된 품종을 제공하고 아프리카 환경에서 잘 자라는 품종 개발을 지원한다. 경상북도에서는 탄자니아와 우간다 등 동아프리카 국가에 벼농사 기술을 전수한다.

주민들을 바라볼 때마다 가난한 사람들을 지원하는 이 사업의 취지와 오지에서 힘들게 사업을 이끌어갈 현장 활동가의 입장이 같이 떠올랐다. 만약 내가 사업 관리자라면 이곳을 방문하기조차 쉽지 않다는 우려가 가시질 않았다. 그렇지만 이곳 주민들이 벼농사를 더 쉽게 접근하는 정도까지 사업을 만들 수는 있을 것 같았다. 주민들에게 벼농사는 가족이 먹을 식량을 생산하는 일이지만, 종일 타피오카를 만들어야만 하는 어머니의 노동 조건을 바꾸는 일이기도 하다. 아프리카의 뉴스를 접할 때마다 그때 만났던 주민들이 열정적으로 논을 가꿔가는 모습을 상상한다.

가나의 쌀 생산량은 2008년 18만 1000톤에서 2020년에는 62만 2000톤으로 증가했다. 2020년 가나의 연간 쌀 소비량은 145만 톤이었고, 1인당 쌀 소비량은 45킬로그램으로 우리나라의 1인당 쌀 소비량 57킬로그램에 근접한다. 쌀 생산성도 증가했다. 2012년 헥타르당 1.7톤을 생산했지만 2020년에는 3.3톤으로 2배 높아졌다. 우리나라에서 ODA로 지원한 쌀 생산기술이 어느 정도 기여했을 것이다.

풍성한 식탁, 위기의 식량

한 나라의 식량 안보는 대개 식량자급률과 동의어로 사용되기도 한다. 그런 기준을 적용한다면 우리나라의 식량 안보는 위험한 수준이다. 조천호 박사는 "기후변화가 가장 무서운 건 식량 때문이다"라고 말하며 우리나라를 산업화된 국가 중 가장 먼저 식량 위기에 직면할 국가라고 경고한다.

식량자급률을 이야기하기 전에 용어에 대한 이해가 필요하다. 자급률은 한 국가에서 소비되는 물품 중 자국에서 생산되는 비율을 의미한다. 언론에서는 식량자급률, 곡물자급률, 식량자주율 등의 용어가 함께 사용되면서 이해를 어렵게 한다. 먼저 알아둘 것은 식량 안보의 관점에서 자급률을 논할 때는 주로 쌀, 밀, 옥수수, 콩 등 주요 곡물만 대상이 된다는 점이다. 일반적으로 칼로리 공급량을 논의할 때는 전분작물, 유지작물, 육류(단백질) 등으로 구분하기도 한다. 우리나라에서는 주로 전분작물과 대두가 자급률에 포함된다. 먼저 식량자급률은 사람이 먹는 주곡 작물만 해당한다. 이에 반해 곡물자급률은 식용뿐만 아니라 사료용을 포함하는 곡물 전체를 가리킨다. 전체 곡물 수요량은 연간 2000만 톤을 넘어가는데 식용은 800만 톤 정도에 불과하다. 나머지는 대부분 사료로 사용된다. 우리나라의 축산 비중이 낮을 때는 식량자급률이 곧 곡물자급률이었지만, 사료의 수입이 늘어나면서 곡물자급률이 새롭게 도입되었다. 그 외에 식량자주율도 사용되었다. 국내에서 생산되는 곡물뿐만 아니라 해외에서 국내 기업이 생산하는 농산물까지 포함하기 위해서 도입된 개념이다.

우리나라의 곡물자급률은 대략 20퍼센트 정도에 불과하다. 주식으로 사용하는 식량의 경우 45퍼센트 정도이다(2019년 기준). 쌀은 거의 자급을 하지만 연간 250만 톤이나 소비하는 밀의 경우 거의 전적으로 수입에 의존하고, 옥수수와 콩 역시 자급률은 각각 3퍼센트, 25퍼센트에 불과하다. 이렇다 보니 기상재해가 발생하거나 국제 정세가 불안정해지면 치솟는 농자재와 식량 가격 때문에 전 국민이 가슴을 졸인다.

그럼 낮은 식량자급률은 기후 위기를 지나는 데 어떤 영향을 미칠까? 식량자급률은 높으면 좋을까? 우리는 어떻게 하면 위기의 순간에도 안정적인 식량 공급망을 확보할 수 있을까? 예상과는 달리 현실은 훨씬 복잡하다. 대부분의 국민은 그냥 국내의 식량자급률을 높이면 되지 않을까라고 생각하기 십상이다. 과연 그럴지 좀 더 깊이 들어가보자.

1970년대 우리나라의 식량자급률은 80퍼센트를 넘었다. 그렇지만 그때는 보릿고개가 남아 있던 시절이었다. 지금은 쌀이 남아돌지만 당시는 흰쌀밥은 부잣집의 전유물이었다. 현재 북한 역시 식량자급률은 90퍼센트를 넘어가지만 만성적인 식량 부족

4장 식량 안보 없이 미래는 없다

을 겪고 있다. 반면에 우리나라는 45퍼센트에 불과하지만 오히려 비만이 문제가 된다. 이렇듯 식량자급률의 높고 낮음이 식생활의 질과 상관은 크지 않다.

2021년은 벼의 작황이 좋아 전년 대비 쌀이 10퍼센트 정도 더 생산되면서 오히려 쌀값 하락에 대한 우려가 커졌다. 불과 37만 톤 정도가 늘었을 뿐인데 농가들은 쌀의 시장 격리를 통해 가격을 안정화시킬 것을 정부에 요구했다. 여기서 시장 격리란 정부가 시장 가격으로 구매해서 창고에 저장함으로써 유통되는 물량을 줄여 쌀 가격이 올라가도록 인위적으로 개입하는 것을 의미한다. 쌀 400만 톤을 소비하는 국가에서 30만여 톤이 늘어나서 쌀 가격이 폭락한다는 것이 잘 이해되지는 않겠지만 이것이 농산물의 특징이기도 하다. 그런데 다른 한편에서는 식량자급률을 높이기 위해 곡물의 재배 면적을 늘려야 한다고 주장한다. 우리는 이런 딜레마 상황을 수십 년째 보고 있다.

그럼 식량자급률을 높일 수 있을까? 가능은 하다. 다수확 벼 품종의 벼를 심으면 20퍼센트 정도 생산량을 더 늘릴 수 있다. 가을에 보리를 심어 이모작을 해도 역시 자급률은 올라간다. 그리고 논을 시설 원예용 비닐하우스로 바꾸거나 과수나무를 심지 못하게 제한해도 벼의 생산량은 늘어난다. 문제는 이렇게 하면 다른 문제가 발생한다. 우리나라의 쌀 소비량은 1인당 57킬로그램 정도에 불과하다. 1970년대에는 130킬로그램이 넘었는데 불과 반세기 만에 절반 이하로 줄어들었다. 만약 쌀이 더 늘어나면 어떤 문제가 생길까? 불과 10퍼센트가 늘어나도 농민들이 아우성 치는데 수십 퍼센트가 증가하면 무슨 일이 생길지 충분히 상상할 수 있다. 그럼 다른 곡물을 생산하면 되지 않을까 생각할 수 있다. 그렇지만 우리나라 농산물 시장은 거의 전부 개방되어 있다는 것을 고려해야 한다. 세계무역기구 협정에 따라 쌀을 수입할 때 513퍼센트의 관세를 부과하는 대신에 매년 40만 톤을 의무적으로 수입하는 조건을 받아들였다. 국내와 국외의 쌀 가격은 최대 5배 정도 차이가 난다.

다른 곡물 역시 국제 시세와 몇 배의 가격 차이가 난다. 그렇지만 쌀처럼 관세 장벽의 보호를 받지는 못한다. 국내 소비자들이 몇 배의 가격을 주고 국내산 밀과 콩을 살까? 특히 밀의 경우 대부분 빵과 국수같이 가공용으로 사용된다. 기업에서는 값비싼 원료로 가공식품을 만들기는 더 어렵다. 경쟁이 매우 치열하기 때문이다. 이런 이유로 국민의 우려와 정부의 노력에도 불구하고 식량자급률은 계속 떨어져 왔다.

그럼 왜 이런 문제가 발생할까? 농산물은 풍년이 들면 10퍼센트 정도가 더 늘어나고, 흉작인 해는 많게는 30퍼센트까지 농산물 생산량이 줄어든다. 공산품과는 달리 농산물은 5퍼센트 정도만 더 생산되어도 가격은 큰 폭으로 떨어진다. 반대로 생산량이 조금만 줄어들어도 가격은 큰 폭으로 상승한다. 일반적으로

4장 식량 안보 없이 미래는 없다

농산물 생산이 10퍼센트 줄면 가격은 60퍼센트가 오른다고 말한다. 그래서 농산물 가격은 대체로 폭락과 폭등이라는 단어와 짝을 이루어 나타나는 경우가 많다. 이것은 저장성이 떨어지는 작물일수록 더하다. 배추의 경우 생산 면적이 늘고 기상 조건마저 좋았던 2015년에는 가격이 70퍼센트까지 떨어지기도 했다. 배추를 수확하는 비용이 판매 가격보다 더 높아지면 농민들은 밭을 갈아엎을 수밖에 없다. 수확하면 할수록 적자가 커지기 때문이다.

농사의 풍흉에 가장 큰 영향을 미치는 것은 기후이다. 비가 제때 와주고 햇볕이 좋으면 풍년이 든다. 그런데 농민 입장에서 풍년이 마냥 반갑지는 않다. 어차피 농산물 가격이 생산량이 늘어난 것보다 더 크게 떨어질 것이기 때문이다. 이렇듯 농산물은 많이 생산되어도 문제이고 적게 생산되어도 문제이다. 만약 농가들이 파산하게 된다면 농업 생산 기반이 무너져 국내 농산물의 수급과 가격 불안이 더 커지기 때문에 정부가 개입하지 않을 수 없다. 정부의 가장 기본적인 기능 중 하나는 국민에게 칼로리를 안정적으로 공급하는 것이기 때문이다. 이것이 실패하면 국민적인 저항에 부딪히면서 정권 유지도 힘들어진다. 2010년부터 일어난 '아랍의 봄'은 국제 식량 가격 상승이 촉매제로 작용했다. 그 후 10여 년이 더 지났지만 혼란에 휩싸인 중동 국가들의 비극은 여전히 진행형이다. 역설적으로 중동의 비극은 우리가 식량 안보에 더 많은 관심을 가지는 계기로 작용했다.

식량의 경제학

우리는 농산물 가격이 그해 기상에 큰 영향을 받는다고 이해한다. 물론 기상이 가장 큰 영향을 미치는 것은 맞지만, 이 외에도 여러 인자가 국제 농산물 가격에 영향을 미친다. 역설적으로 기후변화 정책도 농산물 가격에 영향을 끼친다. 미국과 유럽연합 등 많은 국가에서는 바이오연료를 의무적으로 사용하도록 규제한다. 화석연료에 의한 온실가스 배출을 줄이기 위해서이다. 바이오연료 생산으로 전용되는 농경지는 국제 유가가 올라가면 더 늘어나는데, 그러면 식량 공급이 줄어들 수밖에 없다. 반면에 비료와 연료 등 원자잿값은 상승한다. 이 외에도 관세, 국내 농가에 지급하는 생산 보조금, 농가의 소득 증가도 식량 가격에 영향을 미친다.[2]

앞에서 언급한 인자 중 소득 증가가 왜 국제 농산물 가격에 영향을 미치는지를 한번 살펴보자. 이것은 시민들의 소비 형태와 관련이 있다. 개발도상국에서 국민 소득이 증가하면 식품 소비 지출액이 늘어나는데, 그중 육류 소비가 더 크게 증가한다. 근래 들어 남미와 동남아시아에 위치한 개발도상국의 소득이 증가했다. 이에 따라 곡물과 육류의 소비량 역시 따라서 증가했고 국제 곡물 시장의 수요도 증가했다.

2022년 2월 24일 러시아는 우크라이나 동부 일부에 대한 제한적 군사작전에 머물 것이란 예상을 깨고 수도 키이우로 진격했다. 키이우를 순식간에 점령할 것이라는 예상과는 달리 러시아는 고전을 면치 못하고 있다. 미국과 유럽연합은 러시아에 대한 강력한 경제제재를 발동했다. 국제은행간통신협회SWIFT에서 러시아를 배제했고 첨단 전자 제품의 수출도 금지했다. 러시아의 주가는 최대 50퍼센트까지 급락했고 금리는 20퍼센트까지 치솟았다. 그렇지만 앞 장에서 이야기했듯 러시아가 서구의 경제제재에도 불구하고 식량과 에너지 자급은 문제가 없을 것이다. 오히려 다급해진 것은 러시아를 제외한 국가들이었다.

2014년 3월부터 러시아가 크림반도를 합병하자 유럽과 미국은 러시아에 대한 경제제재를 단행한다. 이때 러시아의 농업 기업들은 갑자기 호황을 맞게 된다. 루블화 가치가 떨어지면서 러시아산 곡물과 비료의 가격 경쟁력이 갑자기 좋아진 것이다. 러시아산 곡물은 이집트와 터키로 수출되었고, 경제제재에 대한 보복으로 외국산 식품의 수입을 제한하자 러시아의 농산물 자급률은 오히려 올라갔다. 푸틴 대통령은 서방의 경제제재를 러시아의 식량자급률을 높이는 데 활용했다. 비료 업체들도 덩달아 경쟁력이 생기면서 비료 수출도 늘어났다. 루블화 가치가 하락하면서 경제제재와 상관 없는 상품인 식량과 비료를 생산하는 러시아 수출 기업들은 전례 없는 호황을 맞았다.

다시 러시아에 대한 경제제재가 강화되면서 국제 유가뿐만 아니라 질소와 칼륨비료 등 농자재와 식량 가격도 출렁이고 있다. 우크라이나와 러시아는 밀의 최대 수출국으로 전 세계 수출량의 29퍼센트를 차지한다. 2014년 러시아가 크림반도를 합병했을 때 국제 밀 가격은 최대 75퍼센트까지 뛰었다. 우크라이나-러시아 전쟁으로 인한 경제제재가 장기화되면 값싼 밀을 수입해 왔던 아프리카와 중동 국가들은 물가 불안에 빠져들 수밖에 없다. 식량 자급이 가능한 유럽과 미국은 가격이 조금 오르는 정도에서 멈추겠지만 동유럽의 밀에 의존하는 개발도상국은 식량 위기에 직면한다.

식량자급률은 높아질 수 있을까?

위기가 도래할 때마다 우리나라에서는 식량자급률을 높이자는 여론이 높아진다. 그렇다고 앞에서 설명한 식량자급률의 딜레마가 해소되지는 않는다. 식량자급률을 높인다는 이야기는 현재 우리 농업 구조에서는 쉽지 않은 일이다. 이것은 주로 경제적인 이유에서 기인한다. 우리나라 농경지는 대략 160만 헥타르 정도이다. 한때는 230만 헥타르까지 늘어난 적도 있었지만 1980년대 이후 지속적으로 줄어들었다. 한계 농지로 분류되는 산간 지방의 농경지는 농촌의 인구 감소로 인해 숲으로 되돌아갔고, 도시와 공단 그리고 도로 개발 등 다른 목적으로 전용되는 농경지가 늘어나면서 매년 1~2퍼센트씩 줄고 있다.

식량 작물은 주로 논에서 재배된다. 논은 전체 농경지의 절반이 조금 넘어간다. 예전에는 60퍼센트를 넘은 적도 있었지만, 벼농사의 수익성이 떨어지면서 논이 밭으로 전환되는 비율이 늘어났다. 논을 3000평, 즉 1헥타르를 가진 농가는 벼농사로 얼마의 수익을 올릴지 간략히 계산해 보자. 1헥타르에서는 평균 5.2톤 정도의 쌀이 생산된다. 2021년 1등급 벼의 공공비축미 매입 가격은 40킬로그램 한 포대에 7만 4300원이었다. 도정 수율을 72퍼센트로 계산하면 벼의 무게는 7.2톤 정도이다. 즉 농가는 1헥타르당 최고 1300만 원 정도의 매출을 얻을 수 있다. 여기에서 생산비를 제하면 대체로 500만 원 내외의 수익을 가진다.

2021년에 발표한 통계자료를 살펴보면 2020년 우리나라 농가의 평균 경지면적은 1.08헥타르였고, 농업 소득이 1000만 원에 못 미치는 농가가 70퍼센트를 넘어섰다. 농가의 평균 소득 4500만 원 중 농산물을 판매해서 획득한 소득은 1180만 원에 불과하다. 도시 가구 대비 농가 소득은 65퍼센트 정도에 머물고, 농업인구 중 65세 이상은 거의 절반에 다가가고 있다. 농촌의 불리한 생활 조건과 열악한 의료 접근성, 낮은 소득으로 고령농을 대체할 세대 교체는 거의 이뤄지지 않는다.

새로 농촌에 유입되는 청년들은 벼농사보다는 딸기, 토마토, 오이 등 시설 원예 작물을 선호한다. 벼농사 대비 소득이 크게 높기 때문이다. 이 때문에 많은 논이 비닐하우스로 바뀌고 있다. 우리나라의 비닐하우스 등 온실의 면적은 5만 헥타르를 넘어가는데 이는 중국에 이어 세계 2위권이다. 유럽의 최대 원예작물 생산국인 스페인과 비슷한 수준이다. 앞으로도 시설 원예나 과수 생산을 위해 전용되는 논의 면적은 계속 늘어날 수밖에 없다.

이런 조건에서 곡물의 생산량이 늘어나기 위해서는 농가 소득을 보전하기 위한 지원이 늘어나야 가능하다. 쌀은 이미 국내 수요량이 줄어들면서 과잉된 상태이다 보니 콩, 밀, 보리, 옥수수 등 다른 작물의 생산이 늘어나야 한다. 국산 콩에 대한 수요가 늘어난 것은 수입산과 가격 차이가 상대적으로 크지 않고, 유전자변형 농수산물 논란에서 자유로울 뿐만 아니라 두부로 만들었을 때 품질의 차이가 컸기 때문이다. 그렇지만 관세의 보호 장벽이 사라진 농산물이 식량 대국에서 수입되는 농산물과 경쟁하기는 어렵다. 다행스럽게도 국산 콩에 대한 선호가 증가하면서 국내의 콩 생산 면적도 증가 추세이다. 그렇지만 전체 면적은 5만 헥타르에 미치지 못한다. 반면에 국산 밀에 대한 수요는 커지지 않으면서 자급률은 불과 0.7퍼센트에 불과하다.

정부는 주요 곡물마다 자급률을 설정하고 생산량을 늘리기 위해 노력한다. 그렇지만 야심 차게 높게 잡은 자급률 달성에 계속 실패하자 목표를 계속 낮추고 있다. 밀의 경우 2013년에는 15퍼센트에서 2018년에는 9퍼센트로 하향 조정했고, 2025년에는 5퍼센트까지 낮추었다. 지금까지 그래왔듯이 이변이 없는 한 이 목표 수치는 앞으로도 하향 조정될 수밖에 없다. 2011년에 설정한 2020년의 식량자급률 목표는 60퍼센트였다. 하지만 실제로는 46퍼센트대에 머물렀다.

도시 국가인 싱가포르는 자국에서 생산되는 농축수산물이 자국 소비량의 10퍼센트 정도에 불과하다. 식량 공급망의 안정성은 매우 취약한 것이다. 농경지가 별로 없는 싱가포르는 식량자급률을 2030년까지 30퍼센트까지 높이는 '30 바이by 30' 정책을 추진하고 있다. 주로 어류 양식이 큰 부분을 차지한다. 특이한 것은 무려 170개국에서 식품을 수입한다는 사실이다. 전략적 수입선 다변화의 결과이다.[3] 싱가포르가 이런 다변화 정책을 펴는 데는 이유가 있다. 싱가포르는 말레이시아와 물 공급 협정에 따라 전체 물 소비량의 절반 이상을 공급받는다. 그런데 말레이시아는 여러 번 물 공급 협정을 갱신하지 않겠다고 위협해 싱가포르를 긴장하게 만들었다. 식량 역시 일부 국가에 대한 의존도가 커질 경우 같은 위협에 노출될 수 있다. 현재 코로나19로 인해 어려운 경제 상황을 겪고 있지만, 곧 다가올 기후 위기에 비하면 대수롭지 않은 피해일 수 있다. 식량을 전적으로 해외에 의존할 수밖에 없는 싱가포르는 나름대로 최선의 선택을 하는 것이다.

우리나라 식량자급률은 현재 경제구조에서는 지금보다 더 높아지기는 현실적으로 어렵다. 우리가 목표를 어디에 두든 현실은 냉혹하다. 우리나라는 어떤 전략이 최선일까?

개방형 또는 고립형 식량 구조

식량자급률을 이야기할 때 한 가지 더 알아둬야 할 것이 있다. 식량을 충분히 생산할 수 있는 나라는 그리 많지 않다는 사실이다. 최근에 발표된 한 논문에서는 시나리오별로 식량 공급망이 어떻게 될지를 추정했다. BAU business as usual(현재 주어진 조건이 계속 이어질 때를 가리키는 관용적 표현) 시나리오를 적용할 때 불과 14퍼센트의 국가만이 자급자족이 가능한 식량을 생산할 수 있다고 한다.[4] 주요 식량 수출국은 러시아와 동유럽 국가들, 그리고 태국이다. 대륙별로는 아메리카, 유럽, 오세아니아가 플러스 식량 생산 지역이 되는 반면, 아시아와 아프리카 국가들은 식량 수요량 대비 공급량이 부족한 마이너스 식량 생산 지역이다. 산업화 시대에서는 자원의 공급 기지와 공산품의 생산 기지로 큰 역할을 한 아프리카와 아시아가 기후변화 시대에는 식량 위기에 상시적으로 노출될 위험에 처할 것으로 추정했다.

우리나라는 역사시대 대부분 동안 충분한 식량을 생산하는 데 어려움을 겪었다. 기상이 나쁜 해가 연속되면 대기근이 찾아오기도 했다. 그래서인지 우리나라 사람들은 기후 위기보다는 식량 위기에 더 민감하게 반응해 낮은 식량자급률을 높이자는 정책에 적극적으로 호응한다. 그런데 앞에서 설명했듯이 국내에서 식량 생산량이 더 늘어나기는 어렵다.

한 국가의 식량 공급망을 분류할 때 고립형 식량 구조와 개방형 식량 구조로 나누기도 한다. 식량 수급이 국내 생산을 중심으로 이뤄지는 경우, 즉 식량자급률이 높은 경우를 고립형 식량 구조라고 이야기한다. 반대로 수입산의 비중이 높은 경우, 즉 식량자급률이 낮은 경우를 개방형 식량 구조라고 부른다. 식량자급률이 중요한 이유는 식량 위기에 대한 대처 능력 때문이다.

식량 위기는 두 가지 경우를 가정할 수 있다. 하나는 국내 생산이 급감하는 경우이다. 우리나라는 1980년 냉해로 쌀 생산량이 거의 30퍼센트 정도 감소했다. 1980년 5월 18일 미국 세인트헬렌스 화산이 폭발하면서 그 화산재가 북반구를 뒤덮어 기온이 떨어진 것이 원인으로 지목된다. 1993년에도 냉해를 크게 입었는데 1991년부터 폭발하기 시작한 필리핀의 피나투보 화산이 영향을 미친 것으로 추정된다. 다른 하나는 해외 생산이 급감하는 경우이다. 2008년과 2011년 두 차례에 걸쳐 국제 곡물 가격이 급등했다. 2005년부터 2008년 사이 밀과 쌀 가격은 거의 2배가 올랐다. 쌀 수입량이 많은 필리핀도 영향을 받았지만, 이 여파는 주로 밀을 수입하던 중동 국가에 큰 영향을 끼쳤다.

1980년 당시 우리나라의 곡물자급률은 56퍼센트였다. 쌀은 100퍼센트 자급되고 있었고 밀과 사료용 곡물이 일부 수입될 때였다. 이 시기에는 고립형 식량 구조였다고 볼 수 있다. 우리나라에서 쌀 생산량이 30퍼센트 정도 감소했는데 냉해에 약한 통일벼를 많이 심은 영향이 컸다. 이듬해인 1981년에는 식량 수급에 비상이 걸렸다. 쌀은 교역량이 큰 품목이 아니었고 우리나라는 쌀을 수입해 본 경험이 거의 없었다. 특히 우리가 주식으로 먹는 자포니카 쌀은 한국과 일본, 중국 일부에서 생산될 뿐이었다. 어쩔 수 없이 주로 수입하던 미국 외에 일본, 대만, 호주, 인도네시아, 스페인 등에서 쌀을 살 수밖에 없었다. 쌀 가격은 1980년 톤당 200달러에서 1981년에는 600달러까지 치솟았다. 가격도 문제였지만 수출국의 장기 도입 요구도 받아들여야만 했다. 1982년 쌀 생산량은 예년으로 회복했지만 계약에 따라 추가로 도입된 쌀 27만 톤은 이후 쌀값 하락의 원인으로 작용했다.

2008년과 2011년 세계적인 식량 위기가 발생했을 때 우리나라 국민 대부분은 그 영향을 크게 실감하지는 못했다. 식량 위기로 중동에서 시민들의 봉기가 일어났어도 단지 외신으로만 인식했다. 국내에서 쌀 자급은 충분히 가능했고, 밀과 옥수수의 수입 가격이 크게 올랐지만 물가에 일부 반영되는 정도로 지나갔다. 이명박 정부 들어서 해외 농업 개발에 대한 관심이 크게 높아졌지만 국제 식량 가격이 안정화되자 빠르게 식었다.

고립형 식량 구조는 해외의 식량 생산량 변동에는 영향이 크지 않지만 국내 식량 수급에 문제가 발생하면 큰 어려움을 겪는다. 반면에 개방형 식량 구조는 해외 공급망이 영향을 받으면 큰 타격을 입는다. 우리나라의 경우 주식인 쌀은 거의 100퍼센트에 가까운 자급률을 유지하고 있으나 나머지 곡물은 낮은 자급률을 나타낸다. 개방형 또는 고립형이라기보다는 절충형에 가깝다.

그럼 둘을 비교하면 어느 것이 더 유리할까? 이것은 시나리오에 따라 달라질 수밖에 없다. 채소를 예로 들면, 우리나라에서 김치용으로 재배하는 배추는 국내의 생산과 소비가 큰 품목인 반면 양파는 어느 나라에서나 재배되는 범용적인 채소이다. 배추처럼 국내 수요는 일정한데 생산이 기상에 따라 들쭉날쭉하면 폭등과 폭락이 반복될 수밖에 없다. 정부 비축 제도가 어느 정도 완충하는 역할을 하지만 재배 면적이 늘어나고 풍년이 들면 가격이 폭락하는 것을 막을 수 없다. 양파의 경우 국내 수요가 부족하면 일시적인 가격 상승이 있지만 수입하기가 용이해 소비자 가격 안정에 유리하다.

쌀은 밀과 옥수수에 비해 국제 교역량이 크지 않은 품목이다. 대부분은 생산지에서 소비되고 국제 곡물 시장에서는 전체 생산량의 8퍼센트 정도만 유통된다. 우리가 주식으로 하는 자포니카 쌀은 거의 없다. 따라서 어느 정도의 흉년에는 국내에서 가격이 조금 오르는 영향에 머물 것이다. 1980년에는 기록적인 냉해로 쌀 수확량이 30퍼센트 줄어들었다. 이듬해 국내에서는 쌀 수급에 비상이 걸렸다. 만약 그때와 같은 상황이 재현된다면 이번에는 슬기롭게 지나갈 수 있을까?

주식 작물의 반열에 올라선 밀은 거의 전량 수입에 의존한다. 매년 250만 톤 정도를 식용으로 수입한다. 밀의 국제 가격은 기후와 국제 정세에 영향을 받는다. 일시적으로는 가격이 오를 수 있지만 식량 위기가 오랫동안 지속되는 경우는 흔치 않다. 한 지역이 흉년이 들면 다른 지역은 풍년이 드는 것이 지금까지의 패턴이었기 때문이다. 봄밀과 겨울밀이 번갈아 재배되고 남반구의 뉴질랜드와 호주에서는 다른 계절에 수확된다. 따라서 국제 곡물 시장 상황에 따라 나라별로 밀의 재배 면적이 줄거나 늘어나면서 어느 정도의 균형을 찾는 패턴이었다.

옥수수는 대부분 사료로 사용되어 축산의 생산비를 올리는 요인으로 작용할 것으로 예상된다. 미국에서 옥수수는 바이오 에탄올로 만들어져 자동차 연료로 사용된다. 2020년에는 미국에서 생산된 옥수수의 34퍼센트가 에탄올을 생산하는 데 사용했다. 이렇듯 옥수수 가격은 미국의 바이오연료 정책에 따라 영향을 받기도 한다. 그렇지만 옥수수 수급 자체에 문제가 일어날 가능성은 아직 높지 않다. 미국에는 우리나라 농경지의 10배에 해당하는 1500만 헥타르가 휴경을 하고 있다. 곡물 시장의 수요가 커지면 다시 농작물 재배에 활용 가능성은 열려 있다.

우리나라는 식량 수급을 걱정할 정도는 아니다. 쌀의 생산 기반을 지속적으로 현대화해 나가고, 품종 개발과 정밀 농업 기술에 대한 투자가 꾸준히 이뤄진다면 어느 정도의 기후 충격에도 충분히 대응할 수 있다. 우리나라도 수량이 높은 벼 품종을 가졌지만 농가에 보급하지는 않고 있다. 밥맛이 떨어져 쌀 수요 자체를 줄일 우려가 크고 무엇보다 가격을 떨어뜨려 생산 기반을 약화시킬 수 있기 때문이다. 이러한 가정이 성립하기 위해서는 쌀 자급률을 현재처럼 거의 100퍼센트로 유지해야만 한다. 많은 예산이 들어가는 일이다.

우리나라가 정말 식량 위기에 처할 때는 국내뿐만 아니라 다른 나라의 농업 생산량이 크게 줄어들 때이다. 우리가 엥겔 지수 상승보다 더 큰 걱정을 하게 될 때는 글로벌 식량 공급망 위기가 연속적으로 일어나는 최악의 시나리오가 현실화되는 때이다. 이제 우리나라도 이 상황을 어떻게 대비할지 진지하게 고민해야 할 때가 왔다.

우리나라는 세계 10위의 경제 규모를 가진 선진국이다. 여러 식량 수출국으로부터 많은 식량을 수입하는 곡물 시장의 큰손 중 하나이다. 그렇지만 우리는 다른 나라의 농업 현황에 대해서는 거의 아는 게 없다. 미국 NASA에서는 인공위성의 이미지를 이용해 세계의 주요 작물 재배 면적을 추정하고, 농산물의 구매, 저장, 운송, 판매에 관여하는 최대 곡물 기업인 카길Cagill은 자체 인공

위성으로 전 세계 농작물 작황을 예측한다. 우리는 2025년에야 농림업에 활용할 중형 과학위성을 쏘아 올릴 예정이다. 우리나라의 경제 규모에 맞지 않게 국가별 농업 전문가도 거의 전무한 실정이다. 우리와 같은 곡물을 두고 경쟁할 국가의 농업에 대해 아는 것이 없다는 사실이 식량 안보에 더 큰 문제가 아닐까?

우리나라 농림업 예산은 연간 16조 원에 달한다. 국가 예산의 3퍼센트에 조금 미치지 못하는 수준이다. 미래의 식량 안보를 대비하고자 한다면 농업에 투자하는 예산을 더 늘릴 필요가 있다. 농민 단체에서는 농업 예산을 5퍼센트까지 늘려야 한다고 주장한다. 그리고 여러 번 언급했듯이 개발도상국의 농업 발전을 위한 기술 지원과 투자를 늘려가는 것도 식량 안보에 중요하다. 다른 나라에서 식량 위기가 발생하지 않아야 우리나라가 안정적으로 식량을 수입할 수 있기 때문이다.

식량 위기가 초래한 파국

2008년의 식량 위기는 유가 상승과 바이오연료에 대한 보조금 증가, 금융 위기로 인한 국제 교역량 감소가 겹치면서 발생했다. 일부 국가에서 가뭄으로 곡물 생산량이 감소하기는 했지만 그것이 국제시장 가격에 큰 영향을 끼칠 정도는 아니었다는 분석이다. 쌀과 밀 시장에서 어떤 일이 발생했는지 살펴보자.

쌀의 교역량은 생산량의 10퍼센트 이하로 낮다. 주요 수출국은 인도, 태국, 파키스탄, 베트남, 미국 등이다. 2000년대 초부터 국제 유가가 상승했다. 세계 경제가 호황을 맞으며 2003년 배럴당 29달러이던 유가는 2005년 50달러를 돌파했고, 2008년에는 100달러까지 치솟았다. 고유가는 개발도상국 물가 상승을 압박했고 농산물의 장거리 운송을 포기하게 만들었다. 인도와 베트남에서 쌀 사재기가 기승을 부리자 자국 내 쌀 가격 안정을 위해 일시적인 수출 금지 조치를 발동했다. 2007년 톤당 300~350달러 수준에 머물던 국제 쌀 가격은 2008년 900달러까지 상승했다. 국제 쌀 시장에서 공급 부족이 예상되자 주요 수입국들이 경쟁적으로 쌀 확보에 나서면서 선물 시장이 과열되었다. 주요 쌀 수입국인 필리핀은 큰 타격을 받았다. 1990년대부터 쌀 순 수입국으로 돌아선 필리핀은 국내 쌀 산업이 약화되면서 수입량이 계속 늘어나 세계 최대 쌀 수입국으로 등극했다. 2009년 쌀 수입량은 180만 톤, 2010년에는 240만 톤에 달했다. 세계적인 식량 위기가 발생하자 필리핀의 취약한 식량 안보 문제가 그대로 드러났다. 필리핀 농림부 장관은 세계은행을 통해 쌀 수출국들의 통제를 풀어줄 것을 요청해야만 했다. 이는 당시 아로요 정부의 지지도를 크게 떨어뜨리는 원인 중 하나로 작용하기도 했다.

2005~2006년 호주에서 2년 연속 가뭄이 들면서 국제 밀 가격은 들썩였다. 우크라이나를 비롯한 주요 밀 수출국에서도 국내

가격 안정을 위해 일시적으로 수출을 제한했다. 밀 가격 역시 2배 정도 상승했다. 국제 유가 상승과 금융 위기 여파로 힘든 시기를 보내던 중동 국가에서는 식량 가격이 폭등하자 국민의 불만도 폭증했다. 2010년부터 튀니지에서 시작된 재스민 혁명은 식량 가격 상승이 하나의 원인으로 지목된다. 그 여파로 중동 각국으로 반정부 혁명이 번져나갔고, 10년이 지난 지금도 여전히 내전의 소용돌이에서 벗어나지 못하고 있다.

이후 많은 나라에서 2008년부터 시작된 식량 위기를 분석했다. 공통적으로 등장하는 내용은 가뭄으로 일부 지역에서 식량 생산이 줄어들기는 했지만 2배만큼 식량 가격을 상승시킬 정도는 아니었다는 평가가 주를 이루었다. 일부 국가에서 곡물의 생산량이 줄기는 했지만 다른 지역에서 재배 면적이 늘어나면서 식량 생산은 빠르게 안정되었다. 쌀의 경우에는 취약한 시장 구조가 문제를 드러냈다. 일부 수출국에서 쌀 생산량이 줄어들면서 국내 가격의 변화를 우려한 사재기로 이어졌고, 국내 가격 안정을 위해 수출 통제로 이어지면서 시장의 불안을 증가시키는 것이 원인으로 지목되었다.

그 후로도 식량 공급망의 불안정은 주기적으로 반복되었다. 2012년과 2014년에 일시적인 식량 가격 폭등이 있었고, 2022년 우크라이나-러시아 전쟁이 발발하면서 전 세계에는 식량 위기의 공포가 엄습했다. 식량 가격이 불안정해지면 가난한 나라, 특

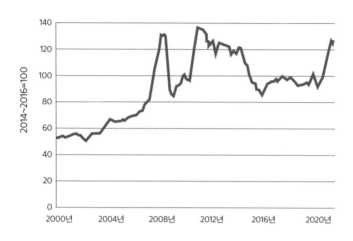

국제연합식량농업기구 식품 가격 지수
(2014~2016년 평균치가 기준치 100)[5]

히 기후 위기에 취약한 국가가 먼저 타격을 받는다. 그중에서 취약 계층에게 고통이 가중된다. 언제나 그렇듯 식량 위기는 가난한 자에게 먼저 찾아간다.

미세먼지는 잊어버려, 기후가 진짜 문제

코로나19 이전에는 미세먼지가 환경 이슈의 중심을 차지했다. 2018년 상반기 구글 검색어 1위는 "미세먼지"였다. '미세먼지 문제를 해결하지 못하면 정권을 잡을 생각을 하지 말라'라는 것이 당시 정서였다. 이런 심각성을 인식해서 문재인 정부는

2019년 4월 전 유엔사무총장 반기문을 위원장으로 하는 '대통령 직속 미세먼지 문제 해결을 위한 국가기후환경회의'를 출범시켰다. 나 역시 농업 분야 전문가로서 회의에 몇 번 참석했다. 국민의 스트레스가 극도에 달했던 만큼 공기 흐름이 느려져 미세먼지 농도가 높아지기 쉬운 날에는 공장을 멈추고, 야외 공사를 중단하고, 경유차 운행을 제한하고, 논과 밭 두렁을 태우는 것을 막았다. 가능한 한 모든 조치가 논의되었다. 그리고 많은 조치가 실제로 시행되었다.

환경부는 고등어를 구울 때 미세먼지가 가장 많이 발생한다는 보도자료를 냈다가 여론의 뭇매를 맞았다. 미세먼지로 짜증 난 국민의 뺨을 때린 격이라고나 할까. 과학적 근거가 없는 것은 아니었다. 공장 매연이 대기질에 영향을 주기는 하지만 집 안으로 한정하면 요리 과정, 특히 고등어처럼 직화 구이를 하면 당연히 미세먼지 양이 증가한다. 이것을 생물 연소라고 한다. 도심지에는 수많은 음식점이 밀집해 있다. 그 음식점에서 고기를 구울 때 생기는 연기는 환풍기를 통해 밖으로 배출된다. 바람이 없는 날 먹자골목을 다녀본 사람들은 고기 굽는 냄새와 뿌연 연기로 자욱한 거리가 떠오를 것이다.

개발도상국에서는 나무와 석탄을 부엌의 취사 연료로 사용하기도 한다. 가정주부의 폐암 발생률이 높아질 수밖에 없는 환경이다. 실제로 가정의 취사 연료를 바꿔주는 사업들이 ODA 사업

4장 식량 안보 없이 미래는 없다

으로 추진되었다. 멀리 있는 큰 오염원보다는 작아도 가까이 있는 오염원이 우리 건강에는 더 큰 영향을 끼치는 법이다. 환경부는 여론의 뭇매를 맞는 일이 억울했을 것이다.

그런데 그해 말부터 코로나19가 발생했다. 이동이 줄어들자 하늘이 놀랄 만큼 깨끗해졌다. 농촌을 방문할 때마다 카메라를 들고 다니는데 이 시절에 찍은 사진에는 파란 하늘이 잘 드러나 있었다. 2020년이 되자 미세먼지를 신경 쓰는 사람은 많지 않았다. 미세먼지가 사라지자 기후변화가 갑자기 이슈의 전면에 등장했다. 미국 대선에서 바이든이 당선될 가능성이 높아지면서 탄소중립에 미국이 참여할 것이라는 기대도 높아졌다.

이때부터 조천호 박사의 행보도 빨라졌다. 조천호 박사는 미세먼지가 건강에 부정적인 영향을 끼치는 정도라면 기후변화는 인류의 생존 기반이 붕괴되는 문제로 미세먼지와는 차원이 다른 위협으로 인식해야 한다고 강조한다. 미세먼지는 길어야 5일이면 사라지지만, 이산화탄소는 한 번 배출되면 100년 이상 대기 중에 남아 후세대에까지 영향을 미친다.[6] 그리고 기후변화가 무서운 것은 식량 때문이라고 강조한다. 경제 위기는 어쨌든 먹고는 살 수 있지만 기후변화로 초래되는 식량과 물 부족은 인류의 생존을 위협하기 때문이다. 이 역시 가난한 국가와 취약 계층이 먼저 위험에 빠진다.

환경 운동가들은 우리나라를 기후 악당이라고 칭하는 데 주저함이 없다. 이산화탄소 배출량 세계 7위, 대기질은 OECD 국가 중 거의 꼴찌 그룹, 기후변화 대응 지수는 61개국 중 58위를 차지한다. 우리 사회가 얼마나 열심히 살아왔는지를 나타내는 지표로 볼 수도 있지만 제조업 중심의 경제구조를 가진 국가의 한계를 드러내는 것이기도 하다. 문제는 더 이상 이런 방식의 발전이 지속 가능하지 않다는 사실이다. 세계는 재생에너지로의 전환과 녹색 일자리로 산업의 중심이 이동하고 있다,

기후 위기 시대를 헤쳐나갈 지속 가능한 사회는 크게 두 가지 방향으로 접근할 수 있다. 하나는 온실가스 자체를 줄이는 감축 정책이다. 여기에는 화석연료 다이어트와 재생에너지로의 전환이 주축을 이룬다. 에너지 전환, RE100, 넷 제로 등이 지배하는 세계이다. 다른 하나는 기후 위기에 대응해서 어떻게 살아남을 것인가라는 기후적응 정책이다. 이 분야의 키워드는 식량 위기, 기후 난민, 물 전쟁, 해안선 침수, 전염병과 풍토병의 대유행, 경기 침체, 일자리 감소, 부자와 빈자 간 격차, 대기근 등 온갖 부정적인 단어들이 자리 잡고 있다. 많은 사람에게는 실체가 없는 협박이겠지만 다른 사람, 다른 국가, 또는 다음 세대의 문제로 느껴질 수도 있다. 지구와 인류 이야기는 다음으로 미루고, 우리나라는 어떤 입장을 취하는 것이 최선일까라는 관점에서 생각해 볼수도 있다. 이를 아생후살타我生後殺他로 볼 수 있는데, 바둑에서 쓰는 격언으로 "자신이 먼저 살고 상대를 공격하라"라는 의미이

다. 일단 우리나라가 먼저 살아야 기후 위기도 대응할 수 있기 때문이다.

우리는 이미 2050년 탄소중립, 2030년에는 2018년 대비 40퍼센트를 감축하겠다고 유엔에 약속했다. 기술적으로 불가능한 것은 아니지만 현실적으로 지키기는 쉽지 않다. 제조업 중심의 경제구조와 국민들이 위기를 받아들이는 현재의 인식 구조에서는 거의 불가능하다고 보는 것이 합리적이다. 만약 그럴 경우에 우리나라는 어떤 영향을 받을지에 대한 고민도 필요하다. 수출 중심의 경제구조를 가진 나라에서 기후 악당 취급을 받으면 어떤 영향을 받을까?

재생에너지로 전환이 이뤄지더라도 한 가지 문제가 더 남는다. 해수면 상승, 극한 기상의 증가, 평균기온 상승과 생태계의 붕괴 속에서 어떻게 식량 안보를 확보할 것인가의 문제이다. 전 세계 기후적응 대책 중 농업과 관계되는 키워드가 많은 비중을 차지한다. 자동차는 전기만 꽂으면 되지만 사람은 먹어야 한다. 농업이 미래에는 더 중요해진다는 의미이다. 우리나라가 식량자급률이 높았으면 우리가 다루는 문제의 크기도 이렇게 크지 않았을 것이다. 하지만 식량 대국인 미국, 호주, 러시아 등 일부 국가만 자급자족이 가능할 뿐이다. 그리고 독일과 프랑스 등 곡창지대를 보유하고 하나의 경제권으로 묶인 유럽 역시 식량 위기로부터 자유롭다. 반면에 유럽은 식량 위기가 초래되면 중동과 아프리카의 난민 유입으로 큰 곤란을 겪을 것이다.

글로벌 식량 공급망의 다변화

앞에서 이야기했듯이 우리나라는 식량자급률을 현재 수준에서 더 이상 높이기 어렵다. 기술적으로 가능해도 경제적 비용이너무 많이 들 뿐만 아니라 환경 부하와 생물 다양성에도 영향을줄 수밖에 없다. 이것이 왜 중요한지는 다음 장에서 자세히 다룰예정이다. 그렇다면 한 가지 남은 대안은 외부로부터의 식량 공급망을 안정화하는 것이다. 안정화라는 개념에는 역시 크게 두가지 전략이 있다.

첫째는 식량 수입망을 다변화하는 전략이다. 현재 우리나라의 곡물 수입은 ABCD로 불리는 세계 4대 곡물 기업에 크게 의존한다(곡물 수송, 가공, 선적, 하역, 저장 등 유통 전 과정을 장악해 막강한 영향력을 행사하는 기업을 일컫는다. 세계 4대 곡물 기업은 아처대니얼스미들랜드ADM, 벙기Bunge, 카길Cargill, 루이스드레퓌스LDC를 지칭한다). 예전에는 이4대 기업의 세계 곡물 거래 점유율이 80퍼센트에 이르렀던 적도있었다. 하지만 최근 밀의 경우 30퍼센트 이하로 떨어졌고, 옥수수는 40퍼센트를 조금 넘어서는 수준에 머물고 있다. 전문가들은 대안으로 곡물 수출국의 국적 공급사를 활용해 수입선을 다변화하는 노력이 필요하다고 주장한다. 국내에 도입되는 곡물들은 한정된 국가에서 집중적으로 수입하는데 이것이 어떻게 가능할지는 여전히 의문이다.

밀은 미국, 브라질, 우크라이나 세 나라에서 80퍼센트 이상을 수입하고, 콩은 미국, 브라질 두 나라에서 약 90퍼센트를 수입한다. 그리고 가장 많은 양을 수입하는 옥수수는 미국, 브라질, 아르헨티나 세 나라에서 약 80퍼센트를 수입한다.[7] 이렇게 한정된 국가에 식량 수입을 의존할 경우 지정학적 리스크에 취약해진다. 우크라이나-러시아 전쟁은 국내의 식량 수급에 큰 영향을 끼쳤다. 이 문제를 해결하고자 국내 기업이 해외 곡물 시장에 참여를 늘려가는 노력도 한다. 포스코인터내셔널은 우크라이나 곡물 엘리베이터(수출용 저장 창고)를 확보해 운영에 들어갔고, 하림 팬오션과 CJ는 해상운송과 현지 가공 설비에 투자하면서 곡물 수급망을 다변화하려고 시도한다.

둘째는 해외에서 직접 생산을 통해 식량 공급망을 다변화하는 전략이다. 포스코인터내셔널이 인도네시아에서 팜 농장을 운영하고, 미얀마에서는 벼 도정 공장을, 우크라이나에서는 곡물 엘리베이터를 확보하면서 직접 식량 수입에 참여한다. 이 외에도 일부 농식품 기업들이 러시아 연해주 지역에서 직접 농장을 운영하고 옥수수 등 사료작물을 재배한 후 국내에 도입했다. 시간을 더 거슬러 올라가면 1962년부터 1965년까지 아르헨티나, 파라과이 그리고 브라질에 200세대가 넘는 농업 이민을 실시한 적이 있었다. 그렇지만 이주 정책이 성공적이지는 못했다. 이주 가구 대부분이 농업에 대한 경험이 없었을 뿐만 아니라 변변한 농기구조차 없이 그 넓은 땅을 개간한다는 것은 처음부터 무리한 계획이었기 때문이다. 당시 이민자 대부분은 농촌을 떠나 도시에 정착했다.

우리나라 사람들은 농사는 땅만 있으면 가능하다고 생각하는 듯하다. 땅이 가장 큰 제한 인자라고 믿기 때문이다. 그렇지만 땅을 구입하는 것은 위험이 따르는 일이다. 법과 제도보다는 사람에 따라 좌우되는 국가일수록 더 위험하다. 실제 농업은 농업 기반 시설과 장비에 대한 투자 수준에 따라 좌우되는 선진국형 산업에 더 가깝다. 그렇기 때문에 한 나라 농업의 수준은 그 나라의 경제 수준과 비례한다는 말도 회자된다. 물론 이것이 항상 일치하지는 않는다. 우리나라 농업은 경제 수준에 비해 낙후되어 있다. 경제는 선진국인데 농업은 개발도상국 수준이라고 평하기도 한다. 이 책의 목적이 우리나라 농업의 문제를 다루는 것은 아니기 때문에 왜 그런지 간략히만 설명하고 넘어가고자 한다.

선진국의 농업 발전 과정을 보면 농장 규모는 커지고 농업 인구는 줄어드는 과정이었다. 농기계가 도입되면서 한 명의 농부가 경작할 수 있는 면적이 늘어나면서 나타나는 현상이었다. 아프리카의 농업 현장을 방문했을 때 의아했던 적이 있었다. 넓은 땅을 가진 국가임에도 불구하고 가족이 경영하는 농경지 면적은

1~2헥타르에 불과했다. 이유는 단순했다. 작물이나 영농 방식에 따라 차이가 있지만 농기계를 사용하지 않고 농사를 지을 수 있는 규모의 한계이기 때문이다. 우리나라의 농가당 경지면적은 1.08헥타르이다. 전형적인 개발도상국형 농업이다. 반면에 네덜란드와 독일의 농장 규모는 대체로 30헥타르를 넘어간다. 물론 농가 수로는 5헥타르 미만의 소농이 절반 이상을 넘어가지만, 실제 농업 생산에서 담당하는 비중은 5퍼센트 내외에 불과하다. 반면에 50헥타르 이상을 경작하는 대농은 5퍼센트 정도에 불과하지만 농업 생산 비중은 50퍼센트를 크게 상회한다. 일본은 불과 20년 전만 하더라도 우리나라와 비슷한 농업 구조였지만 지금은 유럽과 비슷한 구조로 빠르게 전환하고 있다.

농가의 규모가 문제가 되는 것은 생산성을 높이고 농업 환경을 개선할 수 있는 정밀 농업기술을 적용하려 해도 투자 대비 효율성을 얻는 것이 어렵기 때문이다. 농촌의 공동화와 고령화로 농기계 역할이 더 중요해졌지만 투자 대비 효율성의 문제로 농기계에 대한 투자 역시 지체되면서 농촌의 일손 부족 문제도 심각해졌다. 영농 규모를 확대하기 위해 들녘 단위 농업경영체 육성처럼 다양한 방법이 시도되었지만 성공적이지는 못했다. 이러한 문제에 대한 근본적인 원인을 찾아가다 보면 우리나라 국민이 지니는 농업에 대한 인식의 한계에 다다른다. 농사를 하나의 사업으로 보기보다는 삶의 방식으로 대하는 것이다.

농업 ODA 분야에서 일하는 선배들과 함께 개발도상국으로 출장을 갈 때 그들의 경험담에 대해 들을 기회가 있었다. 선배들은 동남아시아의 한 나라에서 한국 기업의 농업 투자가 이뤄진 사업지를 방문해서 조사했었는데, 20여 개 사업지 중 한 곳을 제외한 모든 곳에서 농업 생산보다는 토지에 대한 관심이 더 많은 듯 보였다고 아쉬워했다. 그렇지만 이런 생각도 들었다. 과연 동남아시아처럼 인구밀도가 높은 곳에서 외국인이 직접 농사를 짓는 것이 얼마나 환영받을 수 있을까라는 걱정이었다. 우리는 한국인이 생산한 농산물은 우리 것이라고 생각하는 경향이 있다. 그래서 한때는 식량자주율이라는 개념도 사용했었다. 그렇지만 그 나라에서 생산된 농산물은 아직 우리 것이 아니다. 베트남과 인도처럼 농산물 가격이 불안해지면 언제든지 수출을 제한할 수 있다. 농사를 누가 지었는지에 따라 예외를 인정받기는 어렵다.

셋째는 해외 식량 생산 관련 정보의 수집과 분석 역량을 키우는 전략이다. 세계적인 식량 위기가 바로 우리나라에 전가되는 구조에서 탈피하기 위해서는 주요 식량 수출국과 수입국의 농업 현황을 파악하는 것이 중요하다. 식량 가격은 수출국뿐만 아니라 수입국의 상황에 따라 영향을 받기 때문이다. 이 부분이 우리나라가 가장 취약한 부분이기도 하다. 우리나라 식량 공급망에서 해외 공급망이 차지하는 비중이 80퍼센트에 이름에도 우리는 해외 농업에 대해 너무 모르고, 국가별 농업 전문가도 거의 없다.

가장 좋은 접근 방법은 해외 농업 ODA를 늘리는 것이다. 개발 도상국의 농업 생산성 향상을 위한 인프라 투자와 농업기술 지원을 통해 수원국의 식량 생산을 늘리는 데 도움을 줄 수 있다. 이때 대학원생 연구 프로그램을 통해 인적 네트워크를 확보하고 수원국 농업에 대한 이해를 높여나가는 전략이 필요하다. 개발 도상국의 농업을 더 잘 이해하는 인력이 많아질수록 해외 농업에 대한 정보 수집과 분석 역량도 증가할 것이다. 특히 이러한 접근은 수원국 농업의 기후 위기 대응과 생태계 복원력을 키우는 데도 기여한다.

글로벌 곡물 공급망은 평소에는 효율적으로 잘 작동한다. 곡물 대기업은 뛰어난 정보력과 기술력을 바탕으로 식량 공급망을 안정적으로 유지하는 역할을 한다. 향후 기후 위기가 심화되면 식량 공급망에 충격이 가해질 수밖에 없다. 결국 우리가 얼마나 식량 안보 리스크를 대비한 준비를 하느냐가 중요하다. 이런 측면에서 중국의 대응은 눈여겨볼 만하다. 2013년에 식품회사 쌍후이는 미국 최대의 돈육 업체 스미스필드푸드를 인수했고, 2014년 국영 곡물 업체 코프코는 100년 역사의 네덜란드 곡물 무역 전문 기업 니데라와 아시아 최대 곡물 거래 기업 노블애그리를 인수했다. 2017년 국영 화학 기업 켐차이나는 스위스 다국적 종자 기업 신젠타를 430억 달러에 인수했다. 농식품 기업의 인수 외에도 미국, 칠레, 브라질, 러시아, 우크라이나, 호주 등 여러 국가에 직접 농업 투자를 하고 있다.

물론 우리나라가 세계 최대 식량 수입국인 중국처럼 대응하기는 쉽지 않다. 어떤 접근 방법이 우리나라의 식량 안보를 높이는 데 가장 효과적일지에 많은 연구와 꾸준한 투자가 필요하다. 그렇지만 그 어떤 경우에도 상대국 농업을 이해하는 전문가는 필요하다.

일본과 호주의 농업 협력 사업

우리나라에서 국제 농업 연구와 관련된 협력 사업은 농촌진흥청에 소속된 두 개 과에서 담당한다. 농촌진흥청은 아시아, 아프리카, 중남미 그리고 독립 국가 연합CIS에 22개의 연구 협력 센터를 운영한다. 주로 국내 연구자를 파견해서 수원국의 농업 연구를 지원하는 일을 한다. 그 외에도 해외의 농업 연구자를 초청해서 우리나라의 농업기술을 전수하는 역할도 수행한다.

일본에는 국제 농업 연구 협력을 수행하는 독립기관으로 1970년에 설립한 일본국제농림수산업 연구센터JIRCAS가 있다. 이 연구센터의 연례 보고서를 보면 우리나라가 제공하는 연구 협력 프로그램과 크게 차이가 나지는 않는다. 그런데 한 가지 다른 점은 연구 인력에 대한 투자이다. 개발도상국의 농업 연구자를 일본 대학으로 초청해 학위 과정을 지원하기도 하지만, 일본의 연구자와 대학원생을 개발도상국에 파견해 그 나라의 연구자들과 농업 연구를 공동으로 수행하도록 지원한다. 우리나라가 주로 농업기술에 대한 것에 국한된다면 일본은 농업기술뿐만 아니라 수원국 농업의 구조와 발전 방향 등 그 나라의 농업에 대한 이해를 높이는 연구 과제가 중심이다.

우리나라는 우리의 뛰어난 농업기술을 전수해 주자는 생각에 머무는 반면에 일본은 수원국 농업에 대한 이해를 높이고 농업계 리더들과 인적 네트워크를 만들어가는 것을 더 중요하게 생각한다. 이런 접근 방법의 차이는 비슷한 일을 하지만 완전히 다른 결과를 만들어낸다. 우리는 수원국과 오랜 관계에도 불구하고 그 나라 농업에 대한 이해는 높지 않다. 반면에 일본은 한 나라 농업에 대한 이해도가 높은 전문가가 늘어나면서 더 좋은 농업기술 협력을 해나가는 것은 물론 농식품 기업의 투자로 이어지는 기반을 만들어간다. 호주 역시 일본과 유사한 기관을 운영한다. 1982년에 설립된 호주국제농업 연구센터ACIAR이다. 주로 호주 주변의 동남아시아와 남태평양 국가에 대한 농업 연구를 수행하고 연구자들 간 교류를 지원한다.

라오스에서 머물 때 태국 왕실에서 지원한 농업 연구센터를 방문한 적이 있다. 라오스 수도 비엔티안 인근에 50헥타르가 넘어가는 부지에 교육장과 농업 실습장을 함께 운영하고 있었다. 그 센터를 방문했을 때 인상적이었던 것은 태국의 대학원생들이

센터에서 연구 과제를 수행하고 있다는 점이었다. 태국은 이런 과정을 통해서 주변국 농업에 대한 이해도를 높이는 것은 물론 관련 전문가를 양성하고 있었다. 2015년 태국은 국경에서 가까운 라오스 사바나켓에 최신 설비를 갖춘 두 번째 연구센터를 열었다.

여러 번 강조했듯이 기후 위기는 곧 식량 위기로 이어질 수밖에 없다. 우리가 식량 안보를 공고히 하기 위해 기울여야 하는 노력 중 하나는 해외 농업에 대한 충분한 이해를 가진 전문 인력의 양성이다. 그리고 국가별 농업의 발전 현황과 식량 수급 동향에 대한 정보도 필요하다. 우리나라의 농업기술이 해외의 농업 발전에 기여하기 위해서도, 우리 농식품 기업이 해외에 진출하기 위해서도 농업 전문가들의 인적 네트워크는 중요한 역할을 한다. 우리는 경제 규모에 맞는 농업을 가질 때가 되었다. 우리나라의 식량 안보를 위해서, 또한 농업기술 경쟁력을 높이기 위해서도 필요한 일이다.

새로운 생산, 음식물 쓰레기를 줄여라

유엔식량농업기구는 인간이 먹기 위해 생산되는 모든 식품의 3분의 1에 해당하는 13억 톤의 음식이 매년 낭비된다고 밝혔다. 13억 톤이 얼마나 큰 숫자인지 감이 잘 오지 않을지도 모른다. 이는 세계에서 생산되는 곡물의 절반에 해당하는 양이고 금액으로는 1조 달러에 달한다. 이쯤 되면 "음식물을 남기지 맙시다"라는 캠페인 정도로 끝날 문제가 아니라는 생각이 들기도 한다.

1인당 소비하는 음식의 양은 부유한 국가에서는 연간 약 900킬로그램인 반면에 가난한 국가에서는 약 460킬로그램으로 부유한 국가의 절반에 불과하다. 소비자 1인당 음식물 쓰레기는 유럽과 북미는 연간 95~115킬로그램이고 사하라 사막 이남의 아프리카, 남아시아 그리고 동남아시아는 연간 6~11킬로그램이다. 선진국은 많이 먹고 많이 버린다. 개발도상국은 섭취량이 적다 보니 상대적으로 버리는 양도 적다. 과일과 채소, 뿌리 그리고 괴경 작물은 전체 생산량의 40~50퍼센트가 버려진다. 곡물은 약 30퍼센트, 육류와 유제품은 20퍼센트, 생선은 30퍼센트가 사람이 섭취하기 전에 폐기된다.[8]

개발도상국에서는 손실의 40퍼센트 이상이 수확 후 가공 단계에서 발생하는 반면에 선진국은 손실의 40퍼센트 이상이 소매와 소비자 수준에서 발생한다. 소비자들이 농산물의 외관과 품질에 지나치게 민감하게 반응하면 소매 유통 단계에서 폐기되는 양이 늘어난다. 만약 낭비되는 식품의 4분의 1만 줄여도 기아 선상에 있는 8억 명 이상에게 식품을 공급할 수 있다. 이렇듯 우리가 폐기되는 식품의 양을 줄일 수 있다면, 그만큼 농산물의 생산성을 높이는 것과 같은 효과가 있다고 할 수 있다. 우리가 농업 생산성을 30퍼센트를 올리기 위해서는 혁신적인 기술과 많은 농자재 투입이 필요하지만, 식품은 낭비를 줄이는 활동만으로도 그 효과를 달성할 수 있다. 그렇다 보니 기후변화에 대응하는 핵심 기술 중 하나로 식품 폐기물을 어떻게 줄일 것인가가 차지한다. 식품 폐기물을 줄이는 정책은 유럽연합의 팜투포크 전략에서도 중요한 위치를 점한다.

팜투포크 전략을 이해하기 전에 먼저 식품 폐기물이 무엇인지 알아보자. 우리는 식품 폐기물을 줄이자고 이야기하면 대체로 식당에서 남긴 음식물을 줄이자는 뜻으로 생각한다. 그것은 일부분에 불과하다. 식품 폐기에는 두 가지 개념을 함께 포함한다. 식량 손실food loss과 음식물 쓰레기이다.

여기서 식량 손실은 농장에서부터 소비자에게 전달되기 전까지 과정에서 손실되는 식품과 농산물을 말한다. 농장에서 제때 수확되지 못해 버려지거나 식품이 유통기간을 넘겨서 폐기되는 경우가 여기에 해당한다. 반면에 음식물 쓰레기는 식당, 슈퍼마켓 그리고 가정에서 음식물이 버려지는 것을 말한다. 굳이 이렇게 구분하는 이유는 대응하는 방식에서 차이가 나기 때문이다. 음식물 쓰레기는 교육만으로도 어느 정도 해결할 수 있지만 식량 손실을 줄이려면 수확 후 관리 기술을 도입해 농산물의 생산과 유통 단계에서 줄이는 것은 물론 물류를 개선하고 수요와 공급의 차이를 줄여 유효기간 내에 소비하도록 하는 노력이 필요하다. 이런 것을 효율적으로 하기 위해서는 유통 단계에서 빅데이터가 필요할 수 있다. 이것은 또 많은 투자가 필요한 영역이다.

사정이 이렇다 보니 개발도상국에서 농업 ODA 사업을 추진하면 대체로 농산물의 수확 후 관리 사업이 포함된다. 농산물을 수확하고 난 후 저장과 운반 과정에서 손실되는 양을 줄이는 것이 중요하기 때문이다. 수확 후 관리 기술을 향상하기 위해서는 농업 시설의 설치가 중요하다. 농가에서 농산물을 보관하는 시설이 없어서 노지에 그대로 쌓아놓으면 비와 햇볕에 농산물이 손상되기도 하고 쥐와 곤충들이 먹기도 한다.

우리나라에서도 1980년대 이전까지 농촌에서는 쥐를 잡자는 운동도 있었다. 쥐가 먹는 양이 생각보다 엄청났다. 대체로 농산물의 20퍼센트가 쥐 때문에 버려진다고 한다. 쥐가 먹어 치우기도 하지만 쥐의 똥과 오줌으로 오염된 경우에는 폐기해야 하기 때문이다. 쥐가 좋아하는 곡물의 경우에는 창고를 설치하는 것만으로도 효과를 볼 수 있지만, 과일과 채소의 경우에는 냉장 시설이 큰 역할을 한다. 우리나라의 경우 양파, 배추, 사과와 감 등 수많은 과일과 채소류가 냉장 보관된 후 필요한 만큼 시장에 공급된다. 냉장 또는 냉동 저장 시설이 없는 개발도상국에서는 다른 양상이 펼쳐진다. 농산물은 재배 시기가 지역별로 조금 차이가 날 뿐 비슷한 시기에 파종을 하고 비슷한 시기에 수확한다. 그런데 과일과 채소는 저장 기간이 짧다. 단기간에 많이 생산될 수밖에 없는데, 이 경우 저장 시설이 없으면 소비자의 손에 닿기 전에 폐기되어야 한다. 이렇듯 좋은 저장 시설은 식품 손실뿐만 아니라 농가 소득에도 중요한 역할을 한다. 농업 시설에 대한 투자가 이뤄지지 않으면 식단의 다양성도 줄어들 뿐만 아니라 굶주림을 면하기도 어렵다.

지난해 유튜브 채널 '최준영 박사의 지구본 연구소'에 출연한 적이 있다. 그때 "농업은 선진국형 산업"이라고 말했는데, 그것 때문에 비난을 받기도 했다. 선진국에서 농업은 GDP의 1퍼센트 남짓에 불과한데 개발도상국에서는 10퍼센트를 대체로 넘어간다. 가난한 나라일수록 농업의 비중은 더 크다. 그러니 농업은 개발도상국의 중심 산업이라는 말이 더 타당하다. 그렇지만 농업을 잘하는 것은 선진국일 수밖에 없다. 농업 생산성을 높이기 위해서는 종자, 농기계, 그리고 경지정리와 관개시설까지 엄청난 투자가 필요하다. 이뿐만 아니라 농촌까지 도로망이 갖춰져야 하고, 농산물을 저장할 냉장 창고도 곳곳에 설치해야만 좋은 품질의 농산물을 손실 없이 도시에 공급할 수 있다. 이 모든 것이 투자할 여력이 되는 선진국만 가능한 일이다.

여기에 더해서 농산물을 수출하려면 수출 대상국에 대한 농업 정보와 인적 네트워크가 필요하다. 세계적인 곡물 대기업들은 인공위성을 띄워놓고 세계 곳곳의 농업 생산 현황을 분석한다. 농업 생산량은 기상에 따라 달라지고 가격은 농산물의 수급 예측에 따라 결정된다. 손해를 보지 않고 몇 달 후에 생산될 농산물을 고객들에게 인도하려면 농산물의 미래를 예측할 기술이 필요하다. 우리나라 농업계는 이 모든 것을 여전히 갖추지 못했다.

선진국은 개발도상국과는 다른 이유로 식품이 폐기된다. 식품마다 유통기한이 설정되어 있는데 식품 안전에 아무런 문제가 없어도 유통기한이 지나면 무조건 폐기한다. 유통기한이 도래한 식품을 취약 계층에게 지원하는 사업을 펼치기도 한다. 우리나라의 한 소셜 벤처기업은 유통기한이 얼마 남지 않은 식품을 최대 80퍼센트까지 할인된 가격으로 취약 계층에게 공급하는 사업을 하고 있다. 유통기한 내에 판매되지 못해 버려져야 하는 식품을 저렴한 가격으로 취약 계층에 공급함으로써 식비 부담을 낮추고 폐기되는 식품의 양도 줄여 사회 전체가 이익을 볼 수 있다. 그런데 이 사업을 하는 데 가장 큰 걸림돌은 사람들의 인식이다. 유통기한이 지난 식품은 못 먹는 식품으로 인식하기도 한다. 그렇다 보니 신선 식품의 경우 유통기한이 근접한 상품에는 손이 잘 가지 않는다. 그럼 유통기한이 임박한 식품은 안전할까? 당연히 안전하다. 식품에는 유통기한뿐만 아니라 소비기한도 있다. 소비기한은 유통기한보다 조금 더 긴데 이때까지는 먹어도 안전하다고 검증된 기간이다. 대개 유통기한을 정할 때는 소비기한의 60~70퍼센트 선에서 결정한다. 이렇듯 선진국에서 폐기되는 식품은 주로 식품 공급망의 후반 단계에서 낭비되고 손실되는 것이 많은 부분을 차지한다. 따라서 소비자 인식이 개선되면 줄일 수 있는 여지는 충분히 크다.

네덜란드의 원서드OneThird는 냉장 유통 물류를 통해 식품 손실과 음식물 쓰레기를 줄이는 것을 목표로 하는 푸드테크 스타트업이다. 이 회사에서는 음식이 낭비되는 것을 줄이기 위해 재배 농가, 유통 기업, 소매 사업자 간의 데이터를 연결하고 분석하는 일을 한다. 이를 통해서 식품이 과잉 생산되는 되는 것을 사전에 방지하고, 그럼에도 남는 식품은 가난한 사람에게 기부하고, 그래도 남으면 가축 사료로 전환한다. 만약 그것마저 어려울 때는 식품에서 기름을 채취해 바이오연료로 사용하고, 마지막에는 바이오가스 생산이나 퇴비화에 사용한다. 어떻게든 생산된 식품을 그대로 매립하는 일 없이 활용하는 것이 목표이다. 소비자 참여를 통해서 음식물 쓰레기를 남기지 않도록 하는 것에 더해 식품 공급망을 관리하는 시스템을 개선함으로써 농산물이 낭비되지 않도록 한다.[9]

식품 낭비를 인식하기 위한 노력들

'세계 국제 식량 손실과 폐기물 인식의 날'이 있다. 2021년에 유엔식량농업기구와 유엔환경계획UNEP의 요청으로 유엔 총회에 의결을 거쳐 9월 29일로 지정했다. 유엔에서 이날을 특별히 지정한 이유는 그만큼 식량 손실과 음식물 쓰레기를 줄이는 문제가 인류의 지속 가능한 발전에 중요하기 때문이다. 유엔식량농업기구와 유엔환경계획은 이날의 제정으로 2030년까지 식량 손실과 식품 폐기로 낭비되는 식품의 양을 절반까지 줄이는 원대한 목표를 달성하는 데 도움이 될 것으로 기대한다. 우리 주변에서 일어나는 현상에 대한 이해가 있어야 행동으로 이어질 수 있다.

유럽연합도 식량 손실과 음식물 쓰레기에 대한 행동을 촉구하는 전 세계적인 노력에 동참할 것을 선언했다. 식량 손실과 식품 폐기를 줄이는 것은 팜투포크 전략의 핵심적인 부분이기도 하다. 유럽연합은 여기에서 한발 더 나아가 2023년까지 유럽 전역에서 음식물 쓰레기를 줄이기 위해 법적 구속력이 있는 목표를 설정할 것을 제안했다. 우선 불필요하게 버려지는 식품을 줄이기 위해서 식품의 날짜 표시에 대한 규칙을 개정할 것이라고 밝혔다. 소비기한과 유통기한이라는 식품 유효기간 표시 방법이 소비자의 불필요한 오해를 불러일으켜 식품이 폐기되는 것을 방지하기 위함이다.[10]

2015년 미국 농무성USDA과 환경청EPA은 2030년까지 식품 폐기물을 50퍼센트까지 줄이겠다는 목표를 설정했다. 미국에서 버려지는 음식물은 공급되는 양의 30~40퍼센트로 추정한다. 소매와 소비자 단계에서 31퍼센트 정도가 손실되며 무게로는 6000만 톤, 금액으로는 1610억 달러 가치의 식품이 버려졌다. 취약계층에게 도움이 될 수 있었던 많은 식품이 매립지로 보내졌고, 식량 생산을 위해 투입되었던 물, 토지, 노동력, 에너지 등은 아무런 효과 없이 환경 부하만 가중했다. 식량 손실과 폐기를 줄이는 가장 좋은 방법은 애초에 만들지 않는 것이다.

다음으로는 제품의 개발과 보관, 라벨링과 유통, 그리고 조리 방법까지 기술 개선을 통해서 낭비를 줄일 수 있다. 그리고 불가피하게 남는 식품은 회수해 취약 계층에 기부하고, 먹을 수 없는 식품은 동물의 사료, 퇴비, 곤충 사육, 바이오에너지, 바이오 플라스틱 등 다른 제품의 개발에 적극 활용하게 한다. 이것을 식품 회수 계층도food recovery hierarchy로 설명한다. 미래의 지속 가능성은 불필요한 식품 소비를 줄이고, 최대한 재활용하는 것에 크게 좌우된다.

서구 사회가 자원 소비를 줄이고 폐기물의 재활용에 진심이라는 사실을 이전까지는 잘 알지 못했다. 폐기물에서 자원을 회수하는 산업이야 오래되었으니 새로울 것이 없었다. 그런데 한 세미나에 참석했을 때 이런 느슨한 생각이 완전히 바뀌었다. 네덜란드 대사관에서 온 농무관은 지속 가능한 네덜란드라는 주제 발표에서 거의 대부분의 시간을 농산물과 식품 폐기물에서 자원을 회수하는 기술을 설명하는 데 할애했다. 우리나라는 아직 걸음마 단계에 있거나 인식조차 하지 못한 재활용 기술이 대부분

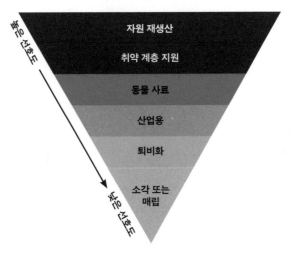

식품 회수의 위계 구조

높은 선호도

자원 재생산

취약 계층 지원

동물 사료

산업용

퇴비화

소각 또는 매립

낮은 선호도

출처: 미국 환경청

이었다. 거대한 벽이 존재하는 듯했다. 우리는 기후 위기 시대에 지속 가능한 사회를 만들어갈까, 아니면 산업 경쟁력이나마 유지할까? 두려움이 느껴졌다.

식량 안보를 위한 조건

기후변화는 우리가 가진 귀중한 자원을 고갈시키는 중대한 위협이다. 기온이 올라가면 토양 수분의 증발 속도는 빨라지고 산불의 위험은 증가한다. 전 세계 대부분의 지역에서 물은 점점 더 귀중한 자원이 되어가고 있다. 세계적으로 비옥한 농경지는 점점 더 줄어들고, 풍요로운 해안가 삼각주의 작물 생산은 바닷물의 유입으로 위기에 처해 있다. 과수와 채소의 수분을 담당하는 꿀벌은 홀연히 사라져가고 자연 생태계의 평형을 유지하는 생물 다양성은 나날이 악화된다.

재생에너지 수요가 늘어나면서 바이오연료 작물의 생산을 위해 많은 경작지가 사용된다. 경제가 나빠지면 농업 R&D와 기반 시설에 대한 투자도 줄어들고 주기적으로 찾아오는 가뭄과 극한 기상은 안정적인 식량 생산에 큰 위협이 되고 있다. 지구 한편에서는 과다한 칼로리와 불균형한 영양 섭취로 비만과 당뇨에 시달리는 사람이 증가하고, 다른 한편에서는 8억 명이 기아의 문턱에 걸쳐 있다. 한 세대 후면 세계 인구는 90억~100억 명에 이를 전망이다. 우리의 식량 시스템이 해결해야 할 과제이다.

미래에도 우리 농업은 국민에게 충분한 칼로리와 고른 영양소를 공급할까? 세상 일이 저절로 이뤄지는 법은 없다. 현재의 인구 증가는 자연적인 회복력에 기대기가 불가능하다는 것을 말해준다. 생태계 붕괴 없이 농업 생산을 늘리는 것은 한계가 분명하다. 식품 손실과 폐기를 줄이는 것 외에 다른 대안이 뚜렷이 보이지 않는다. 물을 더 적게 사용하고, 자원 순환을 높이고, 더 적은 비료와 농약을 사용하고, 토양을 비옥하게 관리해 농업 생태계의 복원력을 높여가야 한다.

　　　　　　　　　　　　　4장 식량 안보 없이 미래는 없다

기후 위기는 지금까지 해왔던 방식이 더 이상 유효하지 않다는 것을 의미한다. 자연 자원을 보존하면서 농업 생산성을 높일 새로운 기술이 필요하다. 흙 속에 유기물을 축적해 토양의 비옥도를 높이고 병해충과 극한 기상에 강한 새로운 종자를 도입하고 정밀 농업을 통한 자원 효율성과 작물 생산성을 꾸준히 높여가는 것이 중요하다. 20세기 동안 급격하게 늘어난 인구를 성공적으로 부양해 왔듯이 21세기 기후 위기 속에서도 농업은 그 역할을 다할 것이다. 식량의 80퍼센트를 해외에 의존하는 우리나라만 잘해서 이 문제를 해결할 수는 없다. 전 세계가 함께 잘할 수 있도록 지원하는 노력이 필요하다. 우리 삶은 전 세계에 걸쳐 거미줄처럼 서로 얽혀 있는 식량 공급망에 달려 있다.

"환경 운동가들은 우리나라를
기후 악당이라 칭하는 데 주저함이 없다."

5장

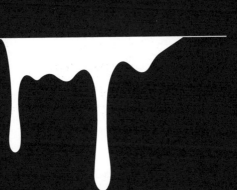

더 나은 미래를 위한
기회는 아직 있다

당신을 곤경에 빠뜨리는 것은
당신이 모르고 있는 것이 아니라,
그럴 리 없다고 당신이 확신하고 있는 것이다.

마크 트웨인 Mark Twain

기후는 변했다

지구 평균기온은 이미 산업 시대 이전 대비 1.1도가 올랐다. 중위도에 위치한 한반도는 1.8도가 올라 이미 기후변화의 영향을 체감하고 있다. 2020년 여름은 54일간 계속된 기록적인 장마의 계절이었고, 2022년 봄은 최장 기간 이어진 산불의 계절이었다. 울진에서 시작된 산불은 213시간을 타다가 봄비가 내려서야 진정되었다. 봄에는 서리가 사과나무의 꽃을 얼리고 여름이면 산간 지방에는 딸기만 한 우박이 농작물에 피해를 입힌다. 봄은 짧고 여름은 길고 가을은 있는 듯 없는 듯 지나간다. 사계절이 뚜렷한 나라에서 이제는 여름과 겨울, 두 계절만 있는 곳으로 땅이 옮겨진 듯하다. 이제 겨우 산업화 이전 대비 지구 평균기온 1.1도가 올라간 세계이다.

IPCC의 가장 희망적인 기후 모델을 적용하더라도 지구의 평균기온 상승은 2000년대 중반이면 산업화 시대 이전 대비 1.6도를 넘어간다. 우리는 이제 평균기온 1도 증가가 일상생활에서 마주하는 1도 증가와는 다르다는 것을 몸으로 체득한다. 일간지 〈가디언〉의 계산에 따르는 150년 동안 히로시마 원자폭탄 1.5개가 매초 터진 것과 맞먹는다고 한다. 대기 중 이산화탄소가 증가한 지금은 1초에 원자폭탄이 3~6개 터지는 것과 같은 에너지가 지구에 축적되고 있다. 앞으로 지구의 기온이 더 빨리 오를 것임을 의미한다. 만약 우리가 탄소중립을 달성하지 못하면 최대 7도까지도 오를 수 있다. 여기서 우리는 우리나라만이 아니라 온실가스를 대부분 배출하는 주요 선진 공업국과 개발도상국들을 의미한다. 지금 직면한 기후 위기는 우리나라만 잘한다고 극복할 수도 없다. 2050년 탄소중립을 하든 못하든 상관없이 미래는 지금과는 다른 세계일 수밖에 없다. 그럼 우리는 어떻게 대비해야 할까?

일단은 파리협약의 후속 조치로 추진되는 탄소중립 노력에 적극 참여하는 것이 우선이다. 지구 평균기온이 2도 이상 상승한다면 이후 어떤 대응도 효과적이지 않을 것이기 때문이다. 우리 정부에서 유엔에 약속한 2030년까지 온실가스 40퍼센트 감축, 2050년까지 탄소중립을 달성하기로 한 약속을 충실히 이행해야 한다. 물론 이것은 최소한의 대응이다. 다음으로는 기후변화로 초래되는 문제를 해결할 역량을 길러야 한다. 산불과 홍수처럼 기후 재난 대응을 위한 투자를 늘리고, 피해 복구에 따뜻한 손길을 내미는 것도 중요하다. 그렇지만 더 중요한 것은 그런 피해를 미연에 방지하기 위해 사회 기반 시설을 강화하고 취약한 지역과 계층에 대한 기후적응 프로그램을 준비해야 한다. 전자는 따뜻한 마음만 있으면 되지만, 후자는 많은 연구와 결단이 필요하다. 그리고 기후적응 투자가 비용이 아니라 녹색 일자리로 이어지게 하는 산업 전략이 필요하다. 위기 대응은 '열심히'보다는 '어떻게'가 더 중요하다. 위험에 투자를 너무 많이 하면 실물경제가 어려워지고 너무 적게 하면 감당할 수 없는 위기에 직면할 수 있다. 우리는 이 두 선택지 사이를 줄타기할 유연하고 냉철한 과학적 지식을 가진 정책 결정자가 필요하다.

아직 기회가 남아 있다

주변에는 기후 위기를 막기 위해 물불 안가리고 뛰어다니는 사람이 많이 있다. 녹색전환연구소 이유진 박사는 하루는 부산, 다음 날은 광주, 이튿날은 대구에 나타난다. 그를 찾는 곳이면 어디든 간다. 그리고 기후 위기를 멈추기 위해 함께 행동하자고 설파한다. 조천호 박사는 기후변화는 우리가 참고 지나갈 수준이 아니므로 파국을 막기 위해 지금 행동에 나서자고 촉구한다. 한국과학기술기획평가원KISTEP의 김선교 박사는 에너지 전환을 위한 전력 믹스와 전력 거래 시스템의 개혁 방향을 과학적으로 제시한다. 에너지 수요 관리 전문기업 그리드위즈는 기업의 전력 수요 예측과 지능형 에너지 저장 시스템을 결합해 원자력 발전소 한 개의 전력을 줄이고 있다. 농업 스타트업 그린랩스는 토양 탄소 격리를 통한 온실가스 감축을 추진한다.

그렇지만 나는 여전히 회의적인 시각에 사로잡힐 때가 많다. 10~20년 후에 닥칠 재앙이 무섭다고 내년 선거를 앞둔 정치인들이 표 떨어질 정책을 주장할까? 탄소중립을 위해 대부분의 국가가 전기 가격을 올렸지만 우리나라는 선거 이후 다음 정부로 미루었다. 지방선거와 보궐선거 등 거의 매년마다 있는 선거를 감안하면 또다시 미뤄질 것이다. 달리는 자전거로 비유되는 자본주의 세계에서 어떤 정부가 경기 침체와 고용 불안을 불러올 결정을 할 수 있을까? 그렇다 보니 화석에너지로부터 탈피해 재생에너지 시대로 이행해야 한다는 기후 활동가들의 외침은 여전히 멀게 느껴지고, 비정부기구 활동가들이 제시하는 많은 대안은 개개인의 축소 지향적인 삶을 호소하는 데 그칠 수밖에 없다.

연못에 수련을 키우고 있다. 그 수련은 하루에 2배씩 면적을 넓혀 나간다. 만약 수련이 자라는 것을 그대로 놔두면 30일 안에 연못을 완전히 뒤덮어 연못 속의 다른 생물들은 모두 질식해 사라져 버리게 된다. 당신은 수련이 너무 작아서 크게 신경 쓰지 않는다. 연못의 절반을 뒤덮었을 때 수련을 치울 생각이다. 29일째 되는 날 수련이 연못의 절반을 덮었다. 연못을 모두 덮기까지는 며칠이 남았을까? 29일? 아니다. 남은 시간은 단 하루뿐이다.

1972년 로마클럽에서 출간한《성장의 한계》에 나오는 구절이다. 아마도 당신은 반세기가 지났는데 아직 연못의 반이 남았네라고 안도하는지도 모르겠다. 우리는 미래를 점진적으로 변화하는 선형적인 상황으로 인식하지만, 기후 위기는 혜성 충돌과 같은 돌발적인 이벤트가 될 가능성이 더 높다. 우리 인식은 변화된 상황에 익숙해지면서 무뎌지고 오랫동안 예고된 일마저 갑자기 발생한 것처럼 느끼기 때문이다. 대문호 프란츠 카프카가 그랬던 것처럼 역사가 일어나는 순간에도 우리는 현재를 체험할 뿐이다. 우리가 위험을 사전에 인지할 것 같지만 안타깝게도 그렇지 않다. 우리의 인식 구조는 역사적 사건도 단지 하나의 의견으로 취급할 뿐이다. 그러니 모든 위험은 갑자기 닥치는 것처럼 인식한다. 미래에 대한 비관적인 전망이 맞는다 해도 어쩌다 하나 얻어 걸린 우연으로 평가절하한다. 우리는 위험을 인지할 수 없다.

뉴스에서 금년을 최악의 폭염이라고 말하지만, 내년에도 같은 말을 할 것이고, 그다음 해도 마찬가지일 것이다. 이례적인 일이 정상처럼 느껴질 때 너무 많이 와버렸다는 것이 무슨 의미인지 깨닫는 순간이 온다. 그때는 블랙홀의 경계인 '사건의 지평선 event horizon'을 지났을 때이다. 어쩌면 기후변화를 막을 수 있는 골든 타임이 지나갔을지도 모른다. 지금이라도 고개를 들어 하늘을 보게 된다면, 모두가 "룩 업look up"이라고 외친다면 조금은 늦출 수 있지 않을까? 이미 벌어진 일을 되돌릴 수는 없지만 그 피해를 줄일 수는 있다.

내 예측이 틀리도록 도와주기 바란다. 우리는 함께 훨씬 더 나은 세상을 만들 수 있다.

로마클럽의 핵심 멤버이자 미래학 분야의 권위자인 요르겐 랜더스 교수가《더 나은 미래는 쉽게 오지 않는다》라는 책에서 쓴 맺음말이다. 우리는 괜한 기우이길 바라지만, 그렇지 않다는 것역시 모두가 알고 있다. 단지 미래를 위해 현재를 얼마만큼 포기할 수 있느냐의 문제일 뿐이다.

무엇을 해야 할까?

1972년《성장의 한계》저자들은 인구 급증, 급속한 공업화, 식량 부족, 환경오염, 자원 고갈을 지구의 지속 가능성을 위협하는 가장 심각한 다섯 가지 문제로 인식했다. 그 당시의 추세가 계속된다면 지구는 더 이상 버티지 못하고 경제성장 역시 멈출 수밖에 없을 것이라고 경고했다. 저자들의 분석이 모두 옳지는 않았다. 돌이 부족해서 석기시대가 끝난 게 아닌 것처럼 산업화 시대로 석유가 부족해서 끝이 날 일은 없다는 것을 알게 되었고, 인구가 증가하는 속도보다 식량의 생산성은 더 빠르게 늘어났다. 녹색혁명과 화학비료의 사용, 그리고 최근에는 정밀 농업 기술의 발전이 식량 생산 증가에 크게 기여했다. 그렇지만 이 책의 저자들이 인류의 지속 가능한 발전을 위해 제안한 대안들은 여전히 유효하다.

지구 환경의 수용량은 유한하고 자연의 회복력을 초과한 성장은 파국을 맞이할 수밖에 없다. 인구의 압력 역시 식량 생산의 증가와 의료 기술의 발전으로 한계 상황에 다다랐다. 개발도상국의 경제 수준이 절대적 또는 선진국과 비교해 상대적으로 향상되어야 균형 발전이 가능해진다는 가설 역시 유효하다. 그리고 인간과 지구 사이에 적절한 균형이 필요하다는 고언 역시 새겨들을 필요가 있다. 이 모든 제안을 현실 세계에서 어떻게 구현해낼 것인지의 문제만 남는다.

이 저자들이 제시한 개념은 지속 가능 발전 목표SDGs1에 그대로 담겨 있다. 여기에는 빈곤과 기아 등 인류의 보편적 문제, 기후변화와 생물 다양성 등 지구 환경문제, 그리고 생산과 소비 등 경제 사회문제에 골고루 반영되었다. 결국 기후변화로 초래된 위기를 극복하기 위해서는 탄소중립을 달성하는 것을 넘어서 지속 가능한 지구 생태계의 책임 있는 관리자로 인류의 역할을 재정립하는 수밖에 없다. 우리는 자연 생태계의 일부이지만 결코 많은 생물종 중 하나이지 않다. 그에 걸맞는 책임을 다해야 한다.

결국 우리 인간은 어떻게 살아남을 것인가에 관심이 있을 수밖에 없다. 아무리 우아한 정의를 빌려오더라도 지속 가능성이란 지구 생태계의 재생 가능 역량 이내에서 인간의 삶을 유지하자는 항복 선언과 다르지 않다. 우리는 식물처럼 독립영양생물이 아니라 다른 생물이 합성한 에너지를 먹고 살아가는 종속영양생물이기 때문이다. 숙주가 사라지면 숙주에 기생하는 바이러스도 소멸하듯이 우리 인간 역시 그 같은 운명으로부터 자유로울 수는 없다.

불평등은 기후를 악화시킨다

조천호 박사는 기후 위기를 벗어나기 위해서는 계층간 경제적 불평등이 완화되어야 한다고 역설한다. 50년 전《성장의 한계》저자들 역시 개발도상국과 선진국의 경제적 차이가 어느 정도 개선되어야 균형 발전이 가능하다고 지적했다. 우리나라 탄소중립 기본법에서도 기후변화 대응 과정에서 정의로운 전환을 강조한다. 이렇듯 인류가 기후변화를 완화하고 적응해 나가는 과정은 선진국과 개발도상국 간 경제 격차가 줄어들고 계층 사이의 간격을 좁혀가는 과정이어야 한다. 정의로워 보이기도 하지만 현실적으로 이 방법 외에 다른 대안이 없기 때문이기도 하다.

그렇지만 우리는 불평등한 세상에 살고 있다. 국가는 어느 기후대에 있느냐에 따라 도달할 수 있는 경제적 수준이 결정되고 개인은 태어나면서부터 불평등을 경험한다. 한 사회의 생산성은 평균 기온이 13도 인근에서 가장 높고, 이보다 더워질수록 떨어진다.[2] 평균 기온이 13도에 가까운 중위도와 고위도의 선진국들은 기후변화의 피해를 거의 받지 않았던 반면에 열대와 아열대 기후대에 위치한 개발도상국은 기후변화의 피해를 고스란히 떠안았다.

스탠퍼드대학교 노아 디펜바우Noah Diffenbaugh 교수 연구 팀은 1960년대 이후 지구온난화가 경제적 불평등을 증가시켰다고 분석했다. 노르웨이와 스웨덴 같은 서늘한 기후대의 국가는 풍요롭게 변했고, 인도와 나이지리아 같은 더운 기후대의 국가는 경제성장이 지연되었다. 반면에 중위도에 위치한 한국, 미국, 일본 등은 거의 영향을 받지 않은 것으로 나타났다. 1961년부터 2010년까지 지구온난화로 세계 최빈국의 1인당 자산은 17~30퍼센트 감소했고, 1인당 경제 생산량이 가장 높은 국가와 가장 낮은 국가

그룹 간의 격차는 기후변화가 없었을 때보다 약 25퍼센트 더 커졌다.[3]

20세기 아프리카에서 일어났던 많은 내전과 혁명의 밑바탕에는 기후변화로 인한 가뭄이 배경으로 작용했다. 목초지가 줄어들면서 유목민과 농경민 사이에 충돌이 증가하고 취약한 경제 조건에서 겨우 연명하던 시민들은 식량 가격의 급격한 인상이라는 불꽃을 만나면서 폭발했다. 물론 세계사를 이렇게 기후 하나로 설명할 수는 없다. 그렇지만 기후변화가 심각해지기 시작한 지난 50년간의 역사를 돌아볼 때 기후변화는 세계사에 영향을 미친 큰 요인 중 하나라고 주장할 근거는 충분하다.

2021년 2월 안토니우 구테흐스 유엔사무총장은 유엔 안보리 연설에서 기후변화를 '위기 승수crisis multiplier'라고 지칭하며 기후변화가 국제 평화와 안정에 지대한 영향을 미치고 있다고 상기시켰다. 기후변화가 사회 충돌을 야기하는 메커니즘은 대체로 이런 과정을 거친다. 기후변화로 가뭄이 연이어 닥쳐 농산물 수확이 감소하거나 홍수로 사회 기반 시설이 붕괴되어 주민들이 타지역으로 이주하면서 난민으로 전락한다. 새롭게 이주한 지역 역시 기후변화로 취약해진 상태라 한정된 자원을 두고 갈등이 벌어질 수밖에 없고, 결국 분쟁으로 격화된다.

아프가니스탄에서는 농산물 수확이 감소하면서 주민들은 살기 위해 무장 단체에 가입할 수밖에 없는 상황에 노출되었고, 아프리카 일부 지역에서도 기후 조건이 바뀌면서 유목민의 방목지가 정착촌의 농장을 침범하면서 갈등이 조장되었다. 최근 발표된 다수의 연구 역시 지구온난화와 분쟁 사이에 상관관계가 크다는 것을 시사한다. 기후변화 또는 기후변동성이 지난 세기 동안 무력 분쟁 위험을 3~20퍼센트 정도 더 악화시켰다고 분석했다. 그리고 전 세계에서 온실가스 배출량이 감소하지 않으면 기후로 인한 폭력의 위험이 5배가 더 증가한다는 것을 발견했다. 특히 농업과 축산에 대한 의존성이 큰 아시아와 아프리카의 국가들이 기후변화에 더 취약할 것으로 평가했다. 1989년에서 2018년 사이에 아프리카에서는 120만 명이 넘는 사람들이 내전으로 사망했는데, 기후변화로 인한 가뭄이 농민들 사이의 다툼을 유발하고, 때로는 폭력적인 충돌로 발전한 경우가 많았다. 동물학자이자 영화감독인 데이비드 애튼버러는 기후변화를 "현대 인류가 직면한 안보에 대한 가장 큰 위협"이라고 부르며 기후변화를 세계 안보에 대한 위협으로 인식할 것을 촉구했다.[4]

국제구호개발기구 옥스팜과 스톡홀름 환경연구소SEI의 연구 결과는 최근 수십 년 동안 극심한 탄소 불평등이 발생했다는 것을 보여준다. 1990년부터 2015년 사이 전 세계 온실가스의 연간 배출량은 60퍼센트 증가했고, 누적 배출량은 2배로 늘어났다. 이 보고서가 보여주는 것은 불평등한 세계 그 자체이다. 세계 상위 10퍼센트의 부유층이 누적 탄소 배출량의 절반(52퍼센트)을 배출했고 탄소 예산의 3분의 1 정도(31퍼센트)를 고갈시켰다. 세계에서 가장 부유한 1퍼센트는 가장 가난한 50퍼센트가 배출하는 양의 2배만큼 온실가스를 배출했다. 가장 가난한 50퍼센트(약 31억 명)의 배출량은 7퍼센트에 불과했고 탄소 예산의 4퍼센트만 차지했다.[5]

이산화탄소는 인류의 생존을 위해 배출할 수밖에 없지만 그 대부분은 이미 부유한 계층의 과소비와 부를 더 집중시키는 데 사용되었다는 것을 보여준다. 그렇지만 기후변화로 인한 피해는 가난한 나라의 극빈층이 가장 먼저 입게 된다. 부유한 사람은 위험에 더 잘 대비하지만 가난한 사람은 위험을 인지하거나 회피하는 데 어려움을 겪기 때문에 고스란히 피해에 노출된다. 기후

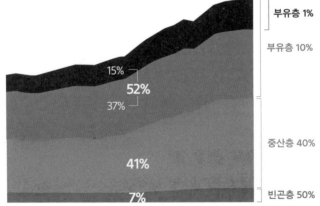

1990~2015년 부의 기준에 따른 온실가스 배출량[6]

부유층 1%

부유층 10%

15%
52%
37%

중산층 40%

41%

빈곤층 50%

7%

변화는 사람을 차별하지 않지만 가난은 구별한다.

탄소 배출을 줄일 수 있을까?

우리는 기후가 변했다는 것에 대체로 동의한다. 교토 의정서가 채택될 때만 해도 "기후변화는 언제 오는가요?"라는 질문이 횡행하던 시절에 비하면 큰 진전이다. 그리고 온실가스의 배출을 줄이자는 데 대체로 동의한다. 그렇지만 '어떻게'에 이르면 이견이 생기고, 누가 줄일 것인지에 다다르면 목소리가 커진다. 가난한 국가에서 가난한 사람들이 더 노력하는 것은 의미가 크지 않다. 마른 행주를 짜는 것과 다르지 않기 때문이다. 결국 대부분의 탄소를 배출하는 부유한 국가, 그중에서도 상위 소득 그룹에서 소비 패턴을 바꾸는 노력이 필요하다. 이것을 어떻게 가능하게 할 수 있을지는 전혀 다른 차원의 문제이다.

해양 플라스틱 오염 문제를 스타벅스의 종이 빨대로 해결할 수 없듯이 부자들의 도덕에 기대어 지구적인 규모의 환경문제를 해결할 수는 없다. 그렇다고 전 세계에 걸쳐 광범위하게 형성된 불평등 문제를 외면하고 부자들의 생활 방식에서 초래된 온실가스 배출을 억제하지 않으면서 어떻게 파리협약을 지키기 위한 사회적 연대가 가능할까? 아마도 이러한 딜레마가 지금까지 계속 탄소 배출을 줄이지 못하고 늘어난 이유일 것이다.

한때 기후정의 운동이 전개되었다. 탄소를 배출해 부를 획득한 국가와 부유층과 이로 인해 피해를 당하는 국가와 빈곤층이 서로 불일치하는 현상을 개선해 보고자 하는 운동이었다. 궁극적으로는 기후 불평등을 줄이는 것을 추구했다. 그렇지만 이 운동이 크게 성공적이지는 못했다. "당신은 가해자인가요, 피해자인가요?"라는 질문은 논리적 타당성에도 불구하고 자원을 가진 계층의 참여를 이끌어내는 데는 한계를 나타냈다.

교토 의정서에서는 선진국의 책임을 강조하고 선별적인 탄소 감축 의무를 부과하는 데는 성공했지만, 온실가스 배출을 줄이지는 못했다. 미국은 2005년 교토 의정서가 발효되기 전인 2001년 탈퇴했고, 캐나다는 2011년 중국과 인도 등 개발도상국에는 적용되지 않는 것에 불만을 품고 탈퇴했다. 2012년에는 일본과 러시아가 빠져나갔다. 그러는 사이 온실가스 배출량은 2배로 증가했다. 교토 의정서의 채택과 이행은 배출에 책임을 지우는 일이 효과적이지 않다는 것을 알게 되는 과정이었다.

결국 기후정의는 파리협약에서는 자발적 감축 기여라는 다소 모호한 방식으로 돌아왔다. 어차피 강제로 의무를 부과해 봐야 이행하지 않으면 그만이니 스스로 지킬 만큼 공약하고 이행하는 방식이다. 국가의 약속과 신의에 기대는 접근 방법에 대해 민간 전문가들은 구속력 없는 말 잔치일 뿐이라고 비난한다. 그렇지만 파리협약 자체는 법적 구속력이 있는 국제 조약이다. 이 협약을 디자인한 협상가들은 "파리협약의 위력은 정확히 정의되지 않은 국제 협정 위반의 결과에 대한 유동적 합의에 달려 있다"라고 말한다. 교토 의정서의 실패를 되풀이하지 않기 위해 모든 나라가 참여하도록 겉으로는 아무런 책임을 질 필요가 없게 파리협약을 만들고, 내용적으로는 책임을 질 수밖에 없는 구조로 설계했다는 의미이다. 즉, 어느 나라에도 얼마를 줄여라는 목표를 부여하지 않았다. 그리고 감축 목표를 부여하지 않았기 때문에 약속 위반에 대해 벌금을 부과할 수도 없었다. 그렇지만 감축 목표를 달성하기 위한 '조약의 필수 절차'를 법적 구속력이 있게 만들었다.

파리협약에 가입한 국가는 1.5도의 목표를 달성하기 위해 국가 온실가스 감축 목표를 설정하고 정기적으로 업데이트를 해야 한다. 이 제도를 디자인한 협상가들은 각 국가가 먼저 약속을 하게 하고 유엔기후변화협약 사무국에 의무적으로 보고하게 함으로써 압박감을 느끼게 만드는 전략을 택했다. 그리고 각국의 정상들이 참여하는 기후변화협약 당사국총회에서 진행 상황을 알리게 해서 가능성을 더 높였다. 정상들은 이 회의에 참석해 아무 것도 하지 않아 창피를 당하고 싶어 하지는 않을 것이라는 믿음이 배경에 깔려 있다. 결론적으로 창피를 무릅쓸 수 있으면 아무 것도 하지 않아도 된다. 그런데 표를 얻기 위해 정치인들이 하는 행동을 떠올려보면 얼마나 효과적일지 벌써 걱정이 된다. 결국 이러한 접근 방법이 좋은 결과로 드러날지는 첫 감축 목표 이행을 점검하게 될 2030년에 판가름이 난다. 국가 원수의 체면에 얼마의 가치를 두게 될지 확인하는 시간이 될 것이다.

일부 기후 활동가들은 지구적인 위협의 규모에 비해 대응 방식은 너무 순진하다고 비판한다. 그렇지만 이렇게 진행될 수밖에 없었던 현실적인 제약이 존재했다. 파리협약이 채택되고 비준될 시기는 미국에서 오바마 정부가 집권하던 시기였다. 만약 법적 구속력이 있는 조약이었다면 당시 공화당이 장악한 미국 상원에서 3분의 2의 승인을 받아야 했다. 오바마 정부는 파리협약을 법적 구속력이 없는 정치적 합의로 규정하고 행정 명령을 통해 파리협약을 비준했다. 물론 이마저도 트럼프 행정부가 들어서면서 좌초될 위험을 겪었다.

2030년까지 40퍼센트를 줄이고 2050년에는 전 세계가 탄소중립에 도달하지 못하면 기후는 2도를 넘어 폭주할 것이다. 인류의 운명은 파리협약을 만든 협상가들이 '영리한 양보'라고 부르는 인류의 양심에 맡겨졌다. 지금까지는 나쁘지 않다. 136개국이 탄소중립을 선언 또는 지지했고, 이들 국가의 총 배출량은 전 세계 배출량의 88퍼센트에 이른다.[7] 탄소중립 목표에 대해 14개국은 법제화를 마쳤고 41개국은 추진 중에 있다. 우리나라는 열네 번째로 탄소중립 기본법 제정을 통해 이 목표를 법제화했다. 물론 법제화했다고 온실가스가 저절로 줄어들지는 않는다. 그리고 법

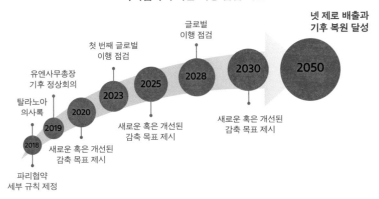

파리협약에 따른 이행 점검 시간표

넷 제로 배출과
기후 복원 달성

글로벌
이행 점검

첫 번째 글로벌
이행 점검

2050

2030

유엔사무총장
기후 정상회의

2028

2025

탈라노아
의사록

2023

2020

새로운 혹은 개선된
감축 목표 제시

2019

2018

새로운 혹은 개선된
감축 목표 제시

파리협약
세부 규칙 제정

새로운 혹은 개선된
감축 목표 제시

이 만들어졌다고 모든 나라가 지키는 것도 아니다. 얼마나 많은 법이 사문화되었는지를 안다면, 이것은 다이어트를 위해 헬스클럽 회원권을 산 것과 다르지 않다. 다이어트에 성공할지 말지는 여전히 하기 나름이다.

나는 2013년에 《기후대란》이라는 책에서 우리는 온실가스를 줄이지 못할 것이고 결국 기후 파국으로 치달을 수밖에 없을 것이란 우울한 전망을 했었다. 4~7년마다 선거를 치르는 민주주의 국가에서 어떤 정권도 경기 침체를 부를 수 있는 경제적 제약 조치를 하는 것은 불가능하고, 개인의 도덕적 자산은 유한하기 때문이다. 지금 시점에서 다시 되돌아보면 《기후대란》을 썼던 그 시절보다는 기후변화에 대한 위기 의식이 많이 높아졌지만 10~30년 후 미래에 닥칠 위험을 위해 국가와 국민들이 현재를 희생하리라는 가정에는 여전히 회의적이다. 그럼에도 불구하고 탄소중립에 이르는 여정을 멈출 수는 없다. 다른 대안이 없기 때문이다.

기후정의와 정의로운 전환

교토 체제는 기후정의를 드높였지만 그 정의를 현실 세계에서 구현하는 데까지 이르지는 못했다. 여전히 선진국은 너무 많이 배출하고 개발도상국은 기후위기를 힘겹게 견딘다. 그나마 선진국들이 내준 기후 재원을 통해 돈과 기술이 부족한 개발도상국의 기후변화 대응을 지원함으로써 기후정의의 명맥을 이어가고 있다. 2010년 멕시코 칸쿤에서 열린 제16차 유엔기후변화협약 당사국총회에서 개발도상국의 기후변화 대응을 지원하기 위해 2020년까지 연간 1000억 달러 규모로 기후 재원을 조성하기로 합의했다. 물론 그 합의는 부분적으로만 지켜졌다. 2013년에는 520억 달러로 조성되었던 기후 재원은 2019년에 이르러서는 796억 달러에 달했지만 여전히 처음 약속한 금액에는 미치지 못했다. 파리협약에서는 2025년까지 기후 재원 규모를 얼마 확대할지 결정하기로 했다.

그러면 지금까지 조성된 기후 재원은 어느 정도의 크기일까? 전 세계 인구의 대부분을 차지하는 개발도상국에 지원되는 기후 재원의 크기는 매년 화석연료 분야에 투자되는 9770억 달러에도 미치지 못한다. 그리고 양자 사업에 투자된 기후 재원이 다자 채널의 기후 재원보다 규모가 더 컸다. 양자 사업이란 선진국이 개별 개발도상국에 직접 지원하는 ODA 사업을 말한다. 상당 부분은 기존에 ODA 사업으로 지원하던 예산에서 기후 대응 사업으로 분야만 바꾼 경우도 많았다. 개발도상국 입장에서는 자국에 지원되는 ODA 재원이 크게 늘어났다고 실감하기 어려울 수도 있다. 그리고 개발도상국에 지원되는 사업의 3분의 2는 온실가스 감축 분야이고 적응 분야는 상대적으로 작았다.[8] 개발도상국에서도 온실가스를 줄여야 하는 것은 맞지만 기후위기에 대한 적응 역량을 키우는 데 좀 더 집중되어야 하지 않았을까?

한 가지 더 관심을 가져줬으면 하는 것이 있다. 다자이든 양자이든 개발도상국에 ODA 사업 예산이 늘어나면 국제기구와 각국의 원조 기관이 발주하는 사업이 늘어난다. 이 분야에서 많은 수의 일자리가 만들어진다. 우리나라의 ODA 예산은 4조 원 가까이 된다. 무상 1조원, 유상 3조원 정도의 규모로 세계 15위에 해당한다. 그리고 2030년에는 6조 원을 넘어설 전망이다. 아쉬운 것은 우리나라의 ODA 지출 규모에 비해 사업화 역량은 이에 미치지 못한다는 사실이다. 코이카에서 발주하는 사업은 우리나라 기업과 단체에서 주로 집행하지만 월드뱅크, 아시아개발은행 ADB 등 다자 기구로 진행되는 사업에서는 그리 두각을 나타내지 못하고 있다. 사업을 발굴하고 기획하는 전문성이 떨어지기 때문이다. 가끔 이를 지적하는 의견이 언론을 통해 제기되기도 하지만 다자 사업을 수행할 수 있는 국내 기업과 단체의 역량은 거의 그대로이다.

2021년 8월 31일에 국회를 통과한 탄소중립 기본법에는 책임과 이익의 균형을 추구하는 기후정의와 함께 탄소중립 사회로 이행하는 과정에서 취약 계층, 취약 산업, 취약 지역을 보호하는 것을 목적으로 하는 정의로운 전환을 포함한다. 기후변화는 필연적으로 취약한 지역과 계층에 더 가혹하게 다가온다. 탄소중립에 이르는 과정에서는 산업 전환에 따라 화석연료를 사용하는 산업 분야의 일자리 감소, 지역 산업의 붕괴와 같은 일이 일어날 수 있다. 정의로운 전환은 이런 시기에 발생하는 피해와 부작용, 사회적 불평등을 완화하기 위한 정책이다.

기후정의가 책임과 이익의 균형이라는 가치를 정책에 반영하는 것이 목적이라면 정의로운 전환은 실질적으로 피해 당사자들을 위한 권리 회복에 중점을 둔다. 따라서 이해 당사자의 참여를 보장하고 투명한 계획과 절차, 피해의 객관적 산정 그리고 이를 회복하기 위한 실질적 조치들이 중요하게 다뤄진다. 역설적으로 정의로운 전환이라는 개념 자체가 세상은 정의롭지 않다는 것을 의미하기도 한다. 피해는 항상 약한 고리를 찾아내고, 그 피해가 대부분 복구된다 하더라도 이전과 결코 같을 수는 없다.

됭케르크와 노르망디

지금 세계에는 환경문제를 바라보는 두 가지 시선이 존재한다. 하나는 기후변화에 의한 피해를 줄이고 인간이 환경에 적응하는 것이고, 다른 하나는 산업구조를 완전히 재편해서 새로운 시대로 나아가는 방향이다. 그래서 이 두 가지를 제2차 세계대전의 전환점이 되었던 됭케르크 철수작전과 노르망디 상륙작전으로 비유하기도 한다.

됭케르크 철수작전은 전쟁 초기 프랑스 해안에 고립된 영국 원정군, 프랑스군, 벨기에군 등 30만여 명을 영국으로 철수시키는 작전이었다. 이 철수 과정에서 엄청난 손실을 입기는 했지만 다행히 대부분의 병력을 보존함으로써 영국이 독일의 침략에 대항하는 계기가 되었던 전투였다. 반면에 노르망디 상륙작전은 전쟁의 막바지에 이르러 연합군이 유럽을 탈환하기 위해 벌인 최초의 작전이었다. 디데이였던 1944년 6월 6일 이후 삼 주 동안 노르망디를 통해 연합군 병력 156만 명과 33만 대의 차량을 프랑스로 상륙시켰다. 이 두 작전은 하나는 후퇴를, 다른 하나는 공격의 시작을 알리는 상징으로 남았다. 됭케르크 철수작전은 대부분의 차량과 장비를 포기함으로써 반격의 가능성을 남겼고, 노르망디 상륙작전은 엄청난 병력을 단기간에 쏟아부음으로써 전세를 바꾸었다.

지금 우리가 직면한 기후 위기에는 됭케르크 철수작전이 필요할까, 아니면 노르망디 상륙작전이 필요할까? 당신이 지휘관이라면 어떤 명령을 내릴 것인가?

제주도에는 184개 양돈 농장에서 41만여 마리의 돼지를 사육한다. 등지방이 두껍고 탄력이 좋은 육질을 가진 버크셔종 흑돼지가 많이 사육된다. 육지에서도 인기가 좋은 제주산 오겹살에도 불구하고 제주도에서는 돼지 수를 줄이기 위한 노력을 하고 있다. 관광도시 제주의 이미지에 맞지 않는 악취도 문제지만 근본적으로는 물이 부족하기 때문이다. 제주도는 거의 지하수에 의존하는데 도내 지하수 허가량은 지속 이용 가능량 대비 92퍼센트에 이른다. 더 이상 지하수 사용량이 늘었다가는 식수 부족 사태에 직면할 수 있다. 지하수는 전적으로 강수량에 의존하는데 강수일수는 감소하고 폭우성 비로 인해 유출량은 증가하면서 지하수량이 줄어들고 있다. 결국 제주산 돼지고기의 경제적 가치에도 불구하고 제주도는 됭케르크 전략을 채택할 수밖에 없었다.

인도 남서쪽 인도양에 있는 섬나라 몰디브는 1000여 개의 산호섬으로 이뤄졌다. 해발 1미터 이하가 전체의 80퍼센트 이상을 차지해 기후변화의 가장 취약한 국가로 평가받는다. 지구온난화로 해수면이 상승하면서 침수되는 면적이 늘어나 저지대 섬들은 더 이상 거주가 불가능해졌다. 지금처럼 온실가스 배출이 계속되면 해수면 상승으로 몰디브의 대부분은 바닷물에 잠기게 된다.

몰디브는 생존을 위해 국제공항 주변의 산호 지대 위에 모래를 쌓아 해발 2미터의 인공 섬을 만들고 그 위에 도시를 조성했다. 인공 섬에는 몰디브 인구의 절반이 이주할 계획이다. 몰디브 역시 피해를 최소화하는 철수작전을 생존 대책으로 선택했다.

파리협약이 추구하는 미래도 결국 성공적인 철수작전이다. 석탄발전소를 폐쇄하고, 탈탄소 교통 시스템을 구축하고, 저탄소 기술을 개발하고, 친환경적인 식품 공급망을 건설하는 대전환을 이루는 것이 목표이다. 결국 이것이 가능하려면 일자리의 교체가 필수적이다. 새롭게 확장되는 저탄소 산업 기술 중심으로 새로운 일자리가 만들어질 때 녹색 전환이 가능하다. 우리가 지속 가능한 미래에 한발짝 다가간 것이 맞는지를 살펴보려면 녹색 전환 분야의 일자리 수가 어떻게 변했는지를 보면된다. 일자리가 바뀌지 않으면 결국 아무것도 바뀌지 않은 것이기 때문이다.

유럽연합 집행위원회는 2030년까지 온실가스 배출량을 55퍼센트 줄이는 목표만으로도 일자리 88만 4000개가 순증할 것으로 예측했다. 청정 생산 부문에서 고용이 늘어날수록 유럽의 넷제로 행보는 탄력을 받겠지만, 지역적으로는 일자리 감소와 증가가 고르게 나타나지는 않는다. 정의로운 전환이 필요한 이유이다. 탄광과 정유 산업에서는 일자리가 줄어들고 순환 경제와 재생에너지 분야에서는 새로운 일자리가 생겨날 것이다. 녹색

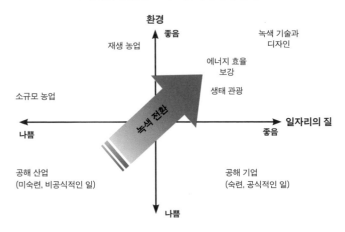

녹색 전환과 환경 그리고 일자리와의 관계

출처: 월드뱅크 블로그

전환이 고도로 숙련을 요구하는 직업만 늘리는 것은 아니라는 전망도 내놓았다. 2050년 재생에너지 부문에서 저숙련 또는 중간 숙련도의 노동자와 기술자가 75퍼센트에 이를 것으로 전망했다. 이렇듯 녹색 전환 분야에서 일자리를 늘려나가는 것은 노르망디 상륙작전으로 볼 수 있다.[9]

우리가 탄소중립에 이르는 여정을 성공적으로 마무리하기 위해서는 기존 화석연료 중심의 산업에서 철수할 때 피해를 최소화해 전력을 보존하고 녹색 전환 분야에서 물량 공세를 통해 일자리를 늘려가는 과정이 될 것이다. 그 과정에서 나타나는 불평등 문제를 완화하기 위한 정의로운 전환이 결국 1.5도의 사회에

도달할 수 있는가를 결정할 것이다. 이 험난한 여정을 성공적으로 마무리하기 위해서는 수십 개의 조건 대부분이 맞아야 하지만 실패하는 데 필요한 가짓수는 불과 몇 개면 충분하다.

최근에 발생한 우크라이나-러시아 전쟁의 여파로 새롭게 재편될 세계는 과연 인류의 탄소중립 여정에 어떤 영향을 끼칠까? 기후 활동가들은 서구와 러시아, 서구와 중국 사이의 긴장이 높아지면 탄소중립 목표 달성에 어떤 영향이 있을지 벌써 우려하고 있다. 안토니우 구테흐스 유엔사무총장은 우크라이나-러시아 전쟁은 화석연료에 대한 의존도를 낮춰 1.5도 이내의 목표를 달성하고자 하는 국제사회의 노력에 부정적인 영향을 끼칠 것으로 우려했다. 이렇듯 탄소중립을 위한 국제사회의 노력은 시작과 동시에 좌초될 위험에 직면하고 있다.

대지에 입맞춤을

토양이 인류가 가진 문제를 해결하는 열쇠가 될까? 2020년 넷플릭스에서 공개한 환경 다큐멘터리 영화 《대지에 입맞춤을》은 많은 사람에게 깊은 영감을 주었다. 이 다큐멘터리 영화는 흙의 중요성에 대해 대중이 이해할 수 있는 기회를 제공했다. 흙은 자연 상태에서 수많은 식물이 땅속 깊이 뿌리를 내리는 지지체이자 엄청난 수의 토양동물과 미생물이 살아가는 생태계이다. 토양 생태계가 잘 발달된 흙은 유기물 함량이 높아 작물이 자랄 수 있는 충분한 양분을 공급한다. 그렇지만 쟁기로 토양을 갈아 엎으면 지금까지 풍성한 생태계의 영양원이었던 토양 유기물이 분해되면서 토양은 생명의 보금자리가 아니라 환경에 부담을 주는 비점오염원으로 바뀐다. 영화 〈인터스텔라〉의 배경이 된 황폐화된 지구의 모습은 1930년대 미국 중부의 대평원에서 일어났던 모래 폭풍이 실제 만들었던 장면이다.

대공황 이후 중부 대평원에서는 가축 방목을 늘리고 식량을 증산하면서 땅을 무분별하게 개간했다. 이때 건조한 초원에서 토양 수분을 유지시키는 역할을 하는 키 작은 식물이 사라지면서 흙은 공기 중에 노출되었다. 그리고 바람이 불어오면서 중국의 황사처럼 가는 흙먼지, 즉 황진이 주변 지역을 덮쳤다. 1934년 5월 11일에 발생한 황진은 워싱턴 D.C.를 지나 대서양 너머 500킬로미터까지 날아갔다. 이때의 끔찍한 환경 재난을 경험하면서 미국에서는 1935년 토양보전법soil conservation act을 제정했고, 이를 관리하기 위해 농무부 산하에 토양보전국SCS을 설립했다. 지금은 국립 자연자원보전국NRCS으로 명칭이 바뀌었지만 여전히 휴경지를 관리하고 토양 침식을 방지하는 일을 수행한다. 미국에서는 680만 헥타르 정도의 휴경지가 있다. 우리나라 농경지의 세배가 넘는 면적이다. 이 기관은 과도한 토양 경운을 방지하고 곡물 가격 안정을 위해 토지 소유주들에게 휴경 보조금을 지급하기도 한다.

2015년 파리협약이 당사국들의 만장일치로 통과될 때 자발적인 국제 협력 프로그램인 포퍼밀 이니셔티브4per 1000 Initiative에 관한 안건도 함께 처리되었다. 포퍼밀 이니셔티브는 프랑스 몽펠리에에 있는 국제생물다양성연합Alliance of Biodiversity International and CIAT에 사무국을 설치하고 토양의 보전과 관리, 농업의 기후변화 대응을 지원한다. 이 기구의 이름이 이렇게 정해진 데는 사연이 있다. 토양의 깊이를 2미터로 산정했을 때 최대 저장할 수 있는 토양 유기 탄소의 양은 2조 4000억 톤이다. 인간 활동에 의해 배출되는 탄소의 양을 100억 톤으로 가정하면 대략 0.4퍼센트의 토양 유기태 탄소를 증가시키면 인류가 배출하는 모든 이산화탄소를 흡수할 수 있다. 우리나라 토양으로만 한정하면 우리나라가 배출하는 온실가스의 3분의 1을 격리할 수 있다. 물론 현실적으로 가능하다기보다는 토양의 중요성을 강조하는 의미에서 포부를 담았다는 정도로 이해해야 한다.

우리나라에서도 2015년부터 3월 11일을 '흙의 날'로 지정해 국민에게 토양의 중요성을 알리려고 노력한다. 토양학자인 강원대학교 양재의 교수는 "토양관리를 통해서 기후변화를 경감시키고 탄소중립에 기여한다는 건 토양의 중요한 기능이자 생태계 서비스 중의 하나이다"라고 강조한다. 그렇지만 현실적으로 표토(30~40센티미터)에 저장할 수 있는 토양 탄소는 9000억 톤에서 1조

2000억 톤으로 계산한다. 그러니 인간이 배출하는 모든 탄소를 토양이 저장하는 것은 불가능하다. 그렇다고 토양의 의미가 줄어 드는 것은 아니다. 이상적인 조건에서 1헥타르의 토양 속에 1톤의 탄소를 격리할 수 있다.

토양 유기물이 많아지는 것은 대기로 배출된 이산화탄소를 흡수하는 데 중요할 뿐만 아니라 토양을 비옥하게 해서 비와 바람에 의한 토양 유실을 줄이고 작물의 생산성과 품질을 높이는 데 도움이 된다. 유기물이 풍부한 우크라이나 흑토지대의 토양을 체르노젬이라 부르는데 곡물의 최대 생산지 중 하나이다. 이 외에도 토양 유기물은 미생물과 토양동물의 먹이원으로 작용해 토양의 생물 다양성을 높이는 작용을 한다. 생물 다양성이 풍부한 토양에서 자라는 작물은 병해충의 공격으로부터 더 안전하다.

좋은 토양은 좋은 음식을 만든다

인간을 미생물 캐리어라고 부르기도 한다. 앨러나 콜렌은 이를 책에서 "10퍼센트 인간"이라고 표현하기도 했다. 우리 몸은 살과 피부, 뼈와 근육을 구성하는 10퍼센트의 인체 세포와 박테리아, 바이러스, 곰팡이 등 90퍼센트의 미생물로 구성된 하나의 개체가 아닌 집합체로 볼 수 있다. 인체에 존재하는 미생물은 공생하며 면역 기능을 조절하고, 신경계에 영향을 미치기도 한다.

몸의 체취를 형성하는 일부터 비만과 당뇨, 암 그리고 치매에까지 영향을 미치는 미생물, 즉 마이크로바이옴microbiome과 연관이 있다는 것이 밝혀졌다. 우리는 상상하는 것보다 더 깊게 다른 생명체와 동맹을 맺고 있다. 하버드 의과대학 이스라엘 와이즈만 연구 팀은 열세 가지 만성 질환 중 열두 개에서 마이크로바이옴의 영향이 유전적 요인보다 더 크게 작용했다고 발표했다.

토양은 우리가 먹는 식품의 대부분을 얻는 식량의 저장고이면서 지구상에 존재하는 생물종의 대략 3분의 2가 자라는 보고이다. 흙 1그램 속에는 박테리아, 방선균, 곰팡이, 미세조류, 원생동물, 선충류, 기타 무척추동물이 살고 있다. 1제곱미터의 토양에는 30~3000마리의 지렁이가 살고 있다. 비옥한 토양 1그램 속에는 지구의 인간보다 더 많은 수의 유기체가 있다.[10] 우리는 토양에서 자란 유기물을 흡수하고 몸속의 미생물들과 공유한다. 그 대가로 미생물들은 우리가 필요한 영양소를 만들기도 하고 외부의 병원균으로부터 우리 몸을 방어하기도 한다.

우리는 인간이 지구 환경을 바꾸어 기후변화가 초래되었다고 대견해할지 모르지만, 인간이 등장하기 수십 억 년 전 미생물이 광합성을 통해 지구의 대기 조성을 영구히 바꿔놓았다는 것을 잘 알지는 못한다. 그 후 공룡과 포유동물이 출현할 수 있었던 것도 모두 광합성 미생물들이 대기 중 산소 농도를 높였기 때문이다. 우리의 미래 역시 토양 속에 존재하는 다양한 생물의 도움에 의존해서 살아갈 것이다.

그런데 기후변화만큼 좋지 않은 소식이 계속 들려온다. 2019년 5월 프랑스 파리에서 열린 제7차 생물다양성과학기구IPBES 총회에서는 '전 지구 생물 다양성 및 생태계 서비스 평가 보고서'가 채택되었다. 50개국 400명의 전문가들이 참여해 1800페이지에 달하는 보고서를 작성했는데, 여기에는 2005년 이후 전 세계 생물다양성의 상태를 종합적으로 보여주었다. 이 보고서를 작성한 전문가들은 지구에서 일어나는 종의 멸종, 야생 동물의 감소, 서식지 감소를 비롯해 인류의 삶과 경제 발전의 핵심인 생태계 고갈에 대해 깊은 우려를 나타냈다.

이 보고서에서 지적한 것은 인류의 삶의 방식이다. 인간은 육지 면적의 3분의 1 이상, 담수 자원의 약 75퍼센트를 작물 또는 축산물 생산에 활용한다. 과도한 농경과 수자원 이용, 재생 능력을 초과하는 폐기물 배출은 육지 환경의 75퍼센트, 해양 환경의 66퍼센트에 큰 영향을 끼쳤다. 지구상 생물 800만 종 중 100만 종 이상이 멸종 위기에 처해 있으며 상당수의 종은 수십 년 내 멸종이 예상된다. 야생동물의 개체수는 1970년 이후 60퍼센트나 감소했다. 보고서를 작성한 과학자들은 생물 다양성의 감소에 영향을 미치는 가장 큰 원인은 산림 훼손, 농지 확장 등 '토지이용의 변화'라고 지적했다. 산림 훼손과 무분별한 가축 방목 등으로 인한 사막화가 빠르게 진행되고 있고 전 세계적 추세인 도시

화는 식물이 자랄 공간을 빼앗고 있다.[11]

이 보고서를 작성하는 데 큰 기여를 한 세계자연기금은 자연과 인간을 위한 뉴딜을 주장하면서 다음과 같은 다섯 가지 행동 계획을 제안했다.

- 자연을 파괴하는 활동에 자금을 지원하는 행위 중단
- 삼림 벌채와 토지 황폐화 중단
- 플라스틱으로부터 민물, 바다 및 해양 생물 보호
- 지속 가능한 농업으로의 전환
- 기후 변화를 막기 위한 파리협약의 이행

자연을 우리가 가진 가장 중요한 자산으로 정의한 '다스굽타 리뷰'에서 지금과 같은 인간의 생활을 유지하려면 1.6개의 지구가 필요하다고 지적했다. 그리고 GDP는 더 이상 국가의 경제적 건전성을 판단하는 데 적합하지 않다고 주장한다. GDP는 생물권의 악화로 인한 자산의 감가상각을 포함하지 않기 때문이다. 영국 케임브리지대학교 명예 경제학 교수 파르타 다스굽타는 자연을 구성 요소로 포함하도록 경제학을 재구성하는 것이 목표라고 말한다.

진정으로 지속 가능한 경제성장과 발전은 자연의 상품과 서

비스에 대한 수요와 공급 역량이 인류의 장기적인 번영에 중요하다는 것을 인식하고 균형을 찾아가는 것을 의미한다.

'다스굽타 리뷰'에서는 생물 다양성을 경제학의 핵심에 두고 과학기술의 발전을 통해 식량 생산의 효율성을 높여갈 것을 주문했다. 전 세계적으로 3분의 1 정도 낭비되는 식품을 줄임으로써 식량 생산의 필요성을 줄일 수 있다. 여기에 더해 식량 생산의 혁신, 기후와 토지이용의 변화에 대한 농업의 기여도 축소, 환경에 피해를 주는 투입물의 감소, 식량 생산 시스템의 회복력 향상을 주문했다. 논란이 될 수 있지만 유전자 변형 작물을 도입함으로써 추가로 2000만 헥타르의 농경지를 자연 생태계로 되돌려 주고, 수직 농장vertical farm을 통해 토지이용과 물 사용량을 줄일 수 있을 것으로 예상했다. 빠르게 성장하는 대체육 산업은 축산에 의한 토지이용과 환경 부하를 줄이는 데 도움을 줄 것으로 기대했다. 대체육 기업 비욘드미트의 버거에 대해 실시한 전 과정 평가에 따르면 물 사용량과 토지이용에 따른 영향은 90퍼센트 이상 줄어들었다.[12] 원격탐사, 정보시스템, 센서가 장착된 농기계, 그리고 디지털 토양 관리 기술을 통해 농자재 투입량을 줄이면서 농업 생산성을 높여 토양을 건강하게 만드는 것도 중요하다.

결국 농업 기술의 혁신을 통해서 인류가 생존할 수 있는 충분한 식량을 생산하면서도 환경 부하는 줄이고, 높아진 생산성만큼 줄어든 농경지는 다시 자연 생태계로 되돌려 주는 활동이 동시에 일어나야 한다. 유럽의 팜투포크에서 강조하는 부분 역시 동일한 흐름을 유지한다. 유럽은 여기에 더해서 유기농업을 25퍼센트까지 확대해 생물 다양성을 높이는 정책을 적극적으로 추진한다. 미래에는 인류의 식량 문제 해결과 생물 다양성을 동시에 잡기 위해 과학기술이 큰 역할을 수행해야만 한다. 자연 생태계 관리자로서 인간의 적극적인 역할이 필요한 부분이다.

토종과 종 다양성

세계 5대 작물 중 옥수수와 감자는 남아메리카 안데스가 원산지이다. 옥수수는 세계에서 생산량이 가장 많은 곡물로 수많은 식품의 원료이고, 현대적인 축산을 가능하게 하는 원동력이다. 그뿐만 아니라 슈퍼 푸드로 각광받는 퀴노아, 마카, 아마란스 역시 안데스가 원산지이다. 안데스 지역이 이처럼 다양한 식물 생태계를 가질 수 있었던 것은 세계 어느 곳보다 미기후microclimates가 많은 독특한 환경에 기인한다. 고도의 변화가 심하고 복잡한 지형은 좁은 지역에 다양한 기후대를 만들었고, 이것이 여러 유전적 특성을 가진 종으로 분화하는 계기가 되었다. 안데스의 외딴 산악 지역에는 우리가 아는 작물 외 곡물, 뿌리, 콩류로 가득

차 있고, 수많은 종의 다양한 조상 품종이 함께 자란다. 그래서 이 지역은 기후변화 시대를 위해 필요한 생물 다양성의 보고로 기대를 모은다.[13]

슈퍼 푸드가 각광받으면서 퀴노아와 마카 붐이 일어났다. 가난한 사람들의 곡물은 선진국에서는 상위층의 건강식품으로 옷을 갈아입었다. 원산지인 페루와 남미에서는 원주민들의 식용 작물에서 수출용 기능성 곡물로 탈바꿈하면서 안데스 지역의 소농 기반은 오히려 약화되었다. 토종 작물이 규모 있게 재배되면서 그나마 조금씩 시장에서 판매하던 소농들은 빠르게 경쟁력을 잃어갔다. 아마란스와 따르위tarwi 콩은 단백질이 많이 함유된 건강식품으로 알려져 있다. 상업용 판매를 위한 재배가 확대될수록 전통적으로 농가들이 가졌던 종 다양성은 오히려 줄어들었고, 많은 종이 남용되면서 멸종 위험에 처해 있다. 어쩌면 인류는 아직 개발되지 않은 식용 가능한 작물에서 미래의 위기를 극복할 기회를 잡을지도 모른다. 변화된 기후환경 조건에서는 어떤 작물이 살아남아 사람들에게 영양을 공급할지 아직 모르기 때문이다. 분명한 것은 우리가 익숙한 품종은 현재의 기후 환경에 최적화된 작물로 미래에는 유용하지 않을지도 모른다는 사실이다. 유전자 변형 식품을 통한 대응이 하나의 방편으로 논의되고 있지만, 그럼에도 불구하고 극한 기후에서도 살아남는 특징을 가진 종은 그 자체로 비교할 수 없는 가치가 있다.

다행히 안데스 지역에서 자라는 고유한 종을 보호하기 위한 노력을 하고 있다. 페루 정부는 안데스의 산악 지대에서 고유한 문화를 지닌 원주민이 사는 곳을 생물 다양성 보호 지역으로 지정했다. 이 지역에는 수십 종의 뿌리채소와 함께 100여 종의 감자와 단백질이 풍부하고 해충에 강한 곡물이 자란다.[14] 이렇게 농작물이 다양한 것은 인간과 품종 간 협력의 산물이다. 자연선택과 인간의 창의성이 수천 년 동안 다양한 미기후 환경과 상호작용하면서 만들어진 결과물이다. 다양한 색깔과 모양의 감자는 그 차이를 극명하게 드러내기도 하지만, 벼처럼 일반인들은 구분하기 힘든 특징도 있다. 유엔식량농업기구는 현대화가 시작된 이후로 90퍼센트 이상의 작물이 시골에서 사라진 것으로 추정한다. 단일 재배와 유전자원의 독점을 포함하는 산업적 농업이 가장 큰 원인이다. 이러한 추세는 습지가 사라지고 경지가 확대되면서 촉진되었다. 그나마 세계화의 물결에서 벗어난 안데스 고산지대 정도의 오지만 아직 농업 생물 다양성이 남아 있다.

그렇다면 세계의 다른 지역은 왜 안데스만큼 이렇게 풍부한 작물이 존재하지 않을까? 물론 예전에는 다른 지역도 이렇게 다양한 품종이 존재했다. 우리나라 역시 예전에는 집마다 재배하는 벼 품종이 차이가 날 정도로 다양했지만 개량이 이뤄지고 상업농이 일반화되면서 품종은 단순해졌고, 우리가 시장에서 보는 쌀은 더 단순해졌다. 이렇게 단순화된 품종으로 농작업은 표준

화되고 상품은 규격화가 되어 대량생산 대량소비 시대에 적합했지만, 병해충이나 자연재해에는 취약해졌다. 그리고 수많은 재래종 작물들은 빠르게 사라졌다.

세계에서는 7만 5000품종의 사과가 있다고 한다. 미국에서는 2500종의 사과가 재배되고 이 중 100여 종만 상업적으로 생산되어 소비자를 찾아간다. 반면에 우리나라 시장에 팔리는 사과 품종은 불과 10여 종에 불과하다. 우리나라에서 사과는 19세기 말에 도입되어 역사가 짧은 것이 원인으로 생각된다. 반면에 콩은 우리나라와 중국 만주 등 동북아시아가 원산지이다. 1901년부터 1976년 사이 우리나라에서 수집한 재래종 콩은 무려 5496종이나 되었다. 종자의 특징은 원산지가 가까울수록 종의 분화가 크게 나타나고 원산지에서 멀어질수록 다양성이 떨어진다. 콩의 원산지라고 해서 우리나라가 콩의 자급률이 높은 것도 아니다. 콩의 자급률은 30퍼센트에 미치지 못한다. 정부에서 콩 재배 농가에 대한 지원을 늘리고 우리나라 소비자들이 국산 콩에 대한 선호도가 높아지면서 최근에 콩 재배가 크게 늘어난 덕분에 이나마 유지하고 있다. 최대 생산지는 원산지와는 거리가 먼 미국과 브라질이다.

반가운 소식도 있다. 우리나라에서도 토종 종자의 가치에 대해 새롭게 눈을 뜨면서 토종 씨앗 운동이 활발하게 전개되고 있다. 민간의 육종가들이 토종 종자를 발굴하고 보존하면서 새로운 품종 개발에도 활용한다. 포항에서 돼지 농장과 농식품 스타트업을 운영하는 이한보름 대표는 토종 돼지 품종을 아버지에게서 물려받아 명맥을 이어간다. 수입 돼지 품종보다 천천히 자라고 크기도 작아 경제성이 없다고 버려진 흑돼지이지만 그 가치를 알아줄 때까지 포기하지는 않을 것이다.

국가기관인 농촌진흥청에서는 유전자원센터를 통해 국내와 해외의 토종 종자와 새롭게 개발되는 종자를 보존한다. 현재 식물, 미생물, 축산을 포함해 31만여 종에 달하는 자원을 국내외 네 곳에 중복 보존하고 있다. 종자를 보관하기가 쉽지는 않기에 냉동 상태에서 종자를 보관하더라도 냉동 기간이 길어질수록 발아율이 떨어진다. 그래서 일정 기간마다 다시 심어 종자를 새로이 받아 보관해야 한다. 엄청난 노력과 비용이 들어가는 일이다. 그래서 여러 개발도상국에서는 우리나라 종자 센터에 위탁해 보관하기도 한다. 이 외에도 노르웨이령 스발바르 제도의 스피츠베르겐섬에는 국제 종자 저장소가 있다. 북극권에 있어 연중 눈으로 덮이는 이곳은 천혜의 종자 저장소이다. 그래서 이 종자 저장소를 노아의 방주에 빗대어 '최후의 날 저장소doomsday vault'라고 부르기도 한다. 인류에게 중요한 주요 곡물의 종자들이 보관되어 있다.

농업의 다양성을 위한 노력들

기후변화가 심화되면 결국 농업 생산 위기에 직면할 수밖에 없다. 변화하는 기후의 속도를 품종이 따라잡으려면 품종 개발 속도도 빨라져야 한다. 전통적인 육종 방법은 5~10년 정도의 시간이 소요된다. 그런데 새로운 품종이 개발될 때쯤이면 기후는 또 변해 있을지도 모른다. 농학자들은 품종 개발 속도를 어떻게 높일까를 고민한다. 때로는 유전자 변형 작물에 눈을 돌리면서 새로운 돌파구가 되기를 기대하기도 한다. 그럼에도 불구하고 새로운 특징을 가진 품종을 개발하기 위해서 변화된 기후에 유용한 유전적 특징을 가진 작물이 필요하다. 이 경우 종의 다양성이 높을수록 유리하다.

세종대학교 진중현 교수는 염분에 강한 벼 품종을 개발하고 있다. 현재 1퍼센트의 염도에서도 자라는 벼 품종을 개발했고, 바닷물에서 자랄 수 있는 벼를 개발하기 위한 노력도 한다. 그 외 홍수가 나서 벼가 완전히 침수되었을 때도 생존하는 벼도 개발했다. 이처럼 미래의 다양한 기후 재난으로부터 식량을 안정적으로 확보하기 위해서는 염분, 침수, 고온, 가뭄, 인 부족 등 다양한 환경조건에서도 어느 정도 생산성을 유지할 수 있는 품종의 개발이 중요하다. 이때 중요한 것은 다양성이다. 농경지에서 재배하는 품종이 몇 종으로 제한되면 기상이 좋을 때는 생산량이 크게 늘어나겠지만 나쁠 때는 생산량이 급감할 수밖에 없다. 그때 우리는 위기를 대비해서 어느 정도의 다양성을 유지할 것인가라는 고민에 직면한다. 극한 생육 환경에서 잘 자라는 품종은 일반적인 조건에서는 생산성이 떨어질 가능성이 높기 때문이다. 그렇지만 지구의 평균기온이 올라갈수록 위기에 대비한 품종의 분산도 필요해진다. 계란을 한 바구니에 담지 말아야 하는 것은 주식뿐만 아니라 작물 재배에서도 마찬가지이다.

탄소중립을 위한 인류의 노력이 어느 정도 성과를 거두겠지만 기후가 변한다는 사실을 받아들이고 준비하는 것은 어쩔 수 없는 생존 전략이다. 우리가 설사 1.5도의 한계를 지키는 데 성공하더라도 미래의 기후변화 충격으로부터 자유롭기는 어렵다. 너무 낙관적인 미래 예측이라 현실성이 떨어지는 기후변화 시나리오에서도 2050년대에 이르러 평균 1.6도까지 온도가 올라가는 것으로 나타났다. 이것도 과학적인 증거가 부족해서 기후 모델에 포함하지 못했던 온난화 요인을 제거했을 때 나온 수치이다. 그러니 현실은 IPCC 보고서의 시나리오보다 훨씬 더 나쁠 수밖에 없다.

그럼 어떻게 이 위기를 헤쳐나갈 것인가라는 전략 역시 필요하다. 그중에서 식량 안보는 가장 우선순위를 차지할 것이다. 이때 비주류 품종이 미래 인류의 식량안보를 위해 빛을 발하는 때가 올 것이다. 이렇듯 식량 공급의 안정성은 농업 생물다양성과 밀접한 관련이 있다. 그런 조건을 충족하기 위해서는 안데스의 산악 지대, 국내의 산간 지방 등 농업 유전자원이 다양하게 있는 지대에서 소농 중심의 다작물 재배가 활발하게 일어나야 한다. 그렇지만 소농 중심의 다작물 재배는 현대의 상업농과는 배치된다. 비용 측면에서 비효율적일 뿐만 아니라 농촌의 공동화 현상에도 맞서야 한다. 농촌에서 토종을 장려하는 활동은 전 세계적으로 일어나고 있고, 그 중요성에 대해서는 누구나 공감한다. 그렇지만 소비자들이 토종 농산물에 얼마를 더 낼 의향이 있을까? 당신은 한 달에 한 끼 정도는 다작물 재배를 통해 생산된 농산물을 살 만한 가치가 있다고 생각하는가? 당신의 대답이 어떻게 되느냐에 따라 농업 생물 다양성은 달라질 수 있다.

안데스가 기원인 감자는 현재 900억 달러 이상 가치가 있는 상품이 되었고, 남미를 떠나 세계 여러 나라에서 중요한 식량으로 자리매김했다. 《Lost Crops of the Incas(잉카의 잃어버린 작물)》의 저자들은 "이러한 전통적인 토종 작물이 미래 식량 생산에 중요한 역할을 할 수 있다는 것은 식민지를 탈출한 소수의 성공에 의해 증명되었다"라고 썼다. 안데스에서 유래한 고추는 네덜란드에서는 파프리카가 되었고, 우리나라에서는 소울 푸드인 김치의 핵심 재료가 되었다. 토마토는 아프리카와 중앙아시아 여러 나라에서 주식 작물로 대접받는다. 안데스의 농부들이 극한 환경에서 살아남기 위해 좁은 땅에 여러 품종을 나눠 심는 다작물 재배는 해충을 방제하는 가장 효과적인 시스템이었다. 그 덕분에 생물 다양성은 높아졌고, 그 혜택을 전 인류가 향유한다. 안데스를 탈출한 불과 몇 종의 작물에 우리 인류는 이미 크게 빚을 지고 있다.

고유한 농업 환경을 보존하고 소농들이 그런 환경에서 삶을 이어가도록 만드는 것은 인류의 미래를 위해 꼭 필요한 일이다. 단일 재배 중심의 상업농보다는 자급자족적 소농이 가능하도록 경제구조를 만들어가는 것도 중요하다. 습지나 경사지 등 다양한 농경지를 보존함으로써 농업 생태계와 품종의 다양성을 높일 수 있다. 최소한의 생물 다양성이 인류의 생존을 위해 중요하다는 사실을 인식하는 것만으로도 미래는 달라질 수 있다.

유럽의 관점에서 본 식량의 미래

유럽은 북대서양 난류의 영향을 받는 해양성 기후로 연교차와 일교차가 비교적 적고 연중 비가 고르게 내리는 기후대에 있다. 남부 유럽은 고지대와 산악 지역이 다수 존재하지만 영국부터 우랄산맥에 이르는 북유럽은 거대한 대평원이 자리 잡고 있다. 기후대는 온대와 아한대에 걸쳐 있지만 해양성 기후의 영향으로 온난하고 연교차와 일교차가 적고 강우량도 비교적 고르다. 유럽은 비옥한 토양과 온화한 기후 덕분에 일찍부터 농업이 발전했다. 인구 증가도 안정세에 접어들면서 유럽은 글로벌 식량 안보 지수에서도 선두권에 위치한다. 유럽의 기후와 지리적 여건은 일찍부터 식량 안보에 대한 우려를 덜 수 있었다. 유럽연합의 농업에서 1차적인 관심사는 식량 안보가 아니라 기후변화, 지속 가능성, 생물 다양성이라는 의제가 자리 잡고 있다. 유럽연합 식량 시스템이 직면한 문제는 음식 폐기물, 과잉 섭취, 비만, 전반적인 탄소발자국 증가이다. 이런 관점은 유럽의 농업 정책이 기후 위기 대응과 식생활 개선으로 이동했다는 것을 의미한다.

유럽 농업의 가장 큰 이슈는 축산의 과잉이다. 네덜란드와 덴마크 등 축산 강국은 가축분뇨의 친환경적 처리가 가장 큰 과제로 등극했다. 예전에는 가축분뇨로 바이오가스를 생산해 에너지화하거나 퇴액비화해서 농경지에 뿌리는 것이 일반적이었지만, 이러한 접근 방식이 지하수 오염 문제에 직면하면서 더 이상 지속 가능하지 않은 것으로 간주되었다. 그래서 최근에는 바이오 리파이너리bio-refinery 개념이 대안으로 떠오르고 있다. 가축분뇨를 구성하는 기본 성분인 탄소, 질소, 인, 칼륨을 환경으로 배출하지 않고 완전히 재활용하는 방법이다. 탄소는 바이오가스(메탄)로 만들어 에너지화하고, 질소는 스트리핑 기술을 적용해 암모니아로 회수하고, 인과 칼륨도 화학 공정을 적용해 회수한다. 이렇게 가축분뇨로부터 회수된 질소, 인, 칼륨은 다시 비료로 재활용된다.

유럽의 식량 안보는 유럽보다 아프리카와 관련이 더 깊다. 인도주의적인 측면이 크기는 하지만 거슬러 올라가면 난민 문제와 연결된다. 유럽은 식민지 시대를 거치면서 아프리카 이민자들 비중이 유럽 28개국EU-28에서는 6.8퍼센트, 전체 유럽에서는 9.9퍼센트에 이른다. 전 세계 인구 대비 아프리카 인구 비중이 16.6퍼센트임을 감안하면 결코 적지 않다. 유럽과 아프리카는 지리적 근접성과 함께 높은 이민자 비율도 난민 유입에 영향을 미칠 수밖에 없다. 따라서 유럽이 안정화되기 위해서는 아프리카에서 식량 위기가 발생하지 않는 것이 중요하다. 이는 필연적으로 유럽의 난민 증가로 이어질 수 있기 때문이다. 아프리카의 식량 위기는 유럽의 안보 위기와 밀접한 관련이 있다.

유럽의 자료와 정책을 따라가다 보면 실용적이기보다는 철학적 고민이 많이 담겨 있다는 것을 느낀다. 실용적인 접근만 하던 한국의 전문가가 따라잡기는 쉽지가 않다. 우리나라는 정책의 배경이나 사회가 가진 철학적 고민보다는 외국의 사례연구에 많이 좌우된다. 우리나라의 지정학적 위치와 경제구조를 고려하면 따라 할 만한 국가가 없을 것 같기도 하지만 '빠른 추격자' 전략을 수정할 의지는 아직 잘 보이지 않는다. 가끔은 왜 유럽연합은 배경과 방향성에 대한 고민이 많을까를 생각하기도 한다. 그러다가 '24개 유럽 회원국의 동의를 얻으려면 그게 어디 쉬울까'라는 생각에 이르면 비로소 이해가 되기도 한다. 우리나라도 예산 확보를 위해 기획재정부나 국회를 설득하는 일이 힘들다지만 24개국을 상대해야 하는 유럽연합에 비할까 싶기도 하다. 어쨌든 이런 활동으로 농식품 이슈가 대중에게 노출되는 빈도가 늘어나고(인지 단계), 소수에서 다수가 이해하는 영역(이해의 시간)으로 넘어가면서 집행(확산 단계)된다.

　유럽연합의 새로운 공동 농업정책인 팜투포크는 다음 10년 동안의 핵심 키워드이다. 농업 환경을 개선하고, 기후변화에 적응하고, 생물 다양성을 높이고, 누구에게나 충분하고 안전한 영양을 공급하도록 지속 가능한 푸드 시스템을 만들고, 유럽연합의 식품 공급망의 경쟁력을 높이고 공정한 무역을 촉진하고, 생산자에게는 충분한 소득을 보장하며 소비자에게 적정한 가격으로 공급하겠다는 정책 지향을 포함한다. 농업계가 이상적으로 추진해 온 개념은 모두 포함해서 이견이 있을 수 없다. 그렇지만 다소 모호한 개념들이 어떻게 각 나라의 정책과 제도로 구체화될지는 다른 문제이다. 이는 국가별 이해관계자들이 참여하는 토론의 영역으로 남겨져 있다. 정책 이행의 순서도 중요하다. 어떤 정책은 입법을 통해 구현되고, 어떤 목표는 사회 운동을 통해 확산되어야 한다. 구체적인 영역으로 더 들어가면 농약 사용량을 획기적으로 줄이고, 동물 복지를 강조하고, 사료 첨가제의 환경 영향을 줄이고, 원산지 표시와 식품 라벨링 등에서 전반적인 강화 조치를 하고, 탄소를 감축하는 농업기술에 대한 지원이 국가별 실행 정책에 반영될 것이다.

세부적으로 들어가면 우리나라의 농업 정책이랑 크게 차이점을 찾기는 어렵다. 같은 목표를 이야기하지만 다른 결과로 나타나는 것은 우리나라가 유럽연합처럼 이해관계자들 간 토론이 잘 일어나지 않는 것도 하나의 원인으로 지목된다. 우리가 유럽의 농업 현장을 방문하고 벤치마크하면서 외형은 배울 수 있지만 그 배경에 흐르는 철학과 의사 결정 과정까지 이해하기는 어렵기 때문이다. 유럽이 처한 상황과 자연환경 조건 역시 우리와는 너무 다르다. 우리는 힘들게 해야 겨우 비슷하게라도 할 수 있다. 유럽은 멈추면 쉬어가는 환경이지만, 우리 농업은 멈추면 넘어진다. 이것이 우리나라를 이렇게 빠르고 혁신적인 국가로 만들어온 배경이기도 하겠지만 끊임없이 인재를 갈아넣어야 지속되는 시스템이기도 하다. 여기까지 온 것이 대견하게 느껴지지만 언제까지 가능할까라는 우려도 든다.

경쟁 구도하에서 한쪽이 변화하면 상대도 반응할 수밖에 없다. 유럽 농업의 기후적응 정책은 우리나라 농식품업에도 영향을 미친다. 무역 규제라는 네거티브 장벽과 함께 우리나라 소비자들을 대상으로 친환경과 안전의 이슈를 선점해 나가는 포지티브 전략까지 다각도로 영향을 받는다. 그 영향은 축산업이 가장 크게 받을 것이다. 이와 관련해서는 국내에서도 여러 전개 시나리오를 마련하고, 시나리오별 대응책도 함께 준비해 나가야 한다. 이 과정에서 이해관계자 간 공개 토론이 필수적이다. 문제를 인식하고, 상황에 대한 이해도를 높이고, 대응 방안을 마련하는 데 이보다 더 좋은 수단은 아직 없기 때문이다.

아리아드네의 실

우리나라가 IMF 구제금융으로 어려움을 겪을 때 정부와 대기업들은 미국으로부터 정책과 경영 자문을 받았다. 세계화에 어두웠던 우리나라는 외국의 두뇌를 빌릴 수밖에 없었다. 물론 이런 상황은 최근까지 크게 개선되지는 않았다. 우리나라 대기업들은 여전히 외국의 두뇌에 의존한다. 인간의 뇌는 몸무게의 2.5퍼센트에 불과하지만 몸이 소비하는 산소의 25퍼센트를 사용한다. 인간이 다른 동물과의 경쟁에서 우위를 점할 수 있었던 것은 복잡한 사고가 가능했기 때문이라고 한다. 우리 사회는 여전히 지식 창출에 돈을 쓰는 데 인색하다. 위기가 닥치면 무엇을 해야 할지 몰라 우왕좌왕한다. 만약 기후 위기가 닥치면 우리나라는 충분한 대응 역량이 있을까? 이런 우려가 들 때쯤 독일의 기후변화 정책에 관한 뉴스를 보게 되었다.

그리스의 영웅 테세우스는 아리아드네의 실 덕분에 다이달로스가 만든 미궁을 지나 괴물 미노타우로스를 죽이고 무사히 빠져나올 수 있었다. 아리아드네의 도움이 없었다면 영웅 테세우스도 임무를 완수할 수는 없었을 것이다. 그런데 이 오래된 신화를 21세기에 예상치 못한 곳에서 다시 마주쳤다. 재생에너지 전환에 가장 열심인 독일은 에너지 전환 프로젝트를 코페르니쿠스라고 명명했다. 그리고 그 코페르니쿠스의 추진 전략 수립을 위한 프로젝트에 아리아드네의 이름을 붙였다. 에너지 전환이라는 미궁을 헤쳐나가 지구온난화라는 괴물을 잡기 위해서는 길을 안내할 아리아드네의 실이 다시 필요했기 때문이다.

독일은 이 프로젝트의 추진을 위해 26개 파트너가 참여하는 컨소시엄을 구성하고 과학, 정치, 비즈니스 등 다방면에 대한 연구와 시민 사회단체 간 공동 학습 과정을 통해 에너지 전환의 방향을 설정한다. 그런데 내가 놀랐던 것은 다른 데 있었다. 독일은 에너지 전환 프로젝트에서 두뇌 역할을 하는 아리아드네 프로젝트, 즉 기후 위기 대응 에너지 전환 정책과 전략을 수립하는 연구에 3년간 400억 원을 지원한다는 것을 봤을 때이다. 우리나라는 걸핏하면 2000만 원, 삼 개월에서 육 개월짜리 정책 분석 또는 대안 개발 과제를 발주한다. 수의계약 범위를 넘지 않기 위해서이다. 많아도 1억 원 정도의 정책 과제만 보다가 3000만 유로라는 수치는 보고도 믿기지 않았다.

농업의 탄소중립에 관한 정책 토론회에서 관계자에게 이런 질문을 던졌다.

딸기를 재배해서 수출을 한다고 한다. 겨울딸기 재배를 위해서는 많은 에너지가 난방에 사용된다. 농업용 에너지 가격 정책 덕분에 현재는 경제성이 있을지 모르지만, 탄소중립 시대에 이런 식의 접근이 지속 가능할까?

물론 아무도 연구한 적이 없으니 아직은 이 질문에 누구도 대답하지는 못한다. 무슨 위험이 있을지 알지 못하니 문제가 발생할 때까지 대책을 세울 수도 없다. 그럼에도 우리는 딸기를 수출하기 위해 전력을 투구한다. R&D 투자를 하고, 10년 정도는 안정적으로 농사를 지어야 투자비를 회수하는 시설을 지원하고, 많은 청년이 스마트팜에 꿈을 싣는다. 그런데 이럴 수도 있지 않을까?

화석연료 보조금이 제한되고 에너지 가격이 올라 겨울딸기의 경쟁력이 떨어질 것이다.

만약 이런 상황이 발생하면 그동안 투자한 많은 농업 시설과 청년들의 노력이 물거품 될지도 모른다. 어쩌면 위험을 인지하고서도 투자를 해야 할 수도 있다. 그렇지만 최소한 어떤 위험이 있을지 아는 것과 모르는 것의 차이는 크다. 기후변화 적응이라는 미로를 헤쳐 나가는 데 용기만으로 가능하지 않다. 우리에게도 아리아드네의 실이 필요하다.

미래를 위한 변명

우리는 모두 더 나은 미래를 꿈꾼다. 그런데 더 나은 미래는 무엇일까? 여러 사람이 생각하는 미래가 일치하면 그곳에 이르는 방법과 속도의 문제만 남는다. 만약 같지 않은 미래라면 격렬한 논쟁과 증오가 남을 것이다. 한편은 상대에 대한 무시와 비난을, 반대편은 상대의 무지를 조롱할 것이다. 이것만 있다면 그나마 다행이다. 의도와 기대의 불일치, 표면적인 이유와 배경에 잠재된 이익이 서로 충돌하면서 우리는 다른 사람이 꿈꾸는 미래를 외면한다.

한 사회에서 더 나은 미래에 대한 견해의 불일치가 토론을 통해서도 좁혀지지 않고 커지는 데는 여러 이유가 있다. 대개는 부정확한 정보와 불확실한 가정, 지역과 계층 간 정보의 차이, 그리고 가장 크게는 지적 게으름이 자리 잡고 있다. 지적 게으름이란 과학적 방법론에 대한 이해 부족, 그리고 사실과 의견을 구분하지 않을 때 주로 나타난다. 과학 연구의 결과는 참일 수도 있고, 거짓일 수도 있다. 대개는 부분적인 사실과 의견으로 이뤄져 있다. 그리고 새로운 현상에 대해 더 잘 설명할 수 있는 새로운 과학 이론이 등장하면 이전에 통용되던 이론은 뒤로 물러난다. 이렇게 지식의 장에서 통용이 되는 것은 참이기 때문이 아니라 과학적 방법론을 따랐을 때이다.

장편소설《남한산성》의 작가 김훈은 사실과 의견을 구별하는 능력을 상실한 사회는 소통이 불가능하다고 일갈한다.

사회적 담론이 의견과 사실을 구별하지 못하고 있다. 무슨 말을 하는지 알 수 없게 됐다. 의견을 사실처럼, 사실을 의견처럼 뒤죽박죽 섞어 말하고 있다. 이런 언어는 인간의 소통에 기여하지 않고 단절을 만들어낼 뿐이다.

사실과 의견을 구분하는 능력이 약해지면서 사회는 소통이 어려워지고, 소통이 상실된 사회에서 언어는 서로 간 장벽을 쌓는 벽돌이 된다. 공론의 장에 나선 사람들은 최소한 사실과 의견은 구분해서 사용해야 한다. 사실이 잘못되면 수정하면 되고 의견은 토론을 통해 좁혀 나갈 수 있다. 하지만 사실과 의견을 뒤섞으면 어느 것도 가능하지 않다.

기후변화가 초래할 위험에 귀를 기울여야 할 사람들이 무관심한 것도 우려스럽다. 당장 삶의 무게로 인해 다른 가능성을 떠올리기 힘들어서일 것이다. 기후변화가 선진국에서는 계층 간 기후 불평등 정도를 야기하는 문제라면 개발도상국에서는 취약 계층의 생존 문제로 확대된다. 유발 하라리는 〈사피엔스〉에서 사회적 차별은 시간이 지나도 개선되기보다는 악화되기가 더 쉽다고 우려한다.

부당한 차별은 시간이 흐르면서 개선되는 것이 아니라 더욱 심해질 수 있다. 돈은 돈 있는자에게 들어오고, 가난은 가난뱅이를 방문하는 법이다. 교육은 교육받은 자에게, 무지는 무지한 자에게 돌아가기 마련이다. 역사에서 한번 희생자가 된 이들은 또다시 희생자가 될 가능성이 크다. 역사의 특권을 누린 계층은 또다시 특권을 누릴 가능성이 크다.

유발 하라리의 우려처럼 기후변화가 기존의 불평등을 더 심화하는 방향으로 흐른다면 인류의 기후변화 대응 노력은 위기에 처할 수밖에 없다. 우리는 더 나은 미래를 위해서라도 기후변화를 해소하는 과정에서 어떻게 사회 불균형을 완화할 것인지를 고민해야 하는 이유이다.

어쨌든 기후는 변할 것이다. 1.5도를 위한 탄소 예산은 곧 소진될 것이고, 아직 희망이 사라진 것은 아니지만 2도에 이를 탄소 예산도 곧 바닥이 드러나는 모습을 볼 것이다. 다시 신냉전 체제로 접어드는 즈음에서 어떤 낙관적인 희망을 가진다는 것이 무척 어려울 수밖에 없다. 지난 시절 트럼프 대통령이 미국과 멕시코 국경을 따라 세운 거대한 장벽을 보면서 우리는 어쩌면 국경을 자유롭게 넘나들던 시대가 막이 내릴지도 모른다는 위기감을 느꼈다. 유럽과 러시아의 갈등이 고조될 때 벨라루스는 시리아와 이라크의 난민을 데려와 폴란드로 밀어넣고 있다는 의심을 받았다. 난민이 국가 간 분쟁에서 무기가 될 수도 있다는 것을 알고 세계는 충격을 받았다. 이것은 기후 난민이 발생했을 때 어떤 일이 벌어질지에 대한 실마리를 남겼다. 인도주의적인 지원은 국경을 넘어 전달될 수 있지만 그것은 국경이라는 장벽 너머에서만 가능하다는 한계였다.

그렇다고 서구 사회가 기후 난민으로 초래되는 위기로부터 안전하기는 어렵다. 이미 유럽에서 10퍼센트에 이르는 아프리카계 시민들과 SNS는 대륙 간의 장벽을 지탱하기 어렵게 만들 것이기 때문이다. 인본주의적 가치를 기반으로 뭉친 유럽이 그 가치를 부정하면서 하나의 연합체로 유지하는 것이 가능할까라는 질문을 끊임없이 받을 것이다.

우리가 해야 할 일

우리는 낯선 것은 대체로 불편하게 생각하는 경향이 있다. 그러다가 익숙해지면 불편한 것이 또 편해지기도 한다. 이것도 진화의 산물 중 하나이다. 예전에 아파트가 낯설었던 시절 드라마에서는 갑갑한 아파트에서는 못 산다는 대사가 약방의 감초처럼 나왔다. 자식들은 아파트로 이사하기 위해서는 부모를 설득해야만 했다. 아파트 값에 따라 정권이 결정되는 요즘에는 상상하기 어렵다.

농업계에서는 태양광에 대한 의견 대립이 극심하다. 반대하는 이유 중에는 농촌 경관을 해치는 것이 포함된다. 이것도 시간이 지나면 산업디자인적인 측면이 가미되고 농촌 공간과 조금씩 조화를 이루면서 우리의 인지 기관도 적응해 나갈 것이다. 농경지에서 농산물뿐만 아니라 에너지를 생산해서 농가 소득을 높일 수 있다면 농민들도 태양광 농사를 조금 더 너그럽게 바라보지 않을까? 태양광 패널이 강남의 아파트처럼 보일 때가 온다면 우리나라 재생에너지 문제도 해결되고 있을 것이다. 결국 호불호보다는 선택의 문제인지 당위의 문제인지만 남는다. 안타깝게도 재생에너지로의 전환은 선택이 아닌 필수이다. 대책 없이 무조건 해야 하는 영역에 속한다. 우리가 고민해야 할 것은 할지 말지가 아니라 어떻게 잘 해낼 것인가이다.

기후변화를 여전히 먼 미래 일처럼 느끼는 사람들에게 어떻게 이해시킬 것인지의 문제도 남아 있다. 넷플릭스는 세계 여러 나라에서 동영상 스트리밍 서비스를 제공하는데, 대부분의 국가에서 RE100을 달성했다. 우리나라에서는 아직 전력구매계약PPA(전기 공급 사업자와 전기 구매가 필요한 기업이 직접 전력을 거래하는 계약)이 활성화되어 있지 않아 어려움을 겪었지만 결국 한 스타트업의 도움으로 넷 제로를 달성했다. 글로벌 기업 또는 소비자를 대상으로 제품을 수출하는 국내 기업들이 RE100을 달성하는 것은 이제는 필수처럼 되어간다. SK와 LG 등 국내 기업들 역시 RE100

을 선언했다. 그리고 더 많은 기업이 RE100 흐름에 참여할 것이다. 그럼 우리나라는 수출 대기업들이 사용하는 데 필요한 만큼 재생에너지를 충분히 공급할 수 있을까?

우리나라의 탄소중립 정책은 2030년 40퍼센트, 2050년 탄소중립을 목표로 먼저 설정하고, 여기에 감축 기술의 타당성과 비용 효율성과는 상관없이 목표를 할당했다. 이것은 우리나라만의 문제는 아니다. 유엔기후변화협약도 기술적으로 가능한 목표가 아니라 기후 파국을 막기 위해 톱다운 방식으로 할당한 것이기 때문이다. 그러니 실제 기간 내 달성할 수 있을지 회의적인 의견이 많이 있는 것도 사실이다. 에너지를 다량 소비하는 중화학공업 중심의 경제구조에서는 더 어려울 수밖에 없다.

농촌과 농경지에 태양광발전소가 일부 들어서더라도 목표한 재생에너지 비중을 늘려나가는 데 어려움을 겪을 것이다. 탄소중립 계획에서 농기계는 모두 전동화화는 것으로 설정했지만, 트랙터처럼 작업 동력을 동시에 충족해 줄 전동 파워트레인은 아직 없다. 수소 엔진이 이 목적에 적합하더라도 논을 갈다 말고 수소충전소로 트랙터를 끌고 가는 것이 현실적인 대책이라고 동의하는 사람은 많지 않을 것이다. 결국 탄소중립과 에너지 전환은 저탄소와 탈탄소 기술 발전의 속도와 궤를 함께할 것이다. 세부적으로 목표와 감축 기술 간 불일치가 계속 나타나겠지만 이런 불완전성이 탄소중립이라는 큰 흐름에 영향을 주지는 않을 것이다.

정부는 과도하게 탄소중립 목표가 설정되었다는 산업계의 의견에 귀를 기울일 것이다. 그렇지만 약속한 일을 되돌리기는 어려울 수밖에 없다. 탄소중립에 대한 속도 조절론이 힘을 얻겠지만 기술적 타당성을 재고하는 선에서 현실적인 절충안을 찾게 될 것이다. 다른 한편에서는 저탄소와 탈탄소 정책을 거스를 수 없는 흐름으로 보고 본격적인 속도 경쟁에 뛰어드는 양상도 나타날 것이다. 결국 미래의 일자리는 녹색 전환 분야에서 대부분 생길 것이기 때문이다. 우리나라는 예전에 그랬듯이 녹색 전환 기술에서도 빠른 태세 전환을 이뤄나갈 것이다.

그럼에도 이런 엄살이 줄어들지는 않을 것이다. 정부 자원을 얼마만큼 끌어당기느냐는 현실적인 문제도 있기 때문이다. 문제는 여기에도 불평등이 존재한다는 점이다. 정작 소리를 내야 할 계층을 복지 대상으로 만들어버리는 일이 발생하지 않았으면 하는 바람이다.

더 나은 미래를 위해

이언 골딘과 로버트 머가의 《앞으로 100년》은 우리가 직면한 거대한 난제의 대부분은 몇몇 행동으로도 극적이게 바꿀 수 있다는 희망적인 의견을 제시한다. 열 개도 안 되는 국가가 온실가스 배출량의 80퍼센트를 차지하고, 스무 개 기업의 배출량이

1965년부터 온실가스 배출량의 3분의 1이다. 모든 사람이 온실가스를 감축하는 일은 어렵지만 이들 주요 배출국 또는 기업이 넷 제로에 참여함으로써 극적인 반전을 만들어낼 수도 있다. 유엔에 제출된 각국의 감축 목표는 대체로 이행에 실패하겠지만, 글로벌 선두 기업의 참여를 통해 분위기를 바꾸는 것은 가능한 시나리오이다.

2021년 기업들은 원자력발전소 서른 곳의 발전 용량 31.3기가와트를 재생에너지 전력구매계약을 통해 구매했다. 이 거래의 3분의 2는 미국에서 진행되었고 아마존, 마이크로소프트, 메타, 구글 등 글로벌 테크기업이 주도했다. 지금까지 25개국 355개 기업이 RE100을 선언했고, 영국이 연간 사용하는 전력량과 비슷한 353테라와트시의 재생에너지를 구매했다. 이들 RE100 선언 기업들은 2030년에는 246테라와트시의 재생에너지를 더 구매할 것으로 예상했다.[15]

현재의 관점에서 불가능해 보이는 목표도 한 발자국씩 나아가면서 점점 더 뚜렷한 모습으로 다가오게 된다. 그러니 현재 막막해 보인다고 실망할 필요는 없다. 탄소중립에 이르는 여정은 단기적으로는 지체되겠지만 2050년의 시간 계획을 맞추는 데 큰 무리는 없을 것이다. 아마도 2030년이 지날 때쯤이면 탄소중립의 시기를 더 앞당기는 논의도 본격적으로 시작될 것이다. 그렇지만 최종적인 목표가 탄소중립은 아니라는 것을 알아줬으면 한다. 탄소중립은 기후변화를 멈출 최소의 필요조건일 뿐이다. 기후는 이미 변했고 우리는 지속 가능성의 위기에 직면하고 있다. 또 대멸종과 생물 다양성의 위기를 마주하고 있고, 이는 곧 식량 위기로 구체화될 것이다. 여러 번 말했지만 우리나라는 식량을 자급하기 어려운 국가에 속한다. 세계의 식량 공급망에 의존할 수밖에 없지만, 기후변화에 따라 공급망의 불안정성은 증가한다.

우리는 식량 공급망을 어떻게 안정화할지 여러 혁신적인 시도를 해나가면서 미래를 맞이할 준비를 할 것이다. 그중 가장 중요한 것은 글로벌 농업에 대한 이해이다. 농업을 전공하는 대학생과 대학원생들이 여러 개발도상국의 대학과 연구 기관에서 그 나라의 연구자들과 함께 농업을 연구하도록 지원하는 것이 필요하다. 캐나다, 러시아, 우크라이나, 호주 및 뉴질랜드 등 농산물 수출 대국들은 미래에도 여전히 중요한 역할을 할 것이다. 우리나라와 농업 협력을 강화할 수 있도록 농업 투자와 전문가 교류를 적극적으로 해나가는 것 역시 중요하다. 이 분야에서 많은 일자리가 만들어지고 이 과정에서 우리가 세계를 바라보는 시야도 넓어질 것이다. 우리 산업 중에서 농업 분야는 가장 발전이 더디지만, 다른 의미로 그만큼 발전할 잠재력이 크다는 뜻이기도 하다. 글로벌 경쟁력을 갖춘 다른 산업처럼 농업 역시 같은 길을 걸어갈 것이다.

기후변화를 인류가 극복해야 할 위기라고 하면서도 탄소중립은 도달하기 너무 어려운 목표라고 믿는 경향이 있다. 10년 전 《기후대란》을 쓸 때 나 역시 그런 느낌이었다. 내 예상이 틀리지 않아 기쁘고도 슬펐다. 하지만 지금 일어나는 변화를 보고 있으면 오히려 희망을 발견한다. RE100과 에너지 전환처럼 부분적인 성공도 있겠지만 인구 증가에 의한 생물자원 고갈과 생물 다양성 위기, 그리고 이어질 식량 위기처럼 전체적으로는 실패할지도 모른다는 우려도 크다. 새로운 냉전의 벽에 가로막혀 공존을 위한 협력보다는 기후 불평등으로 초래된 불만이 파괴적인 형태로 표출될 수 있다. 언론과 미디어, SNS는 사실과 의견을 뒤섞어 혼란을 가중하고 이주자와 사회적 약자에게 책임을 돌리면서 협력보다는 대결을 부추기는 것을 멈추지 않을지도 모른다. 하지만 우리가 발을 디딘 땅이 이렇다는 것을 이해한다면, 이 모든 잡음은 단지 새로운 성공을 위한 배경에 불과하다. 우리가 명확하게 인식하는 문제를 해결하지 못한다고 할 근거는 없다.

지난 10년 동안 온실가스 배출량은 더 늘어났지만 오히려 미래에 대한 비관적인 생각은 더 줄었다. 온실가스 배출량을 줄이지도 못할 뿐만 아니라 기후변화에 대한 대비도 제대로 못할 것이라는 걱정도 덜 하게 된다. 이미 글로벌 테크 기업과 식품 기업들은 탄소중립과 지속 가능한 발전을 가장 중요한 가치로 여기고 있다. 이것이 가능한 것은 그 기업의 핵심을 이루는 젊은 직원들과 소비자들이 그렇게 인식하기 때문이다. 이는 많은 과학자와 기후 활동가의 외침이 공허하지 않음을 의미한다. 유치원부터 초중고등학교, 대학교의 선생님들이 학생들에게 기후변화에 대해 꾸준히 가르쳐온 노력이 힘을 발휘하고 있다. 물리학자 막스 플랑크는 "새로운 과학은 당대의 반대론자들을 설득해 승리하는 것이 아니라, 반대자들이 모두 죽은 후 새로운 세대에게 수용되면서 승리를 거두는 법"이라는 명언을 남겼다. 기후변화에 대한 대응 역시 마찬가지일지 모른다. 기후변화를 초래한 것은 우리 세대이지만 우리는 결코 이 문제를 해결할 수 없을지도 모른다. 다음 세대가 정치적 의사 결정의 전면에 등장하면서 기후 위기도 해결 국면에 접어들 것이다.

앞으로 우리가 고민해야 할 부분은 어떻게 하면 더 잘할 수 있을지이다. 우리는 성장에 매몰되어 속도를 중요시했다. 그렇지만 지금부터는 오히려 문제의 복잡성을 인식하고, 해결해야 할 문제의 위계와 층위를 구분하고, 기후 불평등을 완화할 합리적 접근 방법을 찾아가는 과정이 더 중요하다. 민간에서도 우리나라 탄소중립을 위한 가장 합리적인 경로를 찾아가는 노력을 시작했다. 정부 역시 이러한 움직임에 호응하면서 함께 상승작용을 일으킬 것이다. 이런 접근을 통해서 전체적인 자원의 소모와 갈등을 줄이고, 목표에 이르는 시간을 단축해 나갈 것이다. 탄소중립과 이어지는 생물 다양성을 높이는 경로를 지나면서 우리는 더 나은 미래를 만들어갈 수 있다.

: 지금의 세계와 30년 후 세계는 같지 않다

기후변화를 어떻게 바라볼 것인가? 이 책을 쓰는 1년 내내 그 고민에서 벗어나지 못했다. 우리는 과학자들이 찾아낸 '숫자'를 함께 보고 있지만 관점에 따라 해석은 수만 가지로 나뉜다. 인류가 만들어낸 탄소중립이라는 역사적 합의도 여러 의미로 해석된다.

IPCC 과학자들이 만든 보고서에서는 지구의 기후가 더 더워질 것이라고 예측한다. 지난 30년 그들이 제시한 예측이 틀리지 않았듯이 기후의 미래가 달라질 가능성은 거의 없다. 우리는 1.5도의 세계를 가볍게 지나 2도의 세계로 거침없이 나갈 것이다. 그렇지만 우리가 그 변화를 인식할 가능성은 높지 않다. 지금 세대는 기후가 변했다는 것에 동의할까? 그들에게 기후는 원래 이렇게 덥고 변덕스러웠다. 우리가 마주할 미래는 하나의 가능성으로 수렴하겠지만 우리의 관점은 늘어나는 인구수만큼 다양할 수밖에 없다.

이 책을 쓰는 동안 우리에게 어떤 가능성이 있을지 끊임없이 되돌아보는 시간을 가졌다. 지구인의 시각에서 기후변화와 탄소 중립을 바라보지만, 결국 한국인의 관점에서 식량 문제를 직시하는 과정이었다. 독자들에게 나의 혼란스러운 생각이 전달되었을지도 모르겠다. 기후변화와 그로 인해 초래될 식량 위기에 대한 명확한 해결책을 말하고 싶었지만, 우리가 마주한 문제는 해결보다는 단지 다른 문제로 치환될 뿐이라 그것이 해결책이라고 말할 수 있을지도 미지수이다. 늘어나는 세계 인구를 이야기하면서 우리나라의 급격한 인구 감소를 고민할 수밖에 없고, 모든 사람이 충분한 영양을 섭취할 수 있는 세상을 꿈꾸지만 그 인구를 부양하기 위해 지구 생태계가 치르는 비용을 계산하지 않을 수도 없다. 늘어날 대로 늘어난 이산화탄소는 우리에게 이런 딜레마적 상황을 강요한다.

기후 활동가들은 아직 되돌릴 기회가 있다고 말한다. 그렇지만 그 가능성이 점점 더 작아지는 것 또한 사실이다. 먼저 행동할수록 우리가 치르게 될 비용은 더 크게 줄어들겠지만 그것이 왜 힘든지 이 책에서 구구절절 설명했다. 그럼에도 불구하고 아직 가능성이 여전히 있다는 것도 강조하고 싶다. 그렇지만 예전의 상태로 돌아갈 수 있을까? 그것은 예전의 농촌 모습 그대로 유지하자고 하는 것만큼 비현실적으로 들린다. 디지털 전환과 농용 로봇이 없는 농업을 꿈꾸는 것은 비현실적이 되어간다. 때로 과거의 향수는 변화된 환경에 적응하는 데 오히려 장해물이다. 30년 전 우리가 알았던 세계와 지금의 세계가 같지 않듯이 30년 후 우리는 전혀 낯선 곳에 발을 딛고 서 있을 것이다.

현세대는 에너지 전환에 집착하지만 다음 세대가 직면할 위기는 생물 다양성에서 촉발될 것이다. 생물 다양성은 지구의 재생산 용량을 결정하고 이는 식량 생산량으로 직결된다. 지금 추세대로라면 30년 후에는 지금보다 60퍼센트의 식량이 더 필요하다. 식량 생산을 늘릴수록 생태계 붕괴는 빨라진다. 미래를 위해 후퇴할지 현재를 극복하기 위해 싸울지 매 순간 갈등하게 될 것이다. 그리고 개인의 갈등은 국가 간 논쟁으로 확대될 것이다.

책의 초안을 완성하고 난 후 짧은 시간 동안에도 많은 일이 있었다. 인도에서 밀과 설탕의 수출을 제한했고 우크라이나-러시아 전쟁은 장기전 양상으로 흘러간다. 수출 제한 조치는 새로울 것이 없었지만 전쟁의 장기화는 세계 질서가 재편되고 있다는 것을 실감 나게 했다.

새로운 외신이 뜰 때마다 방송국과 언론사에서 전화를 받는다. 기자들은 우리의 식량은 안전한가라고 묻는다. 그럴 때마다 우리나라는 아직 간접적인 영향권에 들었을 뿐이고 식품 물가가 오르는 정도에서 멈출 것이라 대답한다. 그리고 한마디 더 덧붙인다. 지금 우리가 할 수 있는 것은 별로 없다. 당장 기후변화로 초래될 진짜 위기를 대비해야 한다고 말이다.

식량의 대부분을 해외 농업에 의존하는 우리나라는 어떻게 준비해야 할까? 한 가지 분명한 것은 국내의 자급률을 높이든 해외의 공급망을 튼실하게 하든 미래의 어떤 위기에도 식량 공급망은 유지되어야 한다는 명제이다. 그런데 우리 농업은 이미 심각한 지속 가능성 위기에 직면하고 있다. 농장주의 평균 연령은 67세를 넘어가고 40세 이하는 1퍼센트에 불과하다. 이대로 가면 이미 낮은 식량자급률마저 지키는 것이 요원하다. 반면에 우리와 식량이라는 우물을 공유하는 이웃에 대해서는 아는 것이 별로 없다. 이제야말로 지금까지 해왔던 일을 더 열심히 잘하려는 노력을 멈추고 다시 상황을 되돌아볼 때가 아닐까? 전환기에 과거의 성공 방정식은 더 이상 유효하지 않다. 이때 더 열심히 하는 것만큼 위험한 것은 없다. 우리의 식량 산업이 기후변화와 농촌 붕괴라는 미로를 헤쳐나갈 아리아드네의 실이 필요하다.

이 책을 쓰면서 많은 사람의 도움을 받았다. 세계적인 토양학자인 강원대학교 양재의 교수는 기후와 토양의 관계에 대한 많은 경험을 들려주었다. 경희대 특임교수 조천호 박사와 서울대 자유전공학부 장대익 교수의 발표와 글로부터 많은 아이디어를 얻었다. 세종대 진중현 교수는 국제벼연구소에서 근무하면서 겪었던 경험을 들려주고, 내가 새로운 벼 품종의 가능성을 인식할 수 있게 도와주었다. 여기서 인용한 에너지 전환에 관한 이야기는 한국과학기술기획평가원 김선교 박사로부터 배운 지식들이 다수 들어가 있다. 성우농장 이도헌 대표와는 우리 농업의 미래에 대한 많은 토론을 했고 책의 여러 부분에 반영되어 있다. 녹색전환연구소 이유진 박사는 꼼꼼하게 원고를 검토하고 책의 방향성에 대한 조언을 아끼지 않았다. 최준영 박사는 자신의 유튜브 채널 '최준영 박사의 지구본 연구소'에 초대해 내가 식량 문제에 대해 발언할 기회를 주었다.

지난해 농특위 탄소중립위원회 위원으로 활동하면서 현장의 목소리를 들을 수 있었다. 특히 김현권 전 위원장이 수많은 현장 토론에서 이해 당사자들 간 갈등을 훌륭하게 조율하고 새로운 방향들을 제시하는 모습에서 많은 부분을 참고했다. 이 외에도 내가 참가했던 세미나와 회의에서 들었던 지식과 SNS에서 벌어진 토론에서 많은 아이디어를 가져왔다. 일일이 언급하지는 못했지만 도움을 준 사람들에게 진심으로 감사하다. 그리고 내가 이 책을 쓸 수 있도록 옆에서 많은 지원을 해준 이주량 박사와 최재욱 변호사, 그리고 한국정밀농업연구소 연구원들에게 진심으로 고마움을 전한다.

내가 가진 지식과 인식의 한계로 인해 본문에서 여러 실수와 함께 오해를 살 수 있는 표현이 있을지도 모른다는 두려움을 가지고 있다. 이 부분은 전적으로 저자인 나의 책임이다. 향후 기회가 되면 보완하고자 한다. 끝으로 이 책의 방향성을 제시해 주었을 뿐만 아니라 긴 시간 동안 기다려준 웨일북 편집자에게 감사를 전한다. 이 책이 우리의 농업 시스템의 구조와 세계 식량 공급망에 대한 이해를 높이는 데 조금이라도 보탬이 되었으면 한다.

1장 식량난 임박, 지구에 도대체 무슨 일이?

1. 하랄트 벨처. 2010. *기후전쟁*. 영림카디널, pp. 291~292

2. Matt McGrath, "Climate change: IPCC report is 'code red for humanity'." *BBC*, 2021.08.09.

3. 여러 자료를 참고하여 다시 그림: O'Neill BC, Kriegler E, Riahi K, Ebi KL, Hallegatte S, Carter TR, Mathur R, van Vuuren DP. 2014. A new scenario framework for climate change research: the concept of shared socioeconomic pathways. Climatic Change. 122(3): pp. 387~400.

4. Atmospheric CO_2 concentrations by SSP across the 21st century. https://commons.wikimedia.org/wiki/File:Atmospheric_CO%E2%82%82_concentrations_by_SSP_across_the_21st_century.svg

5. Alan Buis. "A Degree of Concern: Why Global Temperatures Matter." NASA, 2019. 6. 19.

6. Raymond Zhong. "So Many Dimensions': A Drought Study Underlines the Complexity of Climate." *The New York Times*, 2021.12.1.

7. UNB, Dhaka. "Seawater dents rice production." *The Daily Star*, 2017.2.5.

2장 우리가 만들어온 기후 위기의 발자취

1. 영화 〈어벤저스: 엔드게임〉에 등장하는 빌런. 타노스는 지구 인구의 반을 없애서 지구를 구하려고 하는데, 손가락을 튕기자 세계 인구의 절반이 사라진다. 우리는 타노스처럼 쉽게 지구의 인구를 반으로 줄이는 게 해결책이라고 말한다.

2. IFA. 2014. *Ammonia production: moving towards maximum efficiency and lower GHG emissions*.

3. FAO. 2017. *World fertilizer trends and outlook to 2020*.

4. Giovanni Federico, The growth of world agricultural production, 1800-1938. European University Institute.

5. Vasileska, A. And Rechkoska, G. 2012. Global and Regional Food Consumption Patterns and Trends. *Procedia Social and Behavioral Sciences*. vol. 22. pp363~369.

6. 우리나라의 육류 소비량이 선진국 대비 적은 것은 수산물을 상대적으로 많이 소비하기 때문이다. 세계수산양식현황SOFIA에 따르면 한국의 1인당 연간 수산물 소비량(2013~2015년 기준)은 58.4킬로그램으로 세계 주요국 중 1위다.

7. European Commission Joint Research Centre. "How much soil goes down the drain: New data on soil lost due to water." *ScienceDaily*, 2017. 12. 15.

8. Giuliana Viglione. "Land-use change has affected 'almost a third' of world's terrain since 1960." *CarbonBrief*, 2021.11.05.

9. Robert Mcsweeney. "Explainer: Nine 'tipping points' that could be triggered by climate change." *CarbonBrief*, 2020.2.10.

10. 대한화학회에서는 2014년부터 국제순정응용 화학연합UPAC 명칭인 '포타슘'이라고 읽도록 바꾸었다. 그렇지만 오랫동안 칼륨으로 불려와서 혼용되고 있다. 농업계에서는 일본의 영향을 받아 '가리'라고도 한다.

11. Katy Askew. "'Cows are the new coal': FAIRR and Ban Ki-moon urge G20 leaders to act on agricultural emissions." foodnavigator, 2021.7.1.

12. Pearce, F. "Global Extinction Rates: Why Do Estimates Vary So Wildly?." https://e360.yale.edu/features/global_extinction_rates_why_do_estimates_vary_so_wildly

3장 한국은 탄소중립 약속을 지킬 수 있을까?

1. "That's how fast the carbon clock is ticking," MCC, https://www.mcc-berlin.net/en/research/co2-budget.html

2. Net Zero Tracker. https://zerotracker.net/

3. "Climate Watch," World Resource Institute, https://www.wri.org/initiatives/climate-watch

4. "Global Greenhouse Gas Emissions Data," EPA, https://www.epa.gov/ghgemissions/global-greenhouse-gas-emissions-data?utm_source=pocket_mylist

5. Tian, H, Xu, R, Canadell, JG et al. 2020. A comprehensive quantification of global nitrous oxide sources and sinks. *Nature*, 586: pp. 248~256.

6. 농림수산의 비에너지 2.9퍼센트, 에너지 0.5퍼센트로 구성되어 있다. 그러나 농림수산 에너지 분야의 조사 방법의 한계로 과소평가되었다는 주장이 제기되었다.

7. Hannah Ritchie and Max Roser. "Renewable energy."Our World in Dat., https://ourworldindata.org/renewable-energy

8. e-나라지표 - 신·재생에너지 발전비율.

9. 전체 발전량 대비 재생에너지 비중은 2020년 6.4퍼센트였다. 반면에 일본은 18퍼센트, 미국은 17퍼센트, 프랑스는 20퍼센트였다.

10. 지속 가능 금융 상품은 녹색 분류 체계에 해당하는 상품에 투자하는 자금을 의미한다. 유럽연합 집행위원회는 2018년 '지속 가능 금융 액션플랜'을 발표하고 지속 가능 금융 공시 규정, 녹색 분류 체계 등을 제시했다. 이를 통해 민간 부문의 자금을 지속 가능한 경제 영역으로 유도하고 있다.

11. 국립산림과학원. 2014. 지속 가능한 산림경영에 관한 대한민국 국가보고서.

12. 신방실. "사라진 '산불 시즌'…탄소 못 줄이면 피해 면적 16배." *KBS*, 2022.3.15

13. Jonathan A. Foley. "A Five-Step Plan to Feed the World." *National Geographic*.

4장 식량 안보 없이 미래는 없다

1. Jonas Jägermeyr, et al. 2021. Climate impacts on global agriculture emerge earlier in new generation of climate and crop models, *Nature Food*, vol 2., pp. 873~885.

2. 패트릭 웨스트호프. 2011. 식량의 경제학. 지식의날개.

3. Paul Teng and Jose Montesclaros. "Singapore's '30 by 30' food production target: Is it feasible?." *Today*, 2019.4.9.

4. Areidy Beltran-Peña et al. 2020. Global food self-sufficiency in the 21st century under sustainable intensification of agriculture. *Environmental Research Letters*, Vol. 15, No. 9.

5. FAO. 2021. World Food and Agriculture – Statistical Yearbook 2021

6. 권현구. ""기후악당'된 대한민국… 한국인 식량난민될 가능성 높다." 국민일보, 2020.7.27.

7. 변재연. 2021. 곡물 수급안정 사업·정책 분석. 국회예산정책처.

8. "Worldwide food waste." UN Environment Programme. https://www.unep.org/thinkeatsave/get-informed/worldwide-food-waste

9. "Food Loss and Food Waste: What's the Difference?," OneThird. https://onethird.io/food-loss-food-waste-difference/

10. "International Day of Awareness of Food Loss and Waste," European Commission, https://ec.europa.eu/food/safety/food-waste/international-day-awareness-food-loss-and-waste_en

1. 지속가능발전목표SDGs는 전 세계의 빈곤 문제를 해결하고 지속 가능 발전을 실현하기 위해 2016년부터 2030년까지 유엔과 국제사회가 달성해야 할 목표로 2015년 9월에 채택되었다. 17개 주 목표와 169개 세부 목표로 구성되어 있다. 2000년부터 2015년까지 중요한 발전 프레임워크를 제공한 새천년개발목표MDGs의 후속 의제이다.

2. Burke M, Hsiang SM, Miguel E. 2015. Global non-linear effect of temperature on economic production. *Nature*, 527: pp. 235~239.

3. Noah S Diffenbaugh and Marshall Burke. 2019. Global warming has increased global economic inequality, *PNAS*, 116 (20) pp. 9808~9813.

4. Kaia Hubbard. "Global Warming Risks Increase in Conflicts." USNews, 2021.10.29.

5. Kartha, S., Kemp-Benedict, E., Ghosh, E., Nazareth, A. and Gore, T. 2020. *The Carbon Inequality Era*. Joint Research Report. Stockholm Environment Institute and Oxfam International.

6. "The Carbon Inequality Era," Oxfam International, https://oxfam. medium.com/the-carbon-inequality-era-71e20205a0d4

7. 윤순진. 2021. 한국의 2050 탄소중립 시나리오: 내용과 과제. 에너지포커스.

8. 문진영, 이성희. 2021. 2021년 유엔기후변화협약 당사국총회 논의 및 시사점.

9. Piccard, B, Šefčovič, M. "Green jobs and the green transition: A long, bumpy but exciting journey." *EURACTIV*, 2021.11.17.

10. Dindal, D.L. 1991. *Soil Biology Guide*. John Wiley & Sons.

11. "IPBES 지구 평가 보고서 발표: 자연의 위기에 지금 당장 대응해야 하는 이유," WWF, https://www.wwfkorea.or.kr/?234890/PRIPBES2019report

12. Heller, Martin C. and Gregory A. Keoleian. 2018. Beyond Meat's Beyond Burger Life Cycle Assessment: A detailed comparison between a plant-based and an animal-based protein source. *CSS Report, University of*

Michigan: Ann Arbor, pp. 1~38.

13. Barbara Wells. "On agrobiodiversity, the Andes can teach the world much about crop conservation." *Mongabay*, 2022.1.22.

14. Aurora Solá. "In Peruvian Andes, ancient crops hold promise for a climate-blighted future." *Mongabay*, 2021.10.5.

15. Veronika Henze. "Corporate clean energy purchases topped 30GW", *Bloomberg NEF*, 2022.1.31.

식량위기
대한민국

초판 1쇄 발행 2022년 6월 20일
초판 10쇄 발행 2024년 10월 20일

지은이 남재작
펴낸이 권미경
편집장 이소영
기획편집 김효단
마케팅 심지훈, 강소연
디자인 THISCOVER
펴낸곳 (주)웨일북
출판등록 2015년 10월 12일 제2015-000316호
주소 서울시 마포구 토정로47, 서일빌딩 701호
전화 02-322-7187 **팩스** 02-337-8187
메일 sea@whalebook.co.kr **인스타그램** instagram.com/whalebooks

ⓒ 남재작, 2022
ISBN 979-11-92097-23-7 (03330)

소중한 원고를 보내주세요.
좋은 저자에게서 좋은 책이 나온다는 믿음으로, 항상 진심을 다해 구하겠습니다.